utb 5525

Eine Arbeitsgemeinschaft der Verlage

Brill | Schöningh – Fink · Paderborn –
Vandenhoeck & Ruprecht · Göttingen – Böhlau · Wien · Köln
Verlag Barbara Budrich · Opladen · Toronto
facultas · Wien
Walter de Gruyter · Berlin · Boston
Haupt Verlag · Bern
Verlag Julius Klinkhardt · Bad Heilbrunn
Mohr Siebeck · Tübingen
Narr Francke Attempto Verlag – expert verlag · Tübingen
Psychiatrie Verlag · Köln
Psychosozial-Verlag · Gießen
Ernst Reinhardt Verlag · München
transcript Verlag · Bielefeld
Verlag Eugen Ulmer · Stuttgart
UVK Verlag · München
Waxmann · Münster · New York
wbv Publikation · Bielefeld
Wochenschau Verlag · Frankfurt am Main

Prof. Dr. Alexander Hennig ist Professor an der Dualen Hochschule Baden-Württemberg in Mannheim und leitet die Studienrichtung Digital Commerce Management.

Daniel Jung betreut seit vielen Jahren Digitalisierungsprojekte im Einzelhandel, ist Experte für Plattformökonomie sowie Digital Payments und arbeitet nebenberuflich als Lehrbeauftragter an verschiedenen Hochschulen.

Alexander Hennig / Daniel Jung

Digitales Marketing Schritt für Schritt

Lehrbuch mit eLearning-Kurs

3., vollständig überarbeitete und erweiterte Auflage

UVK

Umschlagabbildung: © JuSun · iStockphoto
Autorenfotos: © Hennig, Jung

Bibliografische Information der Deutschen Nationalbibliothek

Die Deutsche Nationalbibliothek verzeichnet diese Publikation in der Deutschen Nationalbibliografie; detaillierte bibliografische Daten sind im Internet über http://dnb.dnb.de abrufbar.

Dieser Band wurde bis zur zweiten Auflage unter dem Titel „Online-Marketing Schritt für Schritt" von Gerald Pilz † verfasst.

3., vollständig überarbeitete und erweiterte Auflage 2026
2., überarbeitete Auflage 2022
1. Auflage 2021

DOI: https://doi.org/10.36198/9783838560953

– Ein Unternehmen der Narr Francke Attempto Verlag GmbH + Co. KG
Dischingerweg 5 · D-72070 Tübingen

Internet: www@narr.de
eMail: info.narr.de

Einbandgestaltung: siegel konzeption I gestaltung
Druck: Elanders Waiblingen GmbH

utb-Nr. 5525
ISBN 978-3-8252-6095-8 (Print)
ISBN 978-3-8385-6095-3 (ePDF)
ISBN 978-3-8463-6095-8 (ePub)

Vorwort

Die digitale Transformation hat nicht nur die Alltagskommunikation, das Konsumverhalten und die Informationsbeschaffung nachhaltig beeinflusst, sondern auch die Rahmenbedingungen im Marketing maßgeblich erweitert und in Teilen neu definiert. Während herkömmliche Werbekanäle und lineare Kommunikationsstrategien an Wirksamkeit verlieren, bilden digitale Plattformen, datengestützte Prozesse und interaktive Formate die Grundlage zeitgemäßer Marketingansätze.

Dieses Lehrbuch richtet sich an Studierende der Wirtschaftswissenschaften, für die Kenntnisse im Digitalen Marketing heute unverzichtbar sind. Ziel ist es, ein fundiertes Verständnis für Methoden, Instrumente und Denkweisen des Digitalen Marketings zu vermitteln, und das nicht nur als spezielle Disziplin innerhalb des Marketings, sondern auch als übergreifende Kompetenz, die zunehmend für sämtliche wirtschaftliche Berufsfelder von Bedeutung ist. Kenntnisse im digitalen Marketing führen zu Fähigkeiten im vernetzten und interdisziplinären Denken sowie Handeln, weil hier Disziplinen wie BWL, Psychologie und Informatik verknüpft sind.

In den ersten vier Schritten beschäftigt sich das Lehrbuch mit kanal- und instrumentenübergreifenden Inhalten, um danach in den weiteren sechs Schritten die einzelnen Kanäle und Instrumente des Digitalen Marketings zu betrachten. Besonders wichtig ist diesem Lehrbuch dabei, durch Überblicksdarstellungen, Aufzählungen und Prozessschritte die Struktur des Digitalen Marketings deutlich zu machen. Jedes Lernkapitel ist mit themenbezogenen Prüfungstipps auf die Prüfung zugeschnitten. Am Ende des Buches findet man ein Glossar mit den wichtigsten Begriffen.

Vorab ein allgemeiner und besonders wichtiger Prüfungstipp: Wirklich jeder kann viel vom Digitalen Marketing in der Praxis sehen und lernen, wenn er mit offenen Augen und Ohren durch die Welt geht. Genau deswegen werden in diesem Buch die theoretischen Inhalte oft an (kursiv gedruckten) Beispielen aus der Realität angewendet und verdeutlicht. Weil sich das Digitale Marketing an uns als Kunden und Kundinnen richtet, ist es für uns alle erfahrbar – jeden Tag, jede Stunde.

November 2025 Alexander Hennig und Daniel Jung

Zu diesem Buch gibt es einen ergänzenden eLearning-Kurs aus 300 Fragen. Mithilfe des Kurses können Sie online überprüfen, inwieweit Sie die Themen des Buches verinnerlicht haben. Gleichzeitig festigt die Wiederholung in Quiz-Form den Lernstoff. Der eLearning-Kurs kann Ihnen dabei helfen, sich gezielt auf Prüfungssituationen vorzubereiten. Der eLearning-Kurs ist eng mit vorliegendem Buch verknüpft. Sie finden im Folgenden zu den wichtigen Kapiteln QR-Codes, die Sie direkt zum dazugehörigen Fragenkomplex bringen. Andersherum erhalten Sie innerhalb des eLearning-Kurses am Ende eines Fragendurchlaufs neben der Auswertung der Lernstandskontrolle auch konkrete Hinweise, wo Sie das Thema bei Bedarf genauer nachlesen bzw. vertiefen können. Diese enge Verzahnung von Buch und eLearning-Kurs soll Ihnen dabei helfen, unkompliziert zwischen den Medien zu wechseln, und unterstützt so einen gezielten Lernfortschritt.

Inhaltsübersicht

Inhaltsverzeichnis

Schritt 1: Grundlagen des Digitalen Marketings

Lernhinweise

Was erwartet mich in diesem Kapitel?

Dieses Kapitel dient der Einführung in das Digitale Marketing; es wird definiert und so vom allgemeinen Marketing abgegrenzt. Außerdem werden die fünf Merkmale des Digitalen Marketings erläutert. Die Grundlagen des allgemeinen Marketings helfen zu verstehen, wie das Digitale Marketing im allgemeinen Marketing integriert ist. Außerdem wird der Unterschied zwischen Inbound- und Outbound-Marketing erläutert.

Welche Schlagwörter lerne ich kennen?

■ Digitales Marketing ■ Digitale Kanäle ■ Technologische Werkzeuge ■ Interaktivität und Dialogorientierung ■ Marketing allgemein ■ B-to-B-Marketing ■ Beschaffungsmarketing ■ Marketing-Regelkreis ■ Marketing-Ziele ■ Marktforschung ■ Marketing-Strategien ■ Wettbewerbsvorteile ■ Differenzierungsstrategie ■ Kostenführerschaftsstrategie ■ Marketing-Mix ■ Produkt- und Programmpolitik ■ Preis- und Konditionenpolitik ■ Distributionspolitik ■ Kommunikationspolitik ■ Markenpolitik ■ Marketing-Controlling

Wofür benötige ich dieses Wissen?

Das Marketing und darin das Digitale Marketing ist eine der wichtigsten Teildisziplinen der Betriebswirtschaftslehre. Die umfassende Kenntnis von Grundbegriffen und Definitionen ist für die betriebliche Praxis und das Studium unerlässlich. Nach diesem Kapitel ist klar, was Digitales Marketing ist und wie es mit dem allgemeinen Marketing in Verbindung steht.

Die Lernfragen zu diesem Kapitel finden Sie unter:

https://narr.kwaest.io/s/1425

1.1 Definition des Digitalen Marketings

> **Digitales Marketing** umfasst alle Marketingaktivitäten, die digitale Technologien nutzen, um Marketingziele zu erreichen.

Digitales Marketing enthält also alle Marketingaktivitäten, die digitale Technologien, Plattformen und Kanäle nutzen, um beispielsweise Produkte, Dienstleistungen oder Marken zu bewerben, Kundenbeziehungen aufzubauen und Geschäftsziele zu erreichen. Im Zentrum steht die zielgerichtete Ansprache, Interaktion und Bindung von Zielgruppen über digitale Medien – oft in Echtzeit – unter Einsatz von Datenanalyse, Automatisierung und personalisierten Inhalten. Digitales Marketing ist heute ein integraler Bestandteil des modernen Marketings, der auf denselben strategischen Grundlagen beruht wie das klassische Marketing, jedoch durch digitale Kanäle und Technologien neue Möglichkeiten der Reichweite, Personalisierung und Erfolgskontrolle bietet.

Das digitale Marketing zeichnet sich durch fünf Merkmale aus:

Digitale Kanäle sind die Plattformen und Medien, über die Unternehmen ihre Zielgruppen online erreichen. Sie bilden den zentralen Zugangspunkt für Marketingbotschaften und Interaktionen. Zu den wichtigsten Kanälen zählen:

- Unternehmensseiten dienen als zentrale Anlaufstelle für Informationen, Produktpräsentationen und Online-Verkäufe. *Ein Modehändler z. B. betreibt einen Online-Shop, in dem Kunden Produktbilder, Größenangaben und Bewertungen einsehen und direkt bestellen können.*
- Social Media-Plattformen wie Instagram, Facebook, X, LinkedIn oder TikTok ermöglichen es, Zielgruppen dort anzusprechen, wo sie einen Großteil ihrer Freizeit verbringen. *Ein Start-up für vegane Lebensmittel z. B. postet regelmäßig Rezeptvideos auf Instagram, um Community-Bindung zu schaffen.*
- Über Suchmaschinenoptimierung (SEO) und Suchmaschinenwerbung (SEA) werden Interessenten erreicht, die aktiv nach bestimmten Produkten oder Dienstleistungen suchen. *Ein Reiseveranstalter z. B. schaltet Google Ads für den Suchbegriff „Städtereise Rom buchen".*
- E-Mail-Marketing ermöglicht die Direktkommunikation mit Kunden per Newsletter oder personalisierten Angeboten. *Ein Elektronikhändler z. B. versendet exklusive Rabatt-Codes an Newsletter-Abonnenten.*
- Mobile Anwendungen (Apps) ermöglichen personalisierte Services und direkten Zugriff auf das Angebot. *Eine Fitnessstudio-Kette z. B. bietet eine App mit Trainingsplänen, Buchungssystem und Fortschritts-Tracking an.*

Digitales Marketing ist ohne **technologische Werkzeuge** nicht denkbar. Diese Tools ermöglichen Planung, Umsetzung und Auswertung von Kampagnen:

- Tracking-Tools erfassen das Nutzerverhaltens auf Webseiten und Apps, z. B. welche Seiten besucht, welche Produkte angesehen oder welche Links geklickt werden. *Ein Online-Shop z. B. nutzt Google Analytics, um zu analysieren, welche Produktseiten die höchste Abbruchrate aufweisen.*
- Analytics-Plattformen bereiten gesammelte Daten auf und interpretieren sie, um Erkenntnisse für Optimierungen zu gewinnen. *Eine Hotelkette z. B. wertet monatlich die Buchungszahlen nach Herkunftsländern aus, um gezielt in bestimmten Märkten zu werben.*

- Automatisierungstools sind Programme, die wiederkehrende Aufgaben wie beispielsweise E-Mail-Versand und Social-Media-Posts automatisch ausführen. *Ein Online-Magazin z. B. plant mit einem Social-Media-Tool wie Hootsuite alle Beiträge für einen Monat im Voraus.*
- Durch Künstliche Intelligenz (KI) gestützte Systeme analysieren Daten, erstellen Prognosen und generieren Inhalte. *Ein E-Commerce-Unternehmen z. B. nutzt KI, um Kunden individuelle Produktempfehlungen auf Basis früherer Käufe anzuzeigen.*

Ein wesentliches Unterscheidungsmerkmal zum klassischen Marketing ist die **datengetriebene Steuerung**, die umfassende Mess- und Auswertbarkeit von Maßnahmen:

- Die Messbarkeit erhöht sich sehr: Jede Interaktion – vom Klick bis zur abgeschlossenen Bestellung – kann in Echtzeit erfasst werden. *Ein Veranstalter z. B. erkennt sofort, wie viele Nutzer nach dem Erhalt einer E-Mail-Kampagne Tickets kaufen.*
- Durch Zielgruppen-Segmentierung lassen sich Kunden anhand ihrer Interessen, Kaufhistorie oder demografischen Merkmale in Segmente einteilen. *Ein Online-Buchhändler z. B. versendet verschiedene Newsletter-Inhalte an Krimi-Leser und an Liebesroman-Fans.*
- Kampagnen können im Rahmen der Performance-Optimierung laufend angepasst werden, um bessere Ergebnisse zu erzielen. *Ein Sportartikelhersteller z. B. bemerkt, dass eine Facebook-Anzeige in der Altersgruppe der 18- bis 25-Jährigen besonders gut ankommt und erhöht dort deswegen das Budget.*

Interaktivität und Dialogorientierung bedeuten, dass Digitales Marketing nicht nur Einwegkommunikation, sondern ein wechselseitiger Austausch zwischen Unternehmen und Zielgruppe ist:

- Nutzer reagieren aktiv und können Beiträge kommentieren, bewerten, teilen oder eigene Inhalte beisteuern. *Ein Automobilhersteller z. B. ruft auf Instagram dazu auf, Bilder des eigenen Fahrzeugs mit einem bestimmten Hashtag zu posten.*
- Unternehmen treten in den Dialog und beantworten Kommentare, reagieren auf Kritik und nehmen Kundenfeedback in die Produktentwicklung auf. *Ein Restaurant z. B. reagiert auf eine negative Online-Bewertung mit einer Entschuldigung und einem Gutschein für den nächsten Besuch.*
- Co-Creation: Kunden werden in die Gestaltung von Produkten oder Kampagnen eingebunden. *Eine Sportmarke z. B. lässt die Community über das Design einer neuen Schuhkollektion abstimmen.*

Dank der **schnellen Anpassbarkeit** an veränderte Markt- und Kundenbedürfnisse lassen sich digitale Marketingkampagnen flexibel und zeitnah verändern, was ein klarer Vorteil gegenüber statischen Offline-Instrumenten ist:

- Mit hoher Reaktionsgeschwindigkeit können Trends, Ereignisse oder saisonale Anlässe sofort aufgegriffen werden. *Ein Getränkehersteller z. B. postet am Tag eines großen Fußballspiels spontan einen humorvollen Beitrag mit Bezug zum Match.*

- Verschiedene Varianten einer Anzeige oder Landingpage können in A/B-Tests parallel getestet werden, um die wirksamste Version zu finden. *Ein Streamingdienst z. B. testet zwei Versionen eines Werbebanners, um herauszufinden, welche mehr Abonnements generiert.*
- Bei negativen Entwicklungen können in einer schnellen Krisenreaktion Botschaften oder Kampagnen schnell angepasst oder gestoppt werden. *Ein Reiseveranstalter z. B. ändert binnen Stunden seine Social-Media-Kampagne, nachdem ein Reiseziel von einer schlimmen Naturkatastrophe betroffen ist.*

Merkmal	Beschreibung
digitale Kanäle	Nutzung von Online-Kanälen und -Plattformen zur Zielgruppenansprache
technologische Werkzeuge	Einsatz von Werkzeugen für Datenerfassung, Datenanalyse, Automatisierung und KI
datengetriebene Steuerung	Messung und Optimierung aller Marketing-Maßnahmen auf Basis von Daten
Interaktivität und Dialogorientierung	direkter Austausch mit Nutzern, die aktiv reagieren und mitgestalten
schnelle Anpassbarkeit	flexible Reaktion auf Trends, Marktänderungen oder Krisen

Um zu verstehen, dass das Digitale Marketing in das allgemeine Marketing eines Unternehmens eingeordnet ist, werden zunächst die Grundlagen des Marketings dargestellt.

1.2 Grundlagen des allgemeinen Marketings

Der Begriff Marketing ist mit Sicherheit einer der am häufigsten genutzten Begriffe in der modernen Betriebswirtschaftslehre. Die Definitionen in den Marketing-Lehrbüchern unterscheiden sich nur wenig und können auf einfache Weise so zusammengefasst werden:

> **Marketing** (enge Definition als Absatzmarketing)
> Marketing ist alles das, was ein Unternehmen tut, damit der Kunde dessen Produkte kauft.

Wenn nur von Marketing die Rede ist, ist meist nur das soeben definierte **Absatzmarketing** gemeint. Der Kern des Marketings liegt also in der konsequenten Ausrichtung sämtlicher Aktivitäten eines Unternehmens an den Bedürfnissen des **Marktes**. Angesichts des intensiven Wettbewerbs, der heute auf fast allen Konsumgüter- und Investitionsgütermärkten herrscht, ist dies für Unternehmen zwingend notwendig. Ausführlicher gesagt, können unter dem Begriff Marketing alle Entscheidungen und Maßnahmen eines Unternehmens zusammengefasst werden, die einen Kunden, sei es einen Privatkunden, ein Unternehmen oder den Staat, direkt oder indirekt dazu bewegen sollen, Produkte vom marketingtreibenden Unternehmen zu erwerben.

Als **Produkte** wird dabei alles das bezeichnet, was ein Unternehmen herstellt. Dies können sein:

- Sachgüter *(z. B. Lebensmittel, Katzenfutter, Gebäude, Notebook, Hochgeschwindigkeitszug, Wasserkraftwerk)*
- Dienstleistungen *(z. B. Handwerkerleistungen, ärztliche Behandlungen, Massage, Steuerberatung, Rechtsberatung, Unternehmensberatung)*
- Rechte *(z. B. Übertragungsrechte der Fußball-Bundesliga, Urheberrechte an Büchern und Musik, Patentrecht für einen neuen Impfstoff, Markenrecht für ein bekanntes Markenzeichen (Unternehmens-Logo, Produktname))*

Die absatzwirtschaftliche Definition des Marketings hat in den letzten Jahrzehnten eine Erweiterung erfahren, weil nicht mehr nur Unternehmen Marketing betreiben und weil auch andere Handlungen als der Kauf von Produkten durch Marketing erreicht werden sollen. Die folgende weite Definition des Marketings trägt dem Rechnung:

> **Marketing** (weite Definition)
> Marketing ist alles das, was jemand tut, damit jemand anderes etwas tut.

Mit dieser Definition lässt sich der Begriff des Marketings in weiteren Kontexten nutzen:

- Beim **Beschaffungsmarketing** geht es um die Entscheidungen und Maßnahmen eines Unternehmens, die einen begehrten Lieferanten dazu bewegen sollen, an das Unternehmen und vielleicht nicht an andere zu liefern *(z. B. durch Pflege des Kontakts zum Lieferanten und Teilnahme an Beschaffungsmessen).*
- Das **Personalmarketing** umfasst alle Entscheidungen und Maßnahmen eines Unternehmens, die dazu dienen, gute neue Mitarbeiter zu gewinnen *(z. B. durch Teilnahme an Ausbildungsmessen, Plakatwerbung an Hochschulen, Angebot von Praktika, Casting-Tage von Unternehmen, YouTube-Videos über die Aufgaben für Mitarbeiter, Karriere-Homepages von Unternehmen mit Stellenangeboten und Online-Bewerbungsmöglichkeiten).*
- Das **B-to-B-Marketing** (Business-to-Business-Marketing) ist das Marketing von Unternehmen gegenüber anderen Organisationen wie Herstellern, Handelsunternehmen und öffentlichen Institutionen. Es handelt sich also um eine besondere Form des Absatzmarketings. Das Kaufverhalten von Organisationen unterscheidet sich stark vom Kaufverhalten der Konsumenten *(z. B. bei einem Elektronikkonzern, der Hochgeschwindigkeitszüge an Bahnunternehmen und Turbinen an Elektrizitätsgesellschaften verkauft).*

- Nicht gewinnorientierte Institutionen wie Behörden und Nichtregierungsorganisationen betreiben **Non-Profit-Marketing**, um Bürger oder Unternehmen zu einem bestimmten Handeln zu bringen *(z. B. beim Roten Kreuz, das Bürger mit Plakatwerbung und Blutspende-Bussen auf öffentlichen Plätzen zur Blutspende animieren möchte, oder bei einer Gesundheitsbehörde, die durch Plakat- und Kinowerbung sowie die Verteilung von Kondomen für deren Nutzung zwecks AIDS-Prävention werben möchte).*
- Beim **De-Marketing** dienen die Entscheidungen und Maßnahmen dazu, dass jemand anderes etwas unterlassen soll. De-Marketing-Maßnahmen sind oft Teil eines Non-Profit-Marketings *(wenn z. B. Plakate oder schockierende YouTube-Videos dazu bewegen sollen, dass Autofahrer auf der Autobahn nicht rasen oder während der Fahrt nicht auf das Smartphone schauen).*
- Auch der Begriff des **Selbstmarketings** lässt sich in diese abstrakte Formel einbauen: Hier sind es dann Entscheidungen und Maßnahmen, die eine Privatperson trifft, damit jemand anderes wie gewünscht handelt *(damit z. B. ein Unternehmen die Bewerberin als Mitarbeiterin einstellt oder eine andere Person beim Abendessen Sympathie für jemanden empfindet, damit man als Mietinteressent den Zuschlag für die begehrte Mietwohnung bekommt).*

Wenn im Folgenden von Marketing die Rede ist, ist das Marketing in der engen Definition, also als Absatzmarketing, gemeint.

Der idealtypische Aufbau der Marketing-Konzeption in einem Unternehmen entspricht der Anwendung der idealtypischen Unternehmensführung mit Bezug auf das Marketing. Das Marketing wird also in den Regelkreis der Unternehmensführung integriert, so dass auch von einem **Marketing-Regelkreis** (Abbildung 1) gesprochen werden kann.

Vereinfacht ausgedrückt, geben

- Marketing-Ziele den Wunschort (Wohin?),
- das Strategische Marketing die Route (Wie?),
- die Marktforschung die Landkarte und Stadtpläne, und
- der Marketing-Mix das jeweilige Beförderungsmittel (Womit?)

vor.

Am Anfang stehen die **Marketing-Ziele** als angestrebte Sollzustände in der Zukunft, die mittels Marketing erreicht werden sollen. Dies können **quantitative Zielgrößen** wie Umsatz, Deckungsbeitrag, Marktanteil oder Zahl der Neukunden sein, aber auch **nicht-quantitative psychographische**, d. h. mit der Psyche der Kunden zusammenhängende Zielgrößen wie Bekanntheit, Image, Kundenzufriedenheit und Kundenbindung.

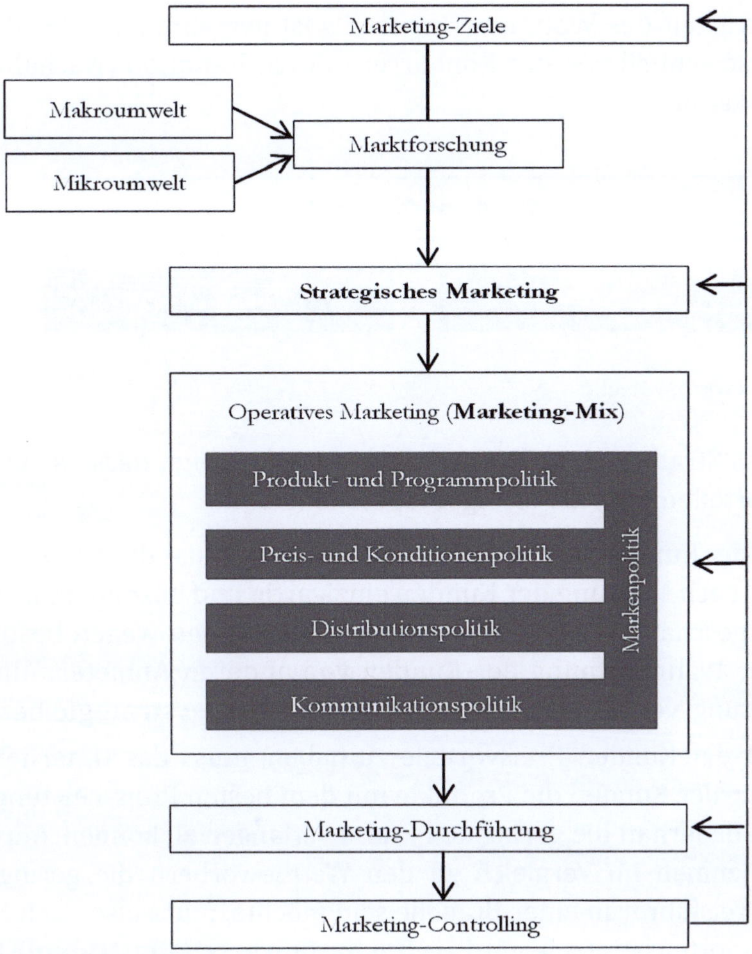

Abbildung 1: Marketing-Regelkreis

Abgeleitet von den festgelegten Marketing-Zielen, die auch Teil des gesamten Zielkatalogs eines Unternehmens sind, wird im **Strategischen Marketing** festgelegt, mithilfe welcher Potenziale das Unternehmen die Ziele erreichen möchte. Um Unternehmensziele erreichen zu können, müssen Unternehmen Wettbewerbsvorteile erzielen.

Ein **Wettbewerbsvorteil** ist ein für den Kunden wichtiger Vorteil, den ein Unternehmen und seine Produkte aus Sicht der Kunden dauerhaft gegenüber den Wettbewerbern haben.

- Wichtig für die Eigenschaft als Wettbewerbsvorteil ist die Wahrnehmung der Kunden; allein die Kunden entscheiden, was ein Wettbewerbsvorteil ist und was nicht, worin ein Wettbewerbsvorteil liegt und worin nicht.
- Wettbewerbsvorteile können in allen Eigenschaften des Produkts liegen, welche die Kaufentscheidung des Kunden beeinflussen. Der Kunde wird Wettbewerbsvorteile aber nur bei solchen Produkteigenschaften wahrnehmen, die ihm wichtig erscheinen. Unternehmen sollten jene Produkteigenschaften mit Betonung kommunizieren, die aus Sicht der Kunden Wettbewerbsvorteile sind.

- Mit Dauerhaftigkeit des Wettbewerbsvorteils ist gemeint, dass der Wettbewerbsvorteil nicht so schnell von der Konkurrenz durch Imitation (Nachahmung) egalisiert werden kann.

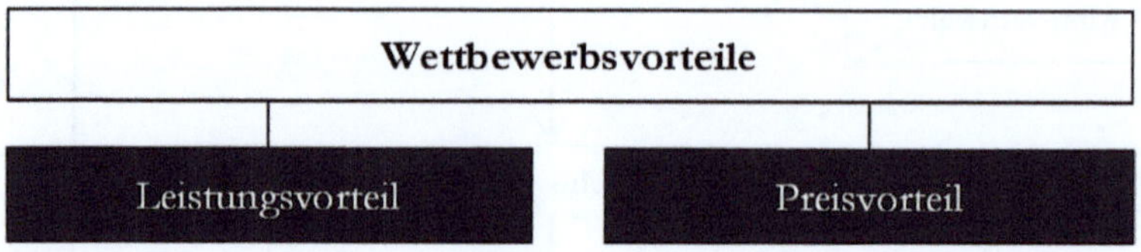

Abbildung 2: Wettbewerbsvorteile

In der Praxis des Strategischen Marketings hat sich gezeigt, dass es zwei Arten von Wettbewerbsvorteilen gibt, die erfolgversprechend sind:

- Um aus Sicht der Kunden Leistungsvorteile zu haben, muss das Unternehmen etwas anbieten, das nach Meinung der Kunden einzigartig und besonders ist und von den Kunden wertgeschätzt wird. Weil sich das Unternehmen wegen besonderer Leistungen in der Wahrnehmung der Kunden von anderen Anbietern unterscheidet, wird die Leistungsvorteilsstrategie als **Differenzierungsstrategie** bezeichnet.
- Um aus Sicht der Kunden Preisvorteile zu haben, muss das Unternehmen in der Wahrnehmung der Kunden die Produkte mit dem besten Preis-Leistungs-Verhältnis anbieten. Um dauerhaft die geringsten Preise verlangen zu können, muss das anbietende Unternehmen im Vergleich zu den Wettbewerbern die geringsten Kosten haben. Wer Preisführer in einer Branche sein möchte, muss also auch Kostenführer sein. Die Preisvorteilsstrategie wird als **Kostenführerschaftsstrategie** bezeichnet.

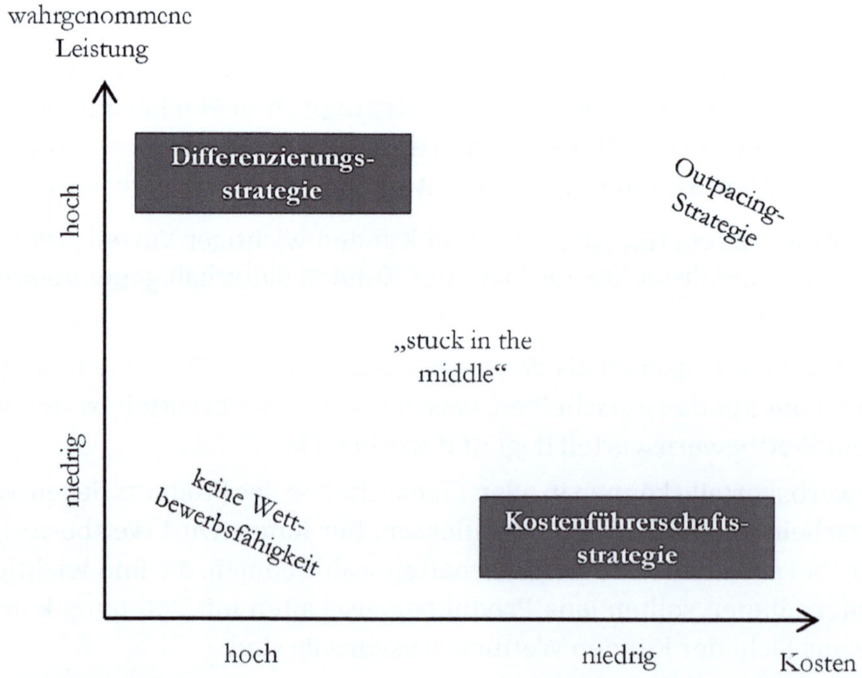

Abbildung 3: Strategisches Feld

Eine Wettbewerbsstrategie, die zum Ziel hat, sowohl Leistungsvorteile als auch Kostenvorteile zu erzielen, wird **Outpacing-Strategie** genannt. Sie ist besonders anspruchsvoll oder nicht möglich, weil Leistung und Kosten üblicherweise in einem Zielkonflikt zueinanderstehen: Bessere Leistung eines Unternehmens ist oft mit höheren Kosten verbunden; niedrigere Kosten bedeuten oft eine schlechtere Leistung.

Dennoch ist es dank des technischen Fortschritts und erfolgreichen Marketings für ein Unternehmen möglich, aus Sicht der Kunden besonders gute Leistungen bei gleichzeitig günstigen Preisen zu bieten. Da aber der technische Fortschritt auch von anderen Unternehmen nachgeahmt und im Produktionsprozess eingesetzt werden kann und sich die Bedürfnisse der Kunden im Laufe der Zeit verändern, kann die gleichzeitige Leistungs- und Kostenführerschaft nicht dauerhaft erreicht werden.

Ein Beispiel für Unternehmen mit Outpacing-Strategie ist der Computerhersteller Dell, der qualitativ hochwertige Computer mit individueller Konfiguration durch den Kunden und schneller Lieferung (Leistungsvorteile) zu günstigen Preisen anbietet, seine Outpacing-Situation aber wieder verloren hat, weil Kunden heute öfter statt Notebooks Smartphones und Tablets verlangen, die Dell nicht anbietet.

Unternehmen, die aus Sicht der Kunden weder Leistungsvorteile noch Kostenvorteile bieten, stecken gleichsam strategisch in der Mitte fest (stuck in the middle). Aus Sicht der Kunden sind die Produkte dieser Unternehmen weder besonders einzigartig noch besonders preisgünstig.

Das heute häufig auftretende hybride Konsumentenverhalten verschärft die Problematik für die Unternehmen. Es bedeutet, dass dieselben Konsumenten unter Auslassung der Mitte abhängig von den Präferenzen manche Produkte sowohl im Premiumbereich zusatznutzenorientiert als auch andere Produkte im Preiseinstiegsbereich grundnutzenorientiert einkaufen. Im Normalfall werden die Stuck-in-the-Middle-Unternehmen versuchen, neue Leistungsvorteile zu generieren (Trading-Up) oder aber durch Leistungseinschränkungen (Trading-Down) Kosten zu reduzieren und Preisvorteile zu erreichen.

Unternehmen, die aus Sicht der Kunden schlechte Leistungen zu hohen Preisen anbieten, werden dauerhaft nicht wettbewerbsfähig sein, weil es für die Kunden üblicherweise zwei Alternativen gibt: Sie können bei Konkurrenzunternehmen dieselbe niedrige Leistung zu günstigeren Preisen oder zu ebenso hohen Preisen eine bessere Leistung kaufen.

Bei der **Differenzierungsstrategie** geht es dem Unternehmen also darum, bei seinen Produkten Vorteile zu schaffen und zu sichern, die aus Sicht der Kunden einzigartig und besonders sind. In der Wahrnehmung der Kunden erreichen die Produkte damit eine Sonderstellung. Der Leistungsvorsprung des Unternehmens besteht also in der Einzigartigkeit aus Sicht der Kunden.

Marken, die eine Differenzierungsstrategie verfolgen, sind z. B. Porsche, Lufthansa, Feinkost Käfer, Hugo Boss, Hülsta Möbel und Sofitel Luxushotels.

Kunden können in vielen verschiedenen Aspekten des Leistungsangebots Leistungsvorteile sehen, z. B.:

- Verarbeitungsqualität
- Qualitätsanmutung
- Möglichkeit der kundenindividuellen Gestaltung
- technologischer Neuheitsgrad
- Tradition
- Design
- Energieverbrauch
- Funktionalität
- einfache Bedienbarkeit und Anwendungsfreundlichkeit
- Kompatibilität mit anderen Produkten
- Verpackung (Anwendungsfreundlichkeit, Aussehen, Wiederverwendbarkeit)
- Zahl und Art der Vertriebswege
- Schnelligkeit der Lieferung
- Flexibilität der Lieferung
- Pünktlichkeit der Lieferung (bei Just-in-time-Produktion und Cross Docking)
- Unternehmen als erster Anbieter auf den Märkten (Pionier)
- Markenimage (Bekanntheit, Prestige, Modernität, Tradition)
- zusätzliche Serviceleistungen (Montage, Demontage, Wartung, Reparatur)
- Übersichtlichkeit des Angebots
- zusätzliche Garantien
- produktbezogene Versicherungsdienstleistungen
- Finanzierungsmöglichkeiten (Leasing, Kredit)
- besondere Pflege der Kundenbeziehung
- Mitgliedschaft in einem exklusiven Kundenclub
- Möglichkeit, Punkte zu sammeln
- umweltfreundliche Produktion
- Einsatz ökologisch vorteilhafter Produktionsfaktoren
- soziales Engagement des Unternehmens
- Umweltengagement des Unternehmens

Da die Produkte besser den Kundenbedürfnissen entsprechen, können meist auch höhere Preise am Markt durchgesetzt werden. Dies ist aber oft auch notwendig, weil die besseren Leistungen im Unternehmen mit höheren Kosten verbunden sind.

Es gibt nur wenige Leistungsvorteile, die über lange Zeit vom Kunden als solche wahrgenommen werden *(z. B. besonderer Geschmack des Nutella-Brotaufstrichs)*. Wegen der Neuentwicklung von Prozessen und Produkten auf den Märkten (Innovation), der Nachahmung von erfolgreichen Produkten durch Wettbewerber (Imitation) und der Veränderung von Kundenbedürfnissen *(z. B. durch eine heute höhere Relevanz von Nachhaltigkeit für die Kunden)* sind Unternehmen mit Differenzierungsstrategie ständig gezwungen, neue bessere Leistungen zu entwickeln, um sich zu differenzieren. In Märkten, in denen sich Trends und technischer Fortschritt besonders schnell entwickeln, ist dies besonders nötig, wie viele Beispiele zeigen:

- In den 1970er Jahren war ein Fahrzeug der Oberklasse ein besonderes Produkt, weil es mit Airbag, ABS und elektrischen Fensterhebern ausgestattet war; heute stellen diese Produktkomponenten keine Leistungsvorteile aus Sicht der Kunden mehr dar, weil sie Standard auch bei jedem Kleinwagen geworden sind.
- Vor wenigen Jahren waren das Design und das Markenimage der Bekleidungsmarke *„Ed Hardy"* ein Leistungsvorteil, so dass es für viele Kunden als schick und trendy galt; heute finden viele Kunden sie unattraktiv.
- *Nokia* war wegen seiner Leistungsvorteile, die vor allem im technischen Bereich lagen, lange Jahre Marktführer bei den Mobilfunk-Endgeräten. Die technische Entwicklung zum Smartphone und die neue Bedeutung des Designs und der Marke aus Sicht der Kunden haben dazu geführt, dass *Apple* und *Samsung* heute in der Wahrnehmung vieler Kunden Leistungsvorteile haben. Wegen der rasanten technischen Entwicklung kann es in wenigen Monaten schon wieder ein anderes Unternehmen sein.

Die **Kostenführerschaftsstrategie** zielt darauf ab, Produkte, die nicht einzigartig sein müssen, zu möglichst günstigen Kosten herzustellen, um die Möglichkeit zu haben, auf den Märkten die niedrigsten Preise verlangen zu können. Bei einem festgelegten Mindestmaß an Qualität und Service sucht das Unternehmen also Wettbewerbsvorteile durch günstige Preise. Auch in Zeiten hoher Inflationsraten, wenn allgemein die Preise und damit auch die Kosten der Unternehmen steigen, sind Kostenführerunternehmen bestrebt, günstigere Preise als die Konkurrenten zu haben. Wenn nach einer Hochinflationsphase manche Einkaufspreise auch wieder sinken, werden diese Unternehmen früher als andere Preise senken und dies kommunizieren, um beim Kunden als Preisführer wahrgenommen zu werden.

Unternehmen und Marken, die eine Kostenführerschaftsstrategie verfolgen, sind z. B. Dacia, Aldi, Ryanair und Ibis Budget-Hotels.

Es gibt zwei Ansatzpunkte zum Erzielen von Kostenvorteilen:

- **Ausschöpfung struktureller Kostenunterschiede**: Strukturelle Kostenunterschiede sind Unterschiede in der Höhe der Kosten verschiedener Unternehmen, die nicht durch das Verhalten der Unternehmen, sondern durch die unterschiedliche Struktur der Unternehmen zu erklären sind. Mit Blick auf die Kosten liegt der

Strukturunterschied in der Größe des Unternehmens. Diese Größe kann sich z. B. in der produzierten oder abgesetzten Menge, der Zahl der Aufträge, der Zahl der Filialen, der Zahl der Außendienstmitarbeiter, der Zahl der Kunden, der Zahl der bearbeiteten Märkte konkretisieren. Viele empirische Untersuchungen aus den verschiedensten Branchen belegen die **Skaleneffekte** (auch Erfahrungskurveneffekte, Economies of scale, Gesetz der Massenproduktion), die darin bestehen, dass eine Verdopplung der Größe ein Stückkostenreduktionspotenzial von 20 bis 30 % mit sich bringt. Betrachtungsgröße der Skaleneffekte sind die Stückkosten, also z. B. die Kosten pro produzierte Einheit, pro Auftrag, pro Filiale oder pro Kunde. Die absoluten Kosten sind selbstverständlich größer, wenn die Größe des Unternehmens wächst; nur die Stückkosten können sinken.

- **Konsequentes Kostenmanagement**: Das Kostenniveau ist laufend auf das Ziel zu überprüfen, ob die gleiche Produktionsmenge zu niedrigeren Stückkosten hergestellt werden kann, indem Kosten, denen kein Nutzen für das Unternehmen entgegensteht, vermieden werden *(z. B. Bruch, Diebstahl, Verderb)*, Kosten, die nicht vermieden werden können, immer wieder auf mögliche Reduzierungen hin überprüft werden sowie Kosten durch Aufgabenverlagerung innerhalb des Unternehmens insgesamt niedriger werden. Bei der Kostenstruktur, die das Verhältnis von fixen und variablen Kosten beschreibt, streben viele Unternehmen nach einer Flexibilisierung der Kosten. Sie wird erreicht, indem fixe Kosten in variable Kosten umgewandelt werden. Zudem muss das Unternehmen laufend prüfen, ob gemäß dem Prinzip der Kostendeckung nicht zusätzliche Kosten durch zusätzliche Erlöse von den Kostenverursachern beglichen werden können.

Um die Frage beantworten zu können, mit welcher Strategie die gewünschten Ziele erreicht werden können, braucht es die **Marktforschung**. Sie hat die Aufgabe, das Kaufverhalten von Privatpersonen, Unternehmen und anderen Institutionen zu analysieren und die Umweltbedingungen in Makro- und Mikroumwelt zu erforschen, die das Unternehmen beeinflussen.

Die konkrete Umsetzung der Marketing-Strategien wird im **Operativen Marketing** geplant und umgesetzt. Hierzu gehören alle Instrumente, die zum Zwecke des Marketings von Unternehmen eingesetzt werden können und in ihrer „Mischung" als **Marketing-Mix** bezeichnet werden. Die Einteilung, die in Wissenschaft und Praxis am häufigsten verwendet wird, ist die Struktur der „vier P's", die der amerikanische Betriebswirt McCarthy formuliert hat:

- Die **Produkt- und Programmpolitik** (product) umfasst alle Entscheidungen, welche die Gestaltung des Leistungsprogramms eines Unternehmens betreffen. In diesen Bereich fallen z.B. die Analyse, Planung und Umsetzung von Produktveränderungen und Serviceleistungen, die Forschung und Entwicklung neuer Produkte, die Produktvariation und Produktdifferenzierung, die Verpackungsgestaltung, die Gestaltung flankierender Serviceleistungen sowie die Zusammenfassung der Produkte zu einem Produktprogramm mit teilweise einheitlichen Merkmalen.

- Im Rahmen der **Preis- und Konditionenpolitik** (price) werden alle Bedingungen festgelegt, die dazu dienen, die (monetären) Gegenleistungen der Käufer für die von einem Unternehmen angebotenen Produkte und Dienstleistungen zu gestalten und durchzusetzen. Zur Preispolitik gehören die Festlegung der Preise, Entscheidungen über Preisstrategien und Preisdifferenzierungen. Zur Konditionenpolitik zählen sämtliche Vereinbarungen, die neben dem Preis im Vertrag über das Leistungsangebot festgehalten werden. Im Wesentlichen sind das Rabatte, Boni und Skonti, Liefer- und Zahlungsbedingungen sowie Kredit- und Leasingvereinbarungen.
- Bei der **Distributionspolitik** (place) geht es um die Gestaltung der akquisitorischen und der physischen Distribution, bei der entschieden wird, auf welchem Wege der Kunde rechtlich und tatsächlich an das Produkt gelangen soll. Zentral sind die Fragen, welche Distributionsorgane für den Vertrieb der Sachgüter und Dienstleistungen eingesetzt werden, welche und wie viele Absatzwege genutzt werden und welches der optimale externe und interne Standort ist.
- Die **Kommunikationspolitik** (promotion) umfasst alle Maßnahmen, die der Kommunikation zwischen dem Unternehmen und seinen aktuellen und potenziellen Kunden, aktuellen und potenziellen Mitarbeitern, Lieferanten, Investoren, Anwohnern und anderen Bezugsgruppen (sog. Stake-Holders) dienen. Zu diesem Zweck werden die klassischen Instrumente Werbung, Verkaufsförderung und Öffentlichkeitsarbeit, aber auch innovative Instrumente, die von Sponsoring und Product-Placement über Direktmarketing bis hin zu Viralem Marketing und Ambush-Marketing reichen, eingesetzt.
- Neben den 4 P's wird häufig heute noch ein weiterer Bereich, die **Markenpolitik** (Branding) abgetrennt, der Instrumente aus allen vier Bereichen enthält und deswegen als Querschnittsbereich gesehen werden kann. Die Markenpolitik beschäftigt sich mit der Gestaltung von Marken.

In den letzten Jahrzehnten wurden neben den klassischen vier Instrumentenbereichen noch weitere P-Felder formuliert, die sich jedoch in Theorie und Praxis (mit Ausnahme von People (Personal) im Dienstleistungssektor) kaum etablieren konnten, sondern stattdessen in die vorhandenen Felder eingeordnet werden. Hierzu zählen:

- Packaging (Verpackung)
- Physics (Unternehmensidentität)
- Physical Evidence (Ladengestaltung)
- Politics (Einflussnahme von Unternehmen auf die Politik durch Lobbyismus)
- Position (Positionierung des Unternehmens und seiner Leistungen)
- Processes (Prozessmanagement)
- Public Voice (Kommunikation in Blogs, Communities und über Multiplikatoren)

Der letzte Schritt in der Marketing-Konzeption nach der Durchführung von Marketing-Maßnahmen ist das **Marketing-Controlling**, das dieselben Aufgaben wie das Controlling in der Unternehmensführung hat und den Kreislauf der Marketing-

Konzeption schließt, indem es die Formulierung der Marketing-Ziele, des Strategischen Marketings und des Operativen Marketings beeinflusst. Der verschärfte Wettbewerb, ein sich veränderndes Konsumentenverhalten und der technologische Fortschritt stellen den Erfolg eines Unternehmens und damit die Marketingleistungen des Managements in immer kürzer werdenden Zyklen auf den Prüfstand. Dazu braucht es ein funktionierendes Marketing-Controlling.

1.3 Inbound- und Outbound-Marketing

Das **Outbound-Marketing** verfolgt die Strategie, potenzielle Kunden gezielt durch Werbebotschaften anzusprechen. Besonders etablierte Werbeformate wie Telefonmarketing, Fernsehwerbung, Werbung im öffentlichen Personennahverkehr, Radiowerbung und Postwurfsendungen setzen auf dieses Prinzip der aktiven Kommunikation. Das Hauptziel besteht darin, Interessenten direkt zu adressieren und sie transparent über Produkte und Dienstleistungen zu informieren.

Beim **Inbound-Marketing** wird der Kommunikationsprozess umgekehrt, indem potenzielle Kunden gezielt auf ein Produkt oder eine Dienstleistung aufmerksam gemacht werden. Dieser Ansatz umfasst insbesondere das Content-Marketing und basiert darauf, dass Kunden selbstständig mit dem Unternehmen in Kontakt treten und eigenverantwortlich eine Produktauswahl treffen.

Inbound-Marketing legt daher den Schwerpunkt darauf, Unternehmen für Interessierte sichtbar zu machen und die Vorteile des Angebots zu vermitteln. Neben dem Content-Marketing sind auch andere Methoden Teil der Marketingstrategie, beispielsweise Public Relations, Social-Media-Marketing und Customer-Relationship-Management.

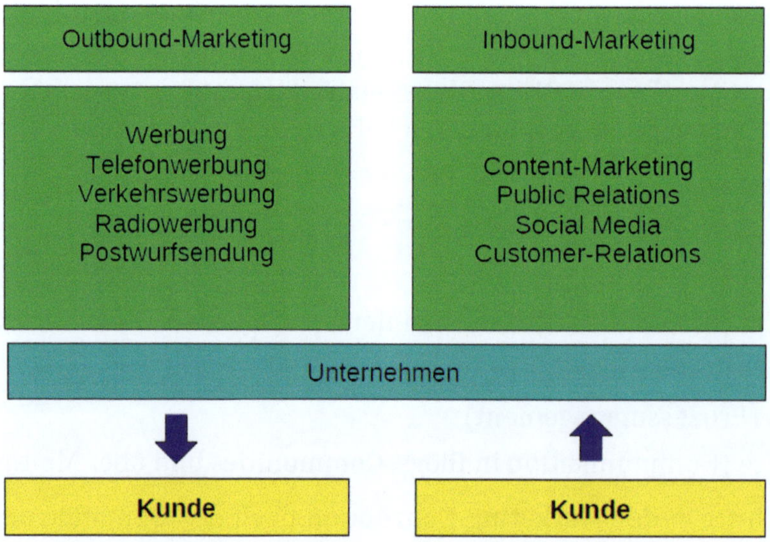

Abbildung 4: Outbound- und Inbound-Marketing

Zusammenfassend gilt: Während beim Outbound-Marketing Unternehmen aktiv ihre Botschaft an Kunden adressieren, verfolgt das Inbound-Marketing das Ziel, von diesen gefunden zu werden.

Beim Inbound-Marketing sucht der Kunde gezielt nach bestimmten Produkten oder Dienstleistungen, um ein bestimmtes Problem zu lösen oder ein Bedürfnis zu erfüllen. Die Aufgabe des Marketings besteht darin, dem Kunden Informationen über Produkte und Serviceleistungen verständlich bereitzustellen. Alle relevanten Produkt- und Dienstleistungsinformationen sollten verfügbar sein. Besonders im Geschäftskundenbereich (B2B) sind detaillierte technische Angaben erforderlich, damit der Kunde eine informierte Entscheidung treffen kann.

In vielen Fällen hat sich der Kunde bereits umfassend über verschiedene Angebote auf diversen Webseiten, in Preissuchmaschinen und durch weitere Quellen wie Reviews und Erfahrungsberichte informiert. Neben einer Unternehmenswebsite können auch Blogs sowie Social-Media-Kanäle wie Facebook und Instagram als Informationsquellen dienen. Das Inbound-Marketing legt daher den Fokus darauf, die objektiven Merkmale und Vorteile eines Produkts oder einer Dienstleistung darzustellen. Aufgrund des Internets verfügen viele Kunden über Vorkenntnisse und wählen entsprechend nach individuell relevanten Kriterien aus. Das Modell des Inbound-Marketings geht davon aus, dass Kunden eigenständige und sachliche Entscheidungen treffen.

Outbound-Marketing setzt hingegen auf die Reichweite von Marketingkampagnen. Während beim Inbound-Marketing die Vermittlung von Produktinformationen und Details im Vordergrund steht, konzentriert es sich insbesondere auf Content-Marketing mit einer klar definierten Zielgruppe und strebt eine nachhaltige Kundenbindung an.

Im Gegensatz zum traditionellen Outbound-Marketing richtet das Inbound-Marketing seinen Fokus auf die Zufriedenheit der Kunden. Dabei ist es entscheidend, dass Dienstleistungen oder Produkte bestmöglich auf die Bedürfnisse der Kunden abgestimmt sind. Ein wesentlicher Vorteil des Inbound-Marketings gegenüber klassischen Ansätzen besteht darin, Zielgruppen gezielter anzusprechen und Kosten effizienter zu steuern. Für eine nachhaltige Optimierung des Inbound-Marketings empfiehlt sich ein umfassendes Controlling sämtlicher Marketingmaßnahmen sowie die Ermittlung spezifischer Kennzahlen, um eine präzise und situationsgerechte Analyse und Steuerung zu gewährleisten.

Inbound-Marketing ist nicht nur für Technologieunternehmen geeignet, sondern vor allem auch für mittelständische und kleinere Unternehmen, die über ein geringeres Marketingbudget verfügen. Da das klassische Marketing aufgrund seiner Fokussierung auf eine große Reichweite hohe Kosten verursacht, kommt die Kosteneffizienz des Inbound-Marketings vor allem den kleineren und mittelständischen Unternehmen zugute. Das Inbound-Marketing lässt sich sowohl im Privatkundenbereich (B2C) als auch im B2B-Marketing einsetzen.

Man spricht in diesem Kontext von **Pull-Marketing**, da die Aufgabe darin besteht, neue Leads (Kundentransaktionen) zu generieren. Bei den Methoden steht das **Content-Marketing** im Vordergrund, aber es gibt noch wesentlich mehr Ansätze, die sich für ein gezieltes Inbound-Marketing eignen.

Die Hauptaufgabe besteht darin, durch qualitativ hochwertige Inhalte den Kunden für die Produkte und Dienstleistungen des Unternehmens zu begeistern. Das Content-Marketing fokussiert sich auf die Inhalte und versucht, dem Kunden Informationen nahezubringen, die sich auf einzelne Produktmerkmale oder Dienstleistungen beziehen. Darüber hinaus gibt es weitere Verfahren wie beispielsweise Public Relations. Die Öffentlichkeitsarbeit konzentriert sich vorrangig auf die üblichen Medien. Hierzu gehören Zeitungen, Fachzeitschriften, aber auch Blogs und andere Multiplikatoren. Das Content-Marketing erschöpft sich aber nicht in diesen Bereichen, sondern umfasst auch das Social-Media-Marketing und E-Mail-Marketing.

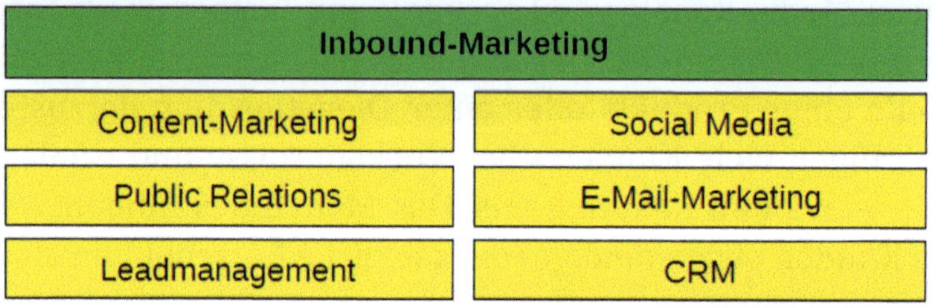

Abbildung 5: Inbound-Marketing

Das Leadmanagement hat die Aufgabe, aus potenziellen Interessenten, die eine Unternehmenswebseite oder einen Blog aufsuchen, Käufer zu machen. Um den Bedürfnissen des Kunden möglichst gerecht zu werden, ist der Einsatz von Software, die die bisherigen Käufe und Anforderungen erfasst, unerlässlich. In diesem Zusammenhang spricht man Customer-Relationship-Management (CRM).

Das Inbound-Marketing hat zahlreiche Vorteile, von denen Unternehmen erheblich profitieren. Beispielsweise sind alle Maßnahmen des Inbound-Marketings systematisch und nachvollziehbar messbar. Das herkömmliche Outbound-Marketing hingegen, das jahrzehntelang die Arbeit in Agenturen prägte und bestimmte, betreibt alle Maßnahmen nach dem Schrotflinten-Prinzip und hat eine große Streuung. Die Effizienz und Effektivität von klassischen Werbemaßnahmen lassen sich nie exakt beziffern.

Das Inbound-Marketing hingegen gestattet ein präzises und umfassendes Tracking, das alle Nuancen erfasst und eine genaue Ausrichtung auf bestimmte Zielgruppen vorsieht. Ein weiterer entscheidender Vorteil des Inbound-Marketings ergibt sich aus der flexiblen und dynamischen Skalierbarkeit der Maßnahmen.

Während das klassische Marketing in Form der Fernseh- oder Radiowerbung ein beträchtliches Budget voraussetzt, kann das Inbound-Marketing auch kleinere Kampagnen beinhalten, die sich an eine ausgewählte Zahl von Kunden richten. Jede einzelne

Maßnahme lässt sich einem umfassenden Controlling und Monitoring unterziehen, während das Outbound-Marketing meist nur vage Rückschlüsse über den Erfolg zulässt.

Der erste Schritt besteht darin, die geeignete Zielgruppe für die eigenen Produkte und Dienstleistungen exakt und umfassend zu definieren. Dabei bedient man sich einer Buyer-Persona.

Die **Zielgruppenanalyse** umfasst folgende Aspekte:

- demografische Aspekte (Geschlecht, Alter, Wohnort, Familienstand)
- sozioökonomische Aspekte (Einkommen, Beruf, Bildung)
- psychografische Aspekte (Werte, Einstellungen, Lebensstile)
- Konsumverhalten (Markentreue, Konsumintensität, Kaufverhalten)

Anhand der demografischen Kriterien wie beispielsweise Geschlecht, Alter, Wohnort und Familienstand lässt sich die Kundenzielgruppe bereits deutlich einschränken und erlaubt eine bessere Fokussierung. Darüber hinaus werden sozioökonomische Aspekte wie das Einkommen, der Beruf oder der Bildungsstand berücksichtigt, um eine genauere Eingrenzung der Zielgruppe zu realisieren.

Um eine Feinjustierung vorzunehmen, werden psychografische Kriterien wie beispielsweise die Einstellungen des Einzelnen, seine persönlichen Werte und der Lebensstil mit einbezogen. Um eine zusätzliche Fokussierung zu gewährleisten, wird auch das Konsumverhalten berücksichtigt. Hierbei wird analysiert, wie sich das Kaufverhalten situativ manifestiert und welche Konsumintensität vorliegt. Dabei werden Aspekte herangezogen wie beispielsweise die Markentreue und die Brand-Awareness.

Bei der Zielgruppenanalyse ist es wichtig, dass das Unternehmen die Zielgruppe möglichst genau erfasst, fokussiert und deren Eigenschaften, Wünsche und Bedürfnisse detailliert beschreibt.

Die **Zielgruppenanalyse** enthält folgende Schritte:

(1) Exakte Definition der Zielgruppe (demografisch, sozioökonomisch, psychografisch, komsumbezogen)
(2) Detaillierte Analyse des Konsumverhaltens (Marktforschung)
(3) Umfassende Erstellung von Nutzerprofilen
(4) Konzeption einer Buyer-Persona

Eine nachlässige Zielgruppenanalyse führt dazu, dass das Marktpotenzial nicht vollständig ausgeschöpft wird. Je diffuser die Vorstellung des Unternehmens von seinem potenziellen Kunden ist, desto geringer sind auch die Erfolgsaussichten, in einem Marktsegment langfristig höhere Umsätze zu erzielen. Das Unternehmen sollte sich möglichst realistisch in die jeweiligen Kunden hineinversetzen und deren Bedürfnisse, Werte, Wünsche und Ziele identifizieren. Hierzu ist es unabdingbar, die sozioökonomischen Rahmenbedingungen zu analysieren und das Konsumverhalten der potenziellen Kunden zu untersuchen.

Für die genaue Ausrichtung der Marketingkampagne ist es notwendig, die abstrakten Daten, die sich aus der Marktforschung ergeben, in eine anschauliche und fassbare Biografie umzuwandeln; durch dieses Kundenprofil wird es möglich, die einzelnen Eigenschaften zu bündeln und in einer fiktiven Person – einer Buyer-Persona – zu konkretisieren.

Anhand einer solchen imaginären Biografie ist es einfacher, Marketingmaßnahmen zu entwickeln, die zielgruppenspezifisch ausgerichtet sind und den größtmöglichen Erfolg versprechen. Daher sollte die Zielgruppenanalyse in die Konzeption einer realitätsnahen Buyer-Persona münden.

Eine **Buyer-Persona** ist eine fiktive, idealtypische Person, die die Zielgruppe veranschaulichen soll, und trägt charakteristische Merkmale eines Käufers, der sich für das Produkt oder die Dienstleistung interessiert. Dabei wird ein Steckbrief dieser Person nach demografischen und psychografischen Aspekten skizziert und die einzelnen Merkmale und Präferenzen detailliert und anschaulich dargestellt. Eine psychologische, soziologische und ökonomische Analyse, die alle wichtigen Merkmale mit einbezieht, geht diesem Prozess voraus.

Die Buyer-Persona wird in allen Einzelheiten beschrieben und mit einer fiktiven Biografie ausgestattet, die unter anderem das Alter, den Beruf, das Einkommen, die Hobbys und Interessen (psychografische Daten) sowie die familiäre Situation und das soziale Milieu und die Werte und Ziele konkretisiert. Aus dieser Buyer-Persona leitet sich dann das Storytelling ab, d. h. eine bestimmte Geschichte, die dem Digitalen Marketing dient.

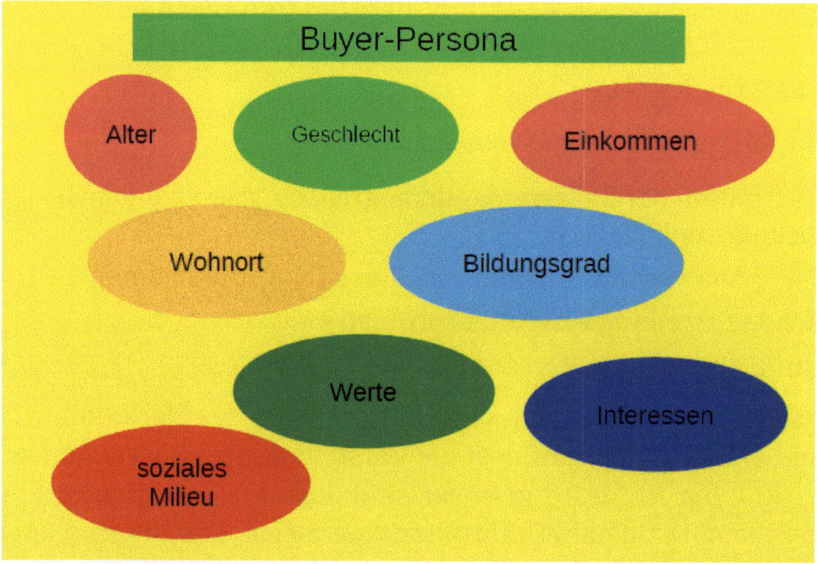

Abbildung 6: Aspekte der Buyer-Persona

> *Ein Beispiel: Tim ist 29 Jahre alt, Single, hat einen Bachelor und einen Master im Maschinenbau und arbeitet in einem mittelständischen Unternehmen im Großraum Frankfurt am Main. Tim legt Wert auf Nachhaltigkeit und engagiert sich für einen verbesserten Klimaschutz. Seine Hobbys sind Radfahren und Tennis. Seinen Urlaub verbringt er häufig in den Alpen. Im Internet nutzt er LinkedIn und seltener Facebook und Instagram.*

Nachdem die idealtypische Biografie exakt beschrieben wurde, gilt es einen Content zu erstellen, der diese Person anspricht. Es ist von entscheidender Bedeutung, die Perspektive der jeweiligen Persona einzunehmen und sich in deren Situation zu versetzen, damit deren Bedürfnisse und Anforderungen befriedigt werden.

Anschließend wird der erstellte Content online über verschiedene Kanäle verbreitet. Dabei spielen auch Social-Media-Strategien eine wichtige Rolle. Beim Seeding werden also Netzwerke wie Facebook, Instagram, Xing oder LinkedIn berücksichtigt.

1.4 Prüfungstipps

Welchen Prüfungstipp kann ich aus diesem Abschnitt ziehen?

In Prüfungen wird häufig gefordert, ■ das Digitale Marketing zu definieren ■ die fünf Merkmale des Digitalen Marketing zu erläutern ■ realistische Beispiele zu den fünf Merkmalen des Digitalen Marketings zu entwickeln ■ allgemein zu definieren und Unterarten zu benennen ■ konkrete Beispiele für die Unterarten des Marketings zu nennen ■ den Unternehmensregelkreis oder den Marketing-Regelkreis grafisch darzustellen ■ die Systematik des Marketing-Mixes zu erläutern ■ den Unterschied von Inbound- und Outbound-Marketing zu kennen.

anfrage abzudecken, indem es Produkte für das Home Gym bewirbt und damit auf die wachsende Nachfrage reagiert.

Ein Automobilhersteller analysiert Suchbegriffe im Bereich Elektrofahrzeuge und erkennt, dass viele Nutzer nach „Reichweite von Elektroautos" suchen. Das Unternehmen optimiert seine Webseite und Inhalte, um diesen Begriff besser abzudecken, und erstellt zusätzlich detaillierte Seiten über die Reichweite seiner eigenen Modelle, was zu einer besseren Platzierung in den Suchergebnissen führt.

Ein Reiseveranstalter verwendet SEO-Tools, um herauszufinden, dass immer mehr Menschen nach „nachhaltigem Tourismus" suchen. Das Unternehmen beginnt daraufhin, gezielte Inhalte und Reiseangebote zu erstellen, die nachhaltigen Tourismus fokussieren, und optimiert seine Webseite für die entsprechenden Suchbegriffe.

- **Content-Analyse** umfasst die Untersuchung von Texten, Kommentaren und Bewertungen, die Kunden über Produkte, Dienstleistungen oder Marken abgeben. Diese Methode nutzt die Meinung der Nutzer, um die Wahrnehmung der Marke oder des Produkts zu bewerten und zu verstehen, welche Themen für die Zielgruppe besonders wichtig sind. Sie hilft, Kundenfeedback zu sammeln und neue Trends zu identifizieren.

  Ein Hersteller von Smartphones z. B. analysiert Kundenbewertungen auf verschiedenen Verkaufsplattformen wie Amazon und seinen eigenen sozialen Medien. Die häufigsten Kritikpunkte betreffen die Akkulaufzeit und das Design des Geräts. Das Unternehmen verwendet diese Informationen, um zukünftige Produktversionen zu optimieren und den Kunden gezielt die Verbesserungen in den neuen Modellen zu kommunizieren.

  Ein Hotelbetreiber sammelt und analysiert Bewertungen auf Plattformen wie TripAdvisor und Google Reviews. Die Analyse zeigt, dass Gäste die Sauberkeit der Zimmer besonders schätzen, aber die Qualität des Frühstücks als verbesserungswürdig empfinden. Das Hotel nutzt dieses Feedback, um das Frühstücksangebot zu erweitern und die Kommunikation auf diesen Aspekt hin auszurichten.

  Ein Online-Händler für Mode analysiert Kommentare und Bewertungen seiner Kunden zu Kleidungsstücken auf seiner Webseite und in sozialen Medien. Es zeigt sich, dass eine bestimmte Kollektion besonders gut bei jungen Erwachsenen ankommt, weil sie nachhaltig produziert ist. Das Unternehmen verstärkt daraufhin das Marketing dieser Kollektion und hebt den Aspekt der Nachhaltigkeit in seinen Kampagnen hervor.

- **Sentiment-Analyse** ist eine spezielle Form der Textanalyse, bei der Software-Tools die Stimmung und Meinung in Kundenkommentaren oder Social-Media-Posts erkennen. Sie klassifiziert Texte in positive, negative oder neutrale Stimmung und hilft Unternehmen zu verstehen, wie ihre Marke oder Produkte wahrgenommen werden. Diese Methode kann sowohl für allgemeine Meinungsforschung als auch für spezifische Kampagnen nützlich sein.

Ein Automobilhersteller z. B. führt eine Sentiment-Analyse durch, um herauszufinden, wie seine neuen Elektrofahrzeuge in sozialen Netzwerken aufgenommen werden. Die Analyse zeigt, dass die meisten Kommentare bezüglich der Reichweite und Ladegeschwindigkeit positiv sind, aber es gibt Bedenken hinsichtlich der Lade-Infrastruktur. Das Unternehmen nutzt diese Erkenntnisse, um die öffentliche Diskussion über die Lade-Infrastruktur zu verstärken und das Vertrauen in seine Elektrofahrzeuge zu fördern.

Ein Musik-Streaming-Dienst verwendet Sentiment-Analyse, um das Feedback der Nutzer zu neuen Alben und Künstlern zu verstehen. Sie erkennen, dass ein bestimmter Künstler besonders viele positive Erwähnungen erhält, während ein anderer weniger gut ankommt. Basierend auf diesen Ergebnissen wird der erfolgreiche Künstler stärker in den Empfehlungen und Playlists des Dienstes hervorgehoben.

Ein Online-Lebensmittelhändler analysiert die Stimmung in den Bewertungen und Kommentaren zu seinem Lieferservice. Während die Qualität der Produkte oft positiv bewertet wird, gibt es viele negative Kommentare zur Pünktlichkeit der Lieferung. Auf dieser Grundlage wird das Logistiksystem des Unternehmens überprüft und optimiert, um die Kundenzufriedenheit zu erhöhen.

- **Heatmap-Analyse** und **Click-Tracking** bieten eine visuelle Darstellung von Nutzerinteraktionen auf einer Webseite oder App. Mit Heatmap-Tools können Unternehmen sehen, auf welche Bereichen ihrer Seite die Nutzer am häufigsten klicken, wo sie die Maus bewegen und wie sie sich durch die Seite navigieren. Diese Daten helfen, die Benutzererfahrung zu verbessern und Optimierungen vorzunehmen, um die Wirkung der Inhalte zu steigern.

  Ein Online-Shop für Elektronikprodukte z. B. verwendet eine Heatmap-Analyse, um herauszufinden, welche Bereiche auf der Produktseite besonders oft angeklickt werden und welche weniger Beachtung finden. Die Analyse zeigt, dass die Produktbeschreibungen übersehen werden, während die Preisangabe und die Produktbilder sehr gut besucht sind. Das Unternehmen passt die Produktseiten an, indem es die Beschreibung prominenter platziert und mehr interaktive Elemente hinzufügt, um die Nutzererfahrung zu verbessern.

  Ein Anbieter von Parkplatzbuchungen analysiert mit Click-Tracking, wie die Nutzer auf der Webseite navigieren. Die Daten zeigen, dass viele Besucher die Preisübersicht anschauen, aber oft nicht zur Buchungsseite wechseln. Dies könnte auf Unsicherheit bezüglich der Verfügbarkeit oder der Buchungsbedingungen hinweisen. Das Unternehmen passt daraufhin die Seite an, indem es klarere Informationen zu den Buchungsbedingungen und eine benutzerfreundlichere Preisübersicht einführt.

  Ein Modeunternehmen setzt Heatmap-Analyse auf seiner Webseite ein, um herauszufinden, welche Teile der Produktseite am meisten beachtet werden. Dabei stellt sich heraus, dass die Größentabelle der Produkte kaum beachtet wird. Das Unternehmen verbessert die Sichtbarkeit der Größentabelle und fügt interaktive Funktionen hinzu, damit die Kunden die richtige Größe schneller finden und das Einkaufserlebnis reibungsloser verläuft.

- **Mobile App Analyse** hilft Unternehmen, zu verstehen, wie Nutzer mit ihren mobilen Apps interagieren. Tools bieten detaillierte Informationen darüber, wie Nutzer die App nutzen, welche Funktionen sie am meisten verwenden und wo sie gegebenenfalls abbrechen. Diese Daten sind besonders wichtig, um mobile Marketingstrategien zu optimieren und die Nutzerbindung zu verbessern.

  Ein Bankinstitut z. B. setzt eine Mobile App Analyse ein, um zu erkennen, dass viele Nutzer ihre Kontoauszüge einsehen, aber bei der Nutzung von Finanztools wie dem Budgetplaner oder der Überweisungsfunktion häufig die App verlassen. Das Unternehmen nutzt diese Erkenntnisse, um die Benutzeroberfläche zu vereinfachen und gezielte Tutorials oder Hilfestellungen zu integrieren, um die Nutzung dieser Funktionen zu fördern.

  Ein Entwickler von mobilen Spielen setzt App-Analyse ein, um herauszufinden, an welchen Stellen des Spiels Spieler abspringen. Es stellt sich heraus, dass viele Nutzer nach der ersten Einführung das Spiel abbrechen, ohne weiterzuspielen. Auf Basis dieser Daten wird das Tutorial verbessert, und zusätzliche Belohnungen werden in den ersten Spielminuten eingebaut, um die Spieler zu motivieren, das Spiel fortzusetzen.

  Eine Fitness-App analysiert die Nutzungsmuster ihrer Kunden und erkennt, dass die Nutzer oft die App nach kurzer Zeit deinstallieren, wenn sie keine sofortigen Erfolge sehen. Die App-Entwickler implementieren daraufhin personalisierte Fitnesspläne und Erfolgsmeldungen, die den Nutzern sofort positive Rückmeldungen zu ihren Fortschritten geben und so die Nutzerbindung steigern.

- **A/B-Tests** sind Methoden, bei denen verschiedene Versionen von Webseiten, Anzeigen oder E-Mails getestet werden, um herauszufinden, welche Version am besten funktioniert. Diese Tests sind entscheidend, um gezielt Optimierungen vorzunehmen und die Performance von digitalen Marketingkampagnen zu maximieren.

  Ein Online-Möbelhändler z. B. führt A/B-Tests durch, um herauszufinden, welche Art von Produktbeschreibung auf seiner Webseite die höchste Conversion-Rate erzielt. Eine Version enthält detaillierte Informationen zu Materialien und Herstellung, während eine andere Version nur die Vorteile des Produkts hervorhebt. Der Test zeigt, dass Kunden, die detaillierte Informationen über die Materialien erhalten, eher einen Kauf tätigen. Das Unternehmen nutzt diese Erkenntnisse, um die Produktseiten zu optimieren.

  Ein Versicherungsunternehmen führt A/B-Tests durch, um die Effektivität seiner Antragsformulare zu testen. Zwei Versionen des Formulars werden erstellt: Die eine Version enthält viele Felder und detaillierte Fragen, während die andere Version vereinfachte Fragen stellt. Das Unternehmen stellt fest, dass die vereinfachte Version zu einer höheren Conversion führt, da die Nutzer das Formular schneller ausfüllen. Daraufhin wird die vereinfachte Version auf der gesamten Webseite implementiert.

Ein Online-Modehändler führt einen Multivariantentest für seine Anzeigen auf sozialen Medien durch. Dabei werden verschiedene Elemente wie Bildmaterial, Werbetext und Call-to-Action-Buttons variiert, um herauszufinden, welche Kombination die meisten Klicks und Conversions generiert. Das Unternehmen kann auf Grundlage des Tests entscheiden, welche Anzeigevarianten in Zukunft verwendet werden, um die Werbewirkung zu maximieren.

Die Nutzung des Digitalen Marketings auch zu Zwecken der Marktforschung hat einige Vorteile:

- **Schnellere Datenerhebung und Echtzeit-Feedback**: Die Marktforschung im digitalen Marketing ermöglicht eine sofortige und kontinuierliche Sammlung von Daten. Dies geschieht in Echtzeit und erlaubt es Unternehmen, sofort auf Veränderungen im Markt zu reagieren. Klassische Marktforschungsmethoden, wie Umfragen oder Interviews, benötigen oft Wochen oder Monate, während digitale Methoden schneller und flexibler sind.

  Ein Online-Shop für Elektronik z. B. kann die Benutzerinteraktionen auf seiner Webseite in Echtzeit überwachen und sofort Anpassungen vornehmen, wenn Kunden Schwierigkeiten beim Checkout haben. Diese schnelle Reaktion verbessert das Kundenerlebnis und verhindert, dass potenzielle Verkäufe verloren gehen.

- **Kosteneffizienz**: Digitale Marktforschung ist in der Regel günstiger als traditionelle Methoden. Sie benötigt weniger Ressourcen, weniger Personal und keine physischen Materialien wie Umfrageformulare oder Reisekosten für Interviews. Durch den Einsatz automatisierter Tools können Unternehmen die Marktforschung effizient durchführen und gleichzeitig Kosten senken.

  Ein Reiseveranstalter z. B. kann anstelle von teuren Fokusgruppen Online-Umfragen oder Social Media Monitoring einsetzen, um die Meinungen seiner Kunden zu erfahren und neue Trends zu erkennen. Dies spart nicht nur Kosten, sondern liefert auch schnellere Ergebnisse.

- **Präzisere und gezieltere Zielgruppenansprache**: Digitale Marktforschung ermöglicht eine sehr präzise Zielgruppenanalyse. Mithilfe von Web-Tracking, Social Media Monitoring und SEO können Unternehmen sehr detaillierte Informationen über das Verhalten und die Vorlieben ihrer Zielgruppen erhalten. Dies hilft, Marketingstrategien gezielt anzupassen und besser auf die Bedürfnisse der Kunden einzugehen.

  Ein Modeunternehmen z. B. kann durch die Analyse des Klickverhaltens auf seiner Webseite feststellen, dass eine bestimmte Zielgruppe besonders an nachhaltigen Produkten interessiert ist. Diese Information ermöglicht es, gezielt Kampagnen zu starten, die auf umweltbewusste Kunden zugeschnitten sind.

- **Zugang zu großen Datenmengen (Big Data)**: Das digitale Marketing bietet Zugang zu großen Datenmengen, die durch das Verhalten der Nutzer auf Webseiten, sozialen Netzwerken oder in E-Mails entstehen. Diese Daten helfen dabei, Muster und Trends zu erkennen, die in traditionellen Marktforschungsmethoden möglicherweise übersehen werden. Mit fortschrittlichen Analysetools können Unternehmen tiefere Einblicke in die Bedürfnisse ihrer Zielgruppe gewinnen.

Ein Softwareanbieter z. B. für B2B-Produkte nutzt Web-Analyse und Tracking, um die Interaktionen von Nutzern mit verschiedenen Funktionen der Software zu beobachten. Diese Daten ermöglichen es dem Unternehmen, die am häufigsten genutzten Funktionen hervorzuheben und gezielte Marketingmaßnahmen zu entwickeln.

- **Flexibilität und Anpassungsfähigkeit**: Digitale Marktforschung bietet Unternehmen die Flexibilität, ihre Methoden und Ansätze jederzeit anzupassen. A/B-Tests, Umfragen oder Social-Media-Analysen können schnell geändert und optimiert werden, wenn neue Erkenntnisse oder Veränderungen in der Zielgruppe auftreten. Dies ermöglicht eine fortlaufende Anpassung der Marketingstrategie.

  Ein Bekleidungsunternehmen z. B. führt A/B-Tests für seine E-Mail-Marketingkampagnen durch und erkennt, dass bestimmte Betreffzeilen eine höhere Öffnungsrate erzielen. Durch die schnelle Anpassung der Kampagneninhalte wird die Effektivität gesteigert.

Aber es gibt auch Gefahren und Nachteile, wenn Instrumente des Digitalen Marketings zu Marktforschungszwecken eingesetzt werden:

- **Datenüberflutung**: Durch die große Menge an Daten, die bei der digitalen Marktforschung anfallen, besteht die Gefahr einer Datenüberflutung. Unternehmen können Schwierigkeiten haben, die relevanten Informationen herauszufiltern, was zu Fehlinformationen oder unnötigen Komplexitäten führen kann. Es ist entscheidend, die richtigen Datenpunkte zu sammeln und zu analysieren, um fundierte Entscheidungen zu treffen.

  Ein Online-Shop z. B. könnte durch die Analyse von Klicks auf seiner Webseite feststellen, dass viele Besucher Produkte aufrufen, aber diese nicht kaufen. Ohne die richtige Analyse der zugrunde liegenden Ursachen (z.B. Preis, Qualität der Produktbeschreibung oder Benutzerfreundlichkeit) könnte das Unternehmen zu falschen Schlüssen kommen.

- **Mangelnde Repräsentativität der Daten**: Digitale Marktforschung basiert oft auf einer bestimmten Gruppe von Nutzern, die online aktiv sind. Diese Gruppe ist möglicherweise nicht repräsentativ für die gesamte Zielgruppe oder den Markt. Besonders in bestimmten Nischenbranchen oder bei älteren Bevölkerungsgruppen kann es schwierig sein, eine ausgewogene Datenbasis zu schaffen.

  Ein Unternehmen, das eine mobile App für junge Erwachsene entwickelt, könnte z. B. feststellen, dass es hauptsächlich junge, technologieaffine Nutzer anzieht. Dadurch könnte die Marktforschung verzerrt sein, da sie nicht die Bedürfnisse oder das Verhalten einer breiteren oder älteren Zielgruppe widerspiegelt.

- **Rechtliche Herausforderungen**: Die Nutzung digitaler Daten für Marktforschung bringt rechtliche Herausforderungen mit sich, insbesondere im Hinblick auf den Datenschutz. In vielen Ländern, darunter auch die EU mit der Datenschutz-Grundverordnung (DSGVO), gibt es strenge Vorschriften, wie Daten gesammelt, gespeichert und verwendet werden dürfen. Ein Verstoß gegen diese Vorschriften kann zu hohen Geldstrafen und einem Vertrauensverlust bei den Kunden führen.

  Ein Unternehmen, das Web-Tracking und Cookies verwendet, um Nutzerverhalten zu analysieren, muss z. B. sicherstellen, dass die Nutzer ausdrücklich zustimmen, bevor ihre Daten erfasst werden. Wenn das Unternehmen diese Regelungen nicht einhält, könnte es mit rechtlichen Konsequenzen konfrontiert werden.

- **Abhängigkeit von Technologie und Tools**: Die digitale Marktforschung setzt stark auf Technologie und spezialisierte Tools. Diese Tools erfordern oft eine regelmäßige Aktualisierung und Wartung, um mit den neuesten Entwicklungen Schritt zu halten. Zudem ist es notwendig, dass Unternehmen über entsprechendes Fachwissen verfügen, um die Daten korrekt zu interpretieren.

  Ein Unternehmen, das Social Media Monitoring einsetzt, muss z. B. sicherstellen, dass die verwendeten Analysetools korrekt konfiguriert sind und alle relevanten Plattformen abdecken. Wenn die Tools nicht ordnungsgemäß eingerichtet sind, könnten wichtige Daten oder Trends übersehen werden.

- **Fehlende persönliche Interaktion**: Digitale Marktforschung liefert zwar wertvolle quantitative Daten, kann jedoch qualitative Aspekte wie persönliche Meinungen und Emotionen nicht immer vollständig erfassen. Traditionelle Methoden wie persönliche Interviews oder Fokusgruppen bieten tiefere Einblicke in die Beweggründe der Verbraucher und ermöglichen es, komplexe Emotionen und Einstellungen zu verstehen, die in der digitalen Marktforschung möglicherweise verloren gehen.

  Ein Unternehmen könnte durch Social Media Monitoring feststellen, dass seine Kunden grundsätzlich mit einem Produkt zufrieden sind, aber die genaue Emotion oder das Gefühl hinter diesen Bewertungen wird nicht immer klar. Ein persönliches Interview könnte hier detailliertere und wertvollere Einblicke liefern.

2.2 Produkt- und Programmpolitik

Das Digitale Marketing beeinflusst die Produkt- und Programmpolitik auf vielfältige Weise. Digitale Kanäle liefern nicht nur Absatz, sondern vor allem laufend Daten darüber, welche Bedürfnisse Kunden haben, wie sie Produkte nutzen und welche Varianten am besten ankommen. Daraus entstehen direkte Rückkopplungen für Produktgestaltung, Feature-Entscheidungen und Sortimentssteuerung.

- **Bedarfserkennung**: Früher stützte sich die Bedarfsanalyse stark auf klassische Marktforschung, Befragungen oder Händlerfeedback. Heute kann das Digitale Marketing bereits im Tagesgeschäft Trends sichtbar machen. Suchmaschinenanalysen, interne Suchabfragen in Online-Shops oder Social Listening liefern klare Signale, welche Produkteigenschaften gefragt sind oder welche Lücken im Sortiment bestehen.

So kann z. B. ein Lebensmittelhersteller in Google Trends feststellen, dass das Suchvolumen für „Haferdrink Barista" stark ansteigt. Dies deutet auf ein wachsendes Bedürfnis nach einer besonders schaumfreundlichen Variante für Kaffeespezialitäten hin – und kann direkt in die Produktentwicklung einfließen. Ähnlich kann ein Hersteller von Haushaltsgeräten aus Social-Media-Kommentaren herauslesen, dass viele Kunden einen Staubsauger als „zu schwer" empfinden. Daraus entsteht die Idee für ein leichteres Modell mit neuem Tragegriff.

- **Ideenvalidierung und Feature-Priorisierung**: Eine der größten Stärken des Digitalen Marketings ist, dass Produktideen vor einer teuren Serienfertigung in kleinerem Rahmen getestet werden können. Über „Smoke-Tests" – also einfache Landingpages, die ein neues Produkt beschreiben – lässt sich prüfen, wie viele Menschen bereit wären, es vorzubestellen.

  Ein Start-up für modulare Möbel kann zum Beispiel einen neuen Sofaentwurf als 3D-Visualisierung online stellen. Kunden, die ihr Interesse bekunden oder sogar vorbestellen, liefern wertvolle Hinweise, welche Farben oder Größen in der Erstproduktion priorisiert werden sollten. Darüber hinaus lassen sich einzelne Produktelemente wie Name, Verpackungsdesign oder Funktionsbeschreibung über A/B-Tests prüfen.

  Ein Kosmetikhersteller könnte zwei Varianten einer Produktbeschreibung gegeneinander testen: „Mit Niacinamid" oder „Wirkt gegen Rötungen". Die Variante mit höherer Klick- und Kaufquote wird in den Markt eingeführt. Auch die Priorisierung von Produktfunktionen kann datenbasiert erfolgen.

  Ein Softwareanbieter stellt vielleicht fest, dass ein bestimmtes Feature im Beta-Test überdurchschnittlich oft genutzt wird, während andere kaum Relevanz haben. In der finalen Version werden dann die wertvollen Funktionen prominenter platziert oder ausgebaut.

- **Digitale Services als Bestandteil des Produkts**: Im digitalen Zeitalter endet das Produkt nicht bei seiner physischen oder ursprünglichen digitalen Form – Zusatznutzen in Form von Apps, Communities oder Cloud-Services werden zunehmend Teil des Kernangebots. Diese digitalen Mehrwerte werden nicht nur durch Marketing kommuniziert, sondern entstehen oft aus Erkenntnissen, die aus den digitalen Kanälen selbst kommen – zum Beispiel, weil Kunden nach bestimmten Rezeptideen suchen oder häufig Fragen zur Wartung stellen.

  Ein Fitnessgeräte-Hersteller ergänzt beispielsweise sein Laufband mit einer App, die virtuelle Laufstrecken, individuelle Trainingspläne und monatliche Challenges bietet. Neue Trainingsfunktionen können regelmäßig über Updates hinzugefügt werden, sodass das Produkt für die Nutzer langfristig attraktiv bleibt.

Auch Kaffeemaschinen-Hersteller nutzen digitale Services, indem sie Apps anbieten, die nicht nur Rezepte und Wartungshinweise liefern, sondern auch die Nachbestellung von Kapseln oder Bohnen direkt ermöglichen.

- **Produktlinienpolitik**: Digitale Daten helfen nicht nur dabei, was produziert wird, sondern auch in welchen Varianten und Preisstufen. Die Analyse von Nutzungsdaten zeigt oft, dass bestimmte Kundengruppen bereit sind, für Zusatzfunktionen mehr zu bezahlen.

  So kann ein Fintech-Unternehmen feststellen, dass ein erheblicher Teil der Nutzer bereit wäre, für Funktionen wie „Multi-Konten" oder „Team-Sharing" zu zahlen. Diese Features werden daraufhin in ein kostenpflichtiges „Pro"-Paket verschoben, während die Basisversion kostenlos bleibt.

  Ähnlich kann ein Hersteller von Unterhaltungselektronik Add-ons wie zusätzlichen Cloud-Speicher oder Schnellladegeräte in höherpreisige Bundles integrieren.

  In der Automobilbranche werden bestimmte Assistenzsysteme mittlerweile oft als nachträglich buchbare Software angeboten – das Grundfahrzeug wird so zur Plattform, die sich digital erweitern lässt.

- **Nutzererfahrung**: Auch die Präsentation eines Produkts – ob online oder offline – kann direkt aus Erkenntnissen des Digitalen Marketings verbessert werden. Die Gestaltung von Produktseiten, Konfiguratoren und digitalen Erklärhilfen beeinflusst, wie gut Kunden das Produkt verstehen und ob sie es kaufen.

  Ein Fahrradhersteller könnte zum Beispiel feststellen, dass viele Kunden unsicher sind, welche Rahmengröße sie benötigen. Ein interaktiver Größenberater auf der Webseite wird nicht nur zu einem Verkaufsargument, sondern auch zu einem Teil des wahrgenommenen Produktnutzens.

- **Co-Creation und Community-Einbindung**: Digitale Kanäle ermöglichen es Unternehmen, Kunden aktiv in die Produktentwicklung einzubinden.

  Ein Spieleentwickler kann über Foren oder Social-Media-Votings abfragen, welche Karten, Charaktere oder Spielmodi als Nächstes erscheinen sollen. Das sorgt nicht nur für hohe Nutzerbindung, sondern führt auch zu Produkten, die den Vorlieben der Zielgruppe genauer entsprechen.

  Auch Sportartikelhersteller nutzen Testteams oder Creator-Communities, um Feedback zu Material, Passform oder Farbvarianten zu sammeln, bevor eine Serie in großem Umfang produziert wird.

Dass Digitales Marketing für die Produktpolitik wichtig ist, lässt sich in nahezu jeder Branche beobachten:

- *In der Lebensmittelindustrie* stellt ein Bio-Hersteller über Google-Suchdaten und Social-Media-Analysen fest, dass „Protein-Snacks ohne Zuckerzusatz" im Trend liegen. Daraufhin entwickelt er eine neue Riegelserie. Erste Verkaufszahlen aus dem Online-Shop zeigen, dass die Geschmacksrichtung „Salty Caramel" besonders beliebt ist. Diese Variante wird aus dem Testsortiment in das feste Sortiment übernommen, während andere Geschmacksrichtungen auslaufen.

- Ein *Online-Modehändler* analysiert Retourendaten und erkennt, dass ein bestimmtes Jeansmodell besonders häufig wegen falscher Länge zurückgesendet wird. Daraufhin führt er eine „Tall“- und eine „Petite“-Variante ein und ergänzt einen interaktiven Größenberater auf der Webseite. Gleichzeitig werden Farbvarianten, die online kaum geklickt werden, aus dem Programm genommen.
- *In Consumer Electronics* sieht ein Hersteller von Smart-Home-Lampen in den App-Nutzungsdaten, dass 70 % der Nutzer ihre Beleuchtung hauptsächlich abends steuern. Daraufhin werden voreingestellte Abend- und Urlaubsmodi als neue Standardfunktionen ins Produkt integriert. Zubehörteile mit besonders hoher Nachfrage – etwa Bewegungssensoren – werden in neuen Produktbündeln angeboten.
- *In der Automobilbranche geht aus* Konfigurator-Daten hervor, dass ein Assistenzpaket von fast allen Käufern ausgewählt wird. Der Hersteller integriert dieses Paket künftig serienmäßig und verlagert den Upsell auf digitale Zusatzfunktionen, die nach dem Kauf online freigeschaltet werden können.
- *Ein Fintech-Unternehmen* erkennt in den Transaktionsdaten, dass viele Kunden kleine Online-Käufe tätigen. Daraufhin wird ein „Buy Now, Pay Later“-Feature in das Produkt integriert. Zusatzfunktionen wie detaillierte Budget-Reports werden als Premium-Abonnement angeboten.
- *Ein Hotelbetreiber* stellt anhand von Klickpfaden auf der eigenen Buchungsplattform fest, dass viele Gäste gezielt nach Ruhe- und Spa-Angeboten suchen. Daraufhin wird eine neue Zimmerkategorie „Silent Floor“ geschaffen und mit passenden Wellness-Paketen kombiniert.
- *Im Gesundheitswesen bemerkt e*in Anbieter von Inhalationsgeräten, dass viele Nutzer Erinnerungsfunktionen in der begleitenden App aktivieren. Die Erinnerungsfunktion wird ausgebaut, personalisiert und als zentrales Produktmerkmal beworben.

2.3 Markenpolitik

Marken entstehen nicht mehr primär in Kampagnenfilmen und am Point of Sale, sondern in der Summe digitaler Erlebnisse: der Suche nach Lösungen, dem ersten Kontakt mit Inhalten, der Nutzung von Apps, dem Austausch in Communities, Bewertungen, Servicechats und Retourenprozessen. Digitales Marketing steuert diese Erlebnisse: Es entscheidet, welche Geschichten wo erzählt werden, wie konsistent sie ankommen, wie schnell auf Feedback reagiert wird und wie persönlich eine Marke auftritt. Damit verschiebt sich Markenpolitik von der reinen Gestaltung von Zeichen zur Gestaltung von Interaktionen.

Klassische Markenführung definierte Logo, Farben, Tonalität. Digitales Marketing fügt interaktive Regeln hinzu: Wie klingt ein Microcopy-Hinweis in der App? Wie sieht ein Fehlerzustand aus? Wie wird in Social Media auf Kritik geantwortet? Wie personalisiert die Marke, ohne aufdringlich zu sein? Das Digitale Marketing übersetzt Identität in Texte, Animationen, Modullogiken und Antwortstandards.

Eine Smart-Home-Marke z. B. positioniert sich als „unsichtbar, aber verlässlich". Ob diese Positionierung trägt, entscheidet sich nicht im TV-Spot, sondern daran, wie stabil die App läuft, wie schnell Firmware-Updates kommen, wie klar Fehlermeldungen erklärt sind und wie respektvoll Push-Benachrichtigungen gestaltet sind.

Eine Fintech-Bank z. B. verspricht „radikale Einfachheit". Das zeigt sich im Onboarding (3 statt 20 Minuten), in klaren Status-Texten („Geld ist in 2 Stunden da" statt „Transaktion in Bearbeitung") und in einem Chat-Support, der mit Klarnamen antwortet. Die Summe dieser digitalen Mikroentscheidungen verankert die Markenpositionierung glaubwürdiger als jede Anzeige.

Das Digitale Marketing beeinflusst die Markenpolitik auf vielfältige Weise.

- **Storytelling und Content**: Marken bauen Bedeutung über Relevanz auf. Digitales Marketing kuratiert fortlaufende Erzählungen statt einzelner Kampagnen. Suchdaten, Social-Trends und Community-Fragen zeigen, welche Themen die Zielgruppe wirklich bewegen. Daraus entstehen Formate, die langfristig Markenbotschaft stiften.

  Eine pflanzliche Food-Marke z. B. erzählt keine abstrakte „Healthy"-Story. Sie publiziert wöchentlich Rezepte, Einkaufshilfen und Ernährungs-Guides, kooperiert mit Fitness-Protagonisten und beantwortet in Reels konkrete Fragen („Wie schäume ich Haferdrink barista-tauglich?"). Die Marke wird so zum kompetenten Begleiter.

- **Community und Co-Creation**: Marke wird als Dialog, nicht als Monolog verstanden. Digitales Marketing schafft Markenräume, in denen Menschen beitragen durch Bewertungen, Foren, Hashtag-Challenges und Beta-Programmen. Aus diesem Dialog entsteht Markensubstanz.

  Ein Gaming-Studio z. B. veröffentlicht Roadmaps, lässt Features voten und führt Entwickler-AMAs auf Twitch durch. Balance-Patches folgen Community-Feedback. Ergebnis: Die Marke gilt als „player-first". Diese Dialogkultur ist Markenpolitik in Reinform—und sie wird vollständig über digitale Mechanismen getragen.

- **Customer Experience (CX) als Markenbeweis:** Eine Marke ist aus Sicht des Kunden, was sie tut („Brand is what brand does"). Insofern ist jede Interaktion mit der Marke wichtig. Ladezeiten, Barrierefreiheit, Retourenetikett mit einem Klick – das alles färbt auf die Marke ab. Digitales Marketing verantwortet oft die Anforderungen an Customer Experience und wird damit zum Betreiber der Markenbeweise.

  Eine Fashion-Marke z. B. verspricht „Passform ohne Rätsel". Auf der Produktseite führt ein Größenberater mit Foto-Referenzen echter Kundinnen, der Checkout bietet

„Anprobe zu Hause" und die Retoure ist mit zwei Taps erledigt. Die niedrige Retourenquote und hohe Weiterempfehlung sind die Folgen dieses positiven Markenerlebnisses.

- **Personalisierung und Datenethik**: Personalisierung kann Marken menschlicher machen, wenn sie nützlich und transparent ist. Das Digitale Marketing definiert, welche Daten nötig sind, wie Einwilligungen eingeholt werden und welche Relevanzregeln gelten. Gelingt der Balanceakt, entsteht relevante Intimität statt Ärger oder Sorge vor Datenmissbrauch.

  Eine Outdoor-Marke nutzt Kauf- und Nutzungsdaten, um Wandernde nicht mit Zufallsempfehlungen zu bespielen, sondern mit Touren-Guides für ihre Region, Pflegehinweisen für bereits gekaufte Stiefel und realistischen Zubehörvorschlägen. Die Kommunikation wirkt wie Service, nicht wie Vertrieb, und erhöht die Präferenz der Kunden für die Marke.

- **Geschwindigkeit und kulturelle Anschlussfähigkeit**: Digitales Marketing entscheidet, wann man Informationen herausgibt und wann nicht. Die schnelle Reaktionsfähigkeit wird selbst zum Markenattribut.

  Bei einem Sturm kommuniziert eine Hotelkette proaktiv Umbuchungsregeln in Social, richtet ein Self-Service-Portal für Ersatztermine ein und beantwortet Kommentare mit klaren, empathischen Vorlagen. Diese Performance macht aus „netten Worten" gelebte Markenwerte – Sicherheit, Fairness, Verlässlichkeit.

- **Transparenz**: Digitales Marketing ermöglicht überprüfbare Versprechen, beispielsweise im Bereich Nachhaltigkeit oder soziale Standards durch Herkunftslisten, Rückverfolgbarkeit von Lebensmitteln, CO_2-Tracker, Audit-Zertifikate, Lieferkettenstories. Markenpolitik heißt dann, Belege auffindbar zu machen.

  Ein Elektrizitätsanbieter z. B. bewirbt dynamische Grünstromtarife und zeigt in der App live den Herkunftsmix. Er erklärt Preisspitzen verständlich und bietet aktuelle Sparhinweise zum dynamischen Stromtarif („Spülmaschine heute Mittag laufen lassen"). So wird Nachhaltigkeit überprüfbar und nicht nur behauptet.

- **Mitarbeiter als Markenbotschafter**: Digitale Kanäle machen Momente mit Menschen aus dem Unternehmen sichtbar durch Service-Chats, Techniker-Stories und Einblicke „hinter die Kulissen" („Behind-the-Scenes").

  Ingenieure eines Softwareunternehmens teilen z. B. auf LinkedIn kurze Demos und Learnings aus Kundenprojekten. Die Marke wird als kompetent und nahbar erlebt.

Folgende Beispiele zeigen, dass Digitales Markenpolitik in vielen Branchen wesentlicher Bestandteil der Markenpolitik ist:

- *In der Automobilbranche, insbesondere im Bereich der Elektromobilität, verspricht die Marke „Reichweite ohne Rätsel". Dieses Versprechen wird durch digitale Touchpoints eingelöst, die dem Kunden belegbare Klarheit bieten. So ermöglicht ein integrierter Routenplaner, der Ladezeiten in Echtzeit anzeigt, eine zuverlässige und stressfreie Reiseplanung. Over-the-Air-Updates (OTA) verbessern spürbar die Effizienz des Fahrzeugs, indem sie neue Funktionen einspielen oder bestehende Systeme optimieren. Ein digitaler Servicechat informiert transparent über aktuelle Wartezeiten und sorgt damit für ein hohes Maß an Planungssicherheit. Die Markenidentität wird hier nicht über emotionale Inszenierungen, sondern konsequent über den praktischen Nutzen („Utility") aufgebaut.*

- *Im Gesundheitswesen entsteht Vertrauen zunehmend über digitale Kanäle. Wissenschaftliche Studien werden in laienverständlicher Sprache aufbereitet, sodass auch Nichtmediziner den Nutzen und die Wirkung der Produkte nachvollziehen können. Kooperationen mit Ärzten und medizinischen Fachkräften stärken zusätzlich die Glaubwürdigkeit. Differenzierte Hinweise zu möglichen Nebenwirkungen schaffen Transparenz und zeigen Verantwortungsbewusstsein. Außerdem erhalten Kunden über digitale Kanäle schnell und zuverlässig Antworten auf individuelle Nachfragen. Die Marke verkörpert auf diese Weise sowohl Seriosität als auch Fürsorge – und das sowohl in ihren Inhalten als auch im digitalen Service.*
- *In der Modebranche setzt die Marke nicht allein auf klassische Hochglanzinszenierungen. Stattdessen werden digitale Hilfsmittel eingesetzt, um den Kunden eine fundierte Kaufentscheidung zu ermöglichen. Passform-Videos zeigen, wie Kleidungsstücke am Körper wirken, während digitale Größenberater eine passgenaue Produktauswahl unterstützen. Ehrliche Angaben zu Materialien schaffen Vertrauen, und faire Rückgaberegelungen sorgen für zusätzliche Sicherheit beim Onlinekauf. Die Marke positioniert sich so als Partner für Selbstsicherheit statt als Treiber von Perfektionsdruck – ein Ansatz, der zu einer hohen Kundentreue führt.*
- *Im Tourismus- und Gastgewerbe erhalten Gäste vor ihrer Anreise detaillierte Checklisten, um optimal vorbereitet zu sein. Während des Aufenthalts steht ein WhatsApp-Concierge für schnelle und unkomplizierte Kommunikation zur Verfügung. Live-Anzeigen der aktuellen Belegung von Spa-Bereichen ermöglichen eine flexible und entspannte Nutzung der Einrichtungen. Zudem werden Upgrades transparent kommuniziert, was das Gefühl der Wertschätzung verstärkt. Durch diese erlebte Fürsorge entsteht eine langfristige Markenloyalität. In der B2B-Industrie baut die Marke ihre Position als Vordenker durch hochwertige digitale Inhalte auf. Dazu gehören beispielsweise Webinare, die Fachwissen vermitteln, umfangreiche CAD-Bibliotheken zur direkten Nutzung in Konstruktionsprozessen, präzise Kalkulationstools und detaillierte Fallstudien („Case Notes"), die den praktischen Nutzen der angebotenen Lösungen belegen. Diese Maßnahmen reduzieren wahrgenommene Risiken auf Kundenseite erheblich. Wenn es zu Ausschreibungen kommt, hat die Marke durch diesen Informationsvorsprung oft bereits einen entscheidenden kognitiven Vorteil.*
- *In der Gastronomie können Kunden in Echtzeit verfügbare Lieferfenster (Live-Slots) einsehen und erhalten transparente Informationen zur geschätzten Ankunftszeit.*

2.4 Preis- und Konditionenpolitik

Preis- und Konditionenpolitik waren lange Zeit ein eher träge gesteuertes Feld: Listenpreise wurden periodisch angepasst, Rabatte folgten saisonalen Mustern, und die Wirkung war oft nur im Rückblick messbar. Digitales Marketing verändert das grundlegend, wenn Unternehmen es anwenden.

- Erstens entstehen durch Online-Kanäle kontinuierlich Daten über Nachfrage, Zahlungsbereitschaft und Wettbewerbspreise, die eine viel präzisere Preissetzung ermöglichen.
- Zweitens lassen sich Preis- und Angebotsvarianten schnell testen, gezielt ausspielen und in Echtzeit optimieren.
- Drittens wandern Preisbestandteile von Abo-Modellen über dynamische Tarife bis hin zu „Heute kaufen, morgen bezahlen" direkt in die Wertversprechen der Produkte und werden so Teil der Kundenerfahrung.

Das Digitale Marketing beeinflusst die Preis- und Konditionenpolitik auf vielfältige Weise.

- **Preisfindung durch Daten**: Digitale Kanäle liefern ein engmaschiges Bild davon, wie empfindlich Kunden und Kundinnen auf Preisänderungen reagieren. Unternehmen beobachten Klick- und Kaufwahrscheinlichkeiten in Abhängigkeit vom Preis, vom dargestellten Rabatt oder von der Platzierung eines Hinweises, dass das Angebot limitiert ist. Solche Evidenz ersetzt Bauchgefühl durch Daten und führt zu Preisen, die näher an der realen Wertwahrnehmung liegen.

  Ein Online-Modehändler kann beispielsweise die Conversion-Rate einer Jeans bei 79 €, 84 € und 89 € parallel in A/B-Tests messen und die elastischste Zone identifizieren.

  Ein Software-Anbieter erkennt in der Testphase, dass die Zahlungsbereitschaft kleiner Teams bei 12 € Nutzerpreis steigt, während ab 15 € die Test-zu-Paid-Conversion deutlich abfällt.

- **Dynamische Preise**: Die Fähigkeit, Preise situativ zu variieren, ist ein Kernmerkmal digitaler Preisgestaltung. Im Reise- und Hospitality-Sektor gehört das Yield Management seit Jahren zum Standard. Digitales Marketing liefert in all diesen Fällen die Nachfragesignale, die dynamische Preisalgorithmen steuern.

  Fluggesellschaften und Hotels z. B. passen Tarife an Auslastung, Buchungsfenster und Nachfrageprognosen an. Lebensmittel-Lieferdienste variieren Liefergebühren nach Zeit-Slot und Routenlast. Selbst im stationären Handel greifen digitale Signale indirekt: Erkennt ein Elektronikhändler online, dass eine Konsole in bestimmten Regionen ausverkauft ist, werden Promotions gedrosselt.

- **Preismodelle**: Digitale Erkenntnisse darüber, welche Features genutzt und geschätzt werden, fließen in Preislogiken ein. Die Grenze zwischen Produkt- und

Preispolitik verwischt und wird vom digitalen Nutzungsprofil des Kunden mitbestimmt.

In der Softwarewirtschaft z. B. ist die Staffelung nach „Free/Standard/Pro" zur Norm geworden, weil Nutzungsdaten zeigen, welche Funktionen wie viel Wert stiften. Ein Projektmanagement-Tool sieht, dass Integrationen mit Dritt-Apps und erweiterte Exportfunktionen besonders wichtig für Agenturen sind; diese wandern folgerichtig in höhere Abos. In der Unterhaltungselektronik entstehen Bundles, in denen Zubehör mit hoher Attach-Rate (zum Beispiel Schnellladegeräte oder zusätzlicher Cloud-Speicher) preislich attraktiv kombiniert wird. In der Automobilbranche lassen sich Assistenzsysteme oder Sitzheizungen nachträglich per Software freischalten und über abonnementartige Preise monetarisieren.

- **Personalisierung und Segmentpreise**: Digitale Kanäle ermöglichen es, Angebote differenziert auszuspielen, ohne unfaire Diskriminierung zu betreiben. Solche segmentierten Konditionen sind nur deshalb praktikabel, weil das Digitale Marketing die relevanten Interaktionsdaten erhebt und aktivieren kann.

  Ein Streaming-Dienst z. B. gewährt Studierendenprogramme mit reduzierten Preisen; die Berechtigung wird digital verifiziert. Ein Online-Lebensmittelhändler bietet Vielkäuferinnen individuelle Gutscheine an, die auf ihrem Warenkorbverhalten basieren, anstatt pauschale Rabatte an alle auszugeben. Im B2B-Softwarevertrieb führen digitale Signale aus der Produktnutzung zu maßgeschneiderten Konditionen für die kaufenden Unternehmen.

- **Preis-Kommunikation**: Preis ist nie nur eine Zahl, Preis ist auch Inszenierung. Online entscheidet die Art der Darstellung, ob ein Angebot als fair, begehrlich oder riskant wahrgenommen wird. Diese Formen des „Framings" sind Aufgaben des Digitalen Marketings, wirken aber direkt auf die Preispolitik, weil sie Zahlungsbereitschaft und Tarifmix verändern.

  Ein Beauty-Shop z. B. kann denselben Inhalt als „Monats-Abo für 19 €" oder als „täglich nur 0,63 €" kommunizieren; die zweite Form senkt mentale Hürden. Ein Matratzenanbieter zeigt beim Rabatt die historische Preisreferenz transparent an und erhöht so die Glaubwürdigkeit. Ein Buchungsportal verknüpft „kostenlose Stornierung bis..." mit einer leicht höheren Tarifstufe und steigert damit den Absatz der flexiblen Option.

- **Promotions, Coupons und Preisaktionen**: Im Digitalkontext werden Preisaktionen also präziser statt gießkannenartig – also gezielter, messbarer und oft auch kostengünstiger.

  Ein FMCG-Hersteller, der früher breite Prospektaktionen schaltete, kann z. B. eCoupons nur an Haushalte ausspielen, die bereits Interesse an „zuckerreduzierten" Varianten gezeigt haben. Ein Fashion-Anbieter ersetzt Black-Friday-Rabatte für alle durch personalisierte Warenkorb-Gutscheine, die knapp oberhalb der Profitabilitätsschwelle des jeweiligen Artikels liegen. Ein Gaming-Studio bietet zeitlich limitierte

Preisfenster für In-Game-Content an, ausgelöst durch Inaktivitätssignale einzelner Spieler und nicht als Massenausschüttung.

- **Konditionenpolitik mit Zahlungsarten, Rückgabe, Versand, Service**: Digitale Customer Journeys zeigen, wie stark Zahlungsarten, Lieferoptionen oder Rückgaberegeln den Kauf beeinflussen—und damit den „effektiven Preis".

  Ein Elektronikhändler z. B. sieht in der Datenanalyse, dass „Rechnungskauf" den Kauf bestimmter Zielgruppen stark erhöht. Ein Modeanbieter führt „kostenlose Retoure ab 50 €" ein, weil Daten belegen, dass diese Schwelle Warenkörbe anhebt. Ein Möbelhaus bietet „Versand in 48 Stunden" als Premium-Option gegen Aufpreis; die Nachfrage ist an Wochenenden signifikant höher, also werden dort die Zuschläge angepasst.

- **Preisbeobachtung in Echtzeit**: Digitales Marketing zwingt zu aktiver Preisbeobachtung. Digitales Marketing liefert Daten über Wettbewerbspreise, steuert die Sichtbarkeit der eigenen Preise und formt damit die Preispolitik indirekt mit.

  Ein Händler z. B. auf großen Marktplätzen passt seine Preise täglich an Wettbewerber und Verfügbarkeiten an In der Reisebranche führen Meta-Suchen dazu, dass schon kleine Preisunterschiede massiv auf den Klickfluss wirken; Hotels nutzen daraufhin „Value Adds", beispielsweise ein kostenloses Frühstück, statt reiner Preisunterbietung, weil das Gesamtpaket online klar kommuniziert werden kann. Auch im Versicherungsvertrieb beeinflussen Vergleichsportale die Konditionenstruktur: Tarife werden modularer, Selbstbehalte fein justiert und Zusatzbausteine so bepreist, dass sie in Filterlogiken gut sichtbar werden.

- **Abonnement- und Paywall-Modelle**: Viele digitale Geschäftsmodelle beruhen auf wiederkehrenden Erlösen, deren Logik aus Marketingdaten entsteht.

  Ein Nachrichtenportal z. B. beobachtet, wie viele Artikel nicht eingeloggte Nutzer lesen, bevor sie abspringen, und stellt die Paywall so ein, dass der Wechsel ins Abo optimal getriggert wird. Ein Fitness-App-Anbieter stellt fest, dass Jahresabos mit zwei Freimonaten weniger Kundenabgänge haben als monatlich kündbare Abos; die Preisdifferenz wird kommunikativ hervorgehoben, und das Digitale Marketing richtet Werbenachrichten so aus, dass der Mehrwert des Jahresplans klar wird.

- **Rückgewinnungsmanagement**: Der Preis ist nicht nur ein Akquise-, sondern auch Bindungsinstrument. Die Grundlage bilden digitale Verhaltensdaten.

  Ein Telekommunikationsanbieter z. B. erkennt in Kündigungsabsichten (zum Beispiel im Kundenportal oder an fallender Nutzung), dass bestimmte Kundensegmente gefährdet sind. Statt pauschaler Gegenangebote erhalten diese Segmente maßgeschneiderte Bleibe- oder Rückgewinnungskonditionen – etwa Datenvolumen-Upgrades oder rabattierte Smartphone-Pakete. Ein Streamingdienst bietet inaktiven Abonnentinnen ein Reaktivierungsangebot von drei Monaten zum halbierten Preis, ausgelöst durch Inaktivitätsdauer und Vorlieben beim Inhalt.

In vielen Branchen hat das Digitale Marketing Einfluss auf die Preis- und Konditionenpolitik:

- *In der Luftfahrt werden Tarife dynamisch entlang von Buchungszeitpunkt, Strecke und Auslastung optimiert; das Marketing steuert Such- und Display-Kampagnen so, dass Nachfrage in schwachen Zeitfenstern stimuliert wird, während in Nachfragespitzenphasen eher höherwertige Tarifbündel (Sitzplatzwahl, Gepäck, Umbuchungsflexibilität) beworben werden.*
- *In Consumer Electronics zeigt sich, dass Zubehörbündel online eine deutlich höhere Akzeptanz finden; die Preispolitik verlagert Marge dann in die Bündel, während das Basismodell preisstabil bleibt.*
- *In der Versicherung wird mit telematikbasierten Tarifen gearbeitet: Defensive Fahrweise senkt Prämien; die App als Marketinginstrument erzeugt Verhaltensdaten, die wiederum die Preisbildung steuern.*
- *Im Energiebereich führen Smart-Meter-Daten zu zeitvariablen Tarifen; das Marketing übersetzt diese Komplexität in leicht verständliche Preispläne („günstiger laden nach 22 Uhr") und schafft damit Akzeptanz für dynamische Preise.*
- *Im Lebensmittelhandel werden digitale Coupons nicht mehr breit gestreut, sondern anhand von Warenkorbmustern verteilt; Kundinnen, die häufig pflanzliche Alternativen kaufen, erhalten gezielte Rabatte auf neue vegane Produktlinien. Die Einführungspreise sind damit präzise auf Zielgruppen gemünzt.*

Digitales Marketing macht Preis- und Konditionenpolitik zu einem lernenden System. Mit der Macht der datengetriebenen Preissetzung wächst die Verantwortung. Unternehmen brauchen Leitplanken gegen intransparente oder als unfair empfundene Praktiken. Dazu gehören klare Kommunikationsregeln für dynamische Preise, sensible Segmentierung ohne verbotene Diskriminierung, ein sorgfältiger Umgang mit personenbezogenen Daten (Einwilligungen, Zweckbindung, Datensparsamkeit) und Mechanismen gegen immer weiter fallende Preise auf Marktplätzen.

2.5 Distributionspolitik

Distributionspolitik war lange ein Thema physischer Verfügbarkeit. Dank Digitalem Marketing verschiebt sich der Fokus auf Auffindbarkeit, Zugänglichkeit und Erfüllung (Fulfillment) entlang einer digitalen Customer Journey. Der Vertriebsort ist heute oft auch dort, wo Nachfrage in Echtzeit entsteht – auf Suchmaschinen, Marktplätzen, Social-Plattformen, Apps.

Das Digitale Marketing beeinflusst die Distributionspolitik auf vielfältige Weise.

- **Direktvertrieb**: Digitale Kanäle ermöglichen es Herstellern, Direktvertrieb aufzubauen, ohne den Handel zu umgehen, sondern ihn zu ergänzen. Das Digitale Marketing erzeugt Nachfrage, segmentiert Zielgruppen und entscheidet dann, ob der Traffic auf den eigenen Shop (höhere Marge, volle Datenhoheit) oder auf Handelspartner gelenkt wird (Reichweite, Verfügbarkeit, Service). So wird die Vertriebsarchitektur aktiv über Marketinglogiken gesteuert.

Ein Sportartikelanbieter z. B. führt einen Direktvertriebsshop mit exklusiven Farben und Personalisierung, während Standardmodelle über Händler laufen. Social- und Suchkampagnen leiten leistungsorientierte Läuferinnen in den Konfigurator; preisbewusste Käufer mit Bedarf an Sofortkauf werden zu Handelspartnern mit „Abholung in 2 Stunden" geführt.

- **Marktplätze**: Auf Marktplätzen entscheidet nicht der Einkäufer eines Warenhauses, sondern ein Ranking-Algorithmus, wer „oben im Regal" steht. Digitales Marketing optimiert Titel, Bilder, Attribute, Rezensionen und Anzeigen, um Sichtbarkeit zu gewinnen; die Distributionspolitik wiederum regelt, welche Produkte dort verkauft und wie Bestände und Preise gesteuert werden.

  Ein Elektronikhersteller z. B. bemerkt, dass das Zubehör-Set auf dem Marktplatz besonders oft gekauft wird, wenn es als Produktbündel mit dem Hauptgerät angezeigt wird. Daraufhin wird das Bündel als eigener Artikel in die Marktplatz-Distribution aufgenommen; die Marketingdaten liefern den Beleg, die Distributionspolitik setzt die Programm- und Kanalentscheidung mit eigener Produktnummer, separatem Bestand und differenzierte Lieferzeiten um.

- **Omnichannel-Modelle**: In der Distributionspolitik gibt es heute ein Netz aus Optionen: online kaufen und in der Filiale abholen (BOPIS/Click und Collect), online reservieren und in der Filiale bezahlen (ROPIS), online kaufen und in der Filiale zurückgeben (BORIS) oder Filialbestände direkt nach Hause versenden (Ship-from-Store). Digitales Marketing macht diese Optionen sichtbar und steuerbar: Es zeigt lokale Verfügbarkeit in Anzeigen, priorisiert Filialabholung, wenn Lieferkapazitäten knapp sind, und bewirbt gezielt jene Standorte, die Restbestände haben.

  Ein Modehändler z. B. spielt regional differenzierte Kampagnen aus: In Innenstädten wird „Abholung in einer Stunde" beworben, im Umland „kostenlose Lieferung bis morgen". Die Klickpfade entscheiden, welcher Erfüllungsweg zum Einsatz kommt; die Distributionspolitik definiert dazu Lagerregeln und Filialbestandszugriffe.

- **Lokale Sichtbarkeit**: Digitale Suche ist heute der wichtigste „Eingang" in das stationäre Netz. Suchmaschinenoptimierung, Storefinder, Information über Öffnungszeiten, Bewertungen und Live-Bestände sorgen dafür, dass digitale Nachfrage in reale Besuche übersetzt wird.

  Ein Baumarkt z. B. verknüpft Suchanzeigen mit tagesaktueller Filialverfügbarkeit für Bohrhämmer. Kunden, die „heute noch" suchen, wählen eher die Filiale; wer flexible Lieferzeit wünscht, bekommt die Online-Option.

- **Fulfillment**: Lieferzeit, Lieferfenster, Versandkosten, Same-Day oder Weekend-Delivery sind heute Teil des Wertversprechens und damit Kommunikationsinhalte. Zugleich binden sie Distributionskapazitäten: Kurierpartner und regionale Lager bestimmen, welche Versprechen Marketing machen darf.

  Ein Lebensmittelhändler z. B. bietet im Stadtgebiet 60-Minuten-Lieferung an und kommuniziert das prominent in Social-Ads. Die Kampagne läuft jedoch nur in Postleit-

zahlgebieten, in denen die Lieferpartner ausreichend Kapazität haben. So entsteht ein enger Schulterschluss: Marketing setzt den Nachfrageanker („in 60 Minuten bei dir"), Distribution liefert die Machbarkeit (Routen, Slots, Service-Level).

- **Kanalrollen und Konfliktmanagement**: Sobald Hersteller Direktvertrieb, Marktplatz und Handel parallel bespielen, braucht es klare Kanalrollen, indem Fragen beantwortet werden: Welche Sortimente sind wo verfügbar? Wo gelten exklusive Farben, Produktbündel oder Services? Wie vermeidet man, Handelspartner zu verprellen? Die kommunikative Staffelung steuert die Nachfrage; die distributive Staffelung schützt die Partnerbeziehungen und maximiert Reichweite.

  Ein Kosmetikhersteller z. B. launcht eine neue Serie zuerst im eigenen Shop mit personalisiertem Hauttest und Abo-Option. Vier Wochen später folgt der Handel mit Kernvarianten, während Marktplätze nur definierte Sets erhalten.

- **Internationalisierung**: Digitales Marketing erschließt Nachfrage jenseits der Landesgrenzen, und die Distributionspolitik muss klären, wie diese Nachfrage bedient wird: lokaler Shop mit Landes-Domain, Marktplatz-Store im Zielmarkt, Zollabwicklung, Retourenlogistik, lokale Zahlungsarten. Die Marketingdaten senken das Risiko der Internationalisierung; die Distributionsarchitektur folgt dem Nachfrageprofil.

  Ein Outdoor-Anbieter z. B. erkennt in einer Kampagne hohe Resonanz in Skandinavien. Statt sofort stationäre Partner zu suchen, startet er mit einem lokalisierten Webshop mit einheimischer Sprache und Währung, richtet ein EU-Nachbarlager ein und kommuniziert „Lieferung in 3 bis 5 Tagen ohne Zoll".

- **Digitale Beschaffung**: Auch im Business-to-Business verschiebt Digitales Marketing den Vertrieb: Fachkäufer recherchieren online, vergleichen Spezifikationen und kaufen auf B2B-Marktplätzen oder in Herstellerportalen. Marketing erzeugt qualifizierte Nachfrage, die Distributionspolitik regelt Partnerrollen, Margen und Lieferkapazitäten.

  Ein Maschinenbauer z. B. stellt fest, dass viele Anfragen über ein Entwicklungsforum kommen. Er baut ein Self-Service-Portal mit Konfigurator und sofortigem Angebot aus und bindet zertifizierte Partner ein.

- **Apps und App-Stores**: Für digitale Produkte sind App-Stores selbst der Distributionsort; Sichtbarkeit entsteht über Keywords, Ratings, Feature-Platzierungen und bezahlte Listenplätze. Gleichzeitig öffnen Telekommunikationsanbieter und Smartphonehersteller Bündelvermarktungen, beispielsweise durch vorinstallierte Apps und vergünstigte Abos.

  Als z. B. ein Mobilfunkanbieter ein Gerätebündel mit drei Gratismonaten anbietet, verschiebt sich der stärkste Akquisekanal in diesen Vertrieb.

In mehr und mehr Branchen beeinflusst das Digitale Marketing heute die Distributionspolitik:

- *Automobilhersteller nutzen digitale Plattformen, um den Fahrzeugvertrieb zu verändern. Kunden können online nicht nur Fahrzeuge konfigurieren, sondern auch Kauf- oder Leasingverträge digital abschließen und sich das Auto direkt nach Hause liefern lassen. Über virtuelle Showrooms mit 360°-Ansichten und Live-Chat-Beratung werden Standorte der Händler teilweise ersetzt oder ergänzt. Durch gezielte digitale Marketingkampagnen wird der Traffic gezielt zu diesen digitalen Verkaufskanälen gelenkt, wodurch sich die Distributionsstruktur vom rein stationären Autohandel hin zu einer hybriden, digital gestützten Form verschiebt.*
- *Im Lebensmittelhandel setzt ein Supermarktbetreiber auf eine eigene App, über die Kunden Lebensmittel bestellen und innerhalb von zwei Stunden geliefert bekommen. Push-Nachrichten informieren über Sonderangebote oder saisonale Produkte, die direkt in den Warenkorb gelegt werden können. Das digitale Marketing lenkt so Nachfrage gezielt in den schnellen Lieferkanal, wodurch sich nicht nur der Umsatz, sondern auch die Rolle des stationären Marktes verändert. Durch Analysen der App-Nutzerdaten werden Liefergebiete optimiert und Filialen gezielt als Mikro-Logistikzentren genutzt.*
- *Im Fashion-Einzelhandel integriert eine Modemarke Social-Media-Marketing mit direkter Kaufoption (Social Commerce) in Plattformen wie Instagram oder TikTok. Influencer-Kooperationen führen zu Produktpräsentationen, die mit einem Klick zum Kauf im Online-Shop oder in ausgewählten Pop-up-Stores führen. Damit wird der Vertriebskanal um impulsgetriebene, digitale Verkaufspunkte erweitert. Die Distributionspolitik verändert sich, weil Produkte gezielt über virale Kampagnen in den Markt gebracht werden – oft komplett ohne den klassischen stationären Handel.*
- *Im Gesundheitswesen betreibt ein Hersteller von rezeptfreien Arzneimitteln eine eigene, SEO-optimierte Informationsplattform zu Gesundheitsthemen, die nicht nur Beratung, sondern auch Direktbestellung der Produkte ermöglicht. Über Online-Kooperationen mit zertifizierten Versandapotheken werden Kunden nach dem Lesen eines Fachartikels direkt zur Kaufoption weitergeleitet. Kampagnen sorgen dafür, dass Interessenten erneut auf das Angebot aufmerksam gemacht werden. Dadurch wird der Vertrieb nicht mehr ausschließlich über stationäre Apotheken gesteuert, sondern stark über digitale Kanäle ergänzt, die jederzeit verfügbar sind.*
- *Im Tourismusgewerbe nutzt eine Hotelkette gezieltes E-Mail- und Social-Media-Marketing, um Kunden nicht nur zu inspirieren, sondern direkt in die eigene Buchungsplattform zu leiten. Werbekampagnen auf Meta- und Google-Plattformen verweisen nicht auf Reiseportale, sondern auf die eigene Webseite, wo exklusive Rabatte und Zusatzleistungen angeboten werden. Dadurch reduziert sich die Abhängigkeit von externen Reisevermittlern, und die Distributionspolitik verlagert sich hin zu einer stärkeren Direktvermarktung an den Gast.*
- *Im Maschinenbau entwickelt ein Hersteller von Spezialmaschinen ein digitales Kundenportal, das nicht nur Ersatzteile direkt bestellbar macht, sondern auch 3D-Produktkonfiguratoren bereitstellt. Über gezielte LinkedIn- und Fachportal-Kampagnen werden Entscheidungsträger auf das Portal gelenkt, wo Angebote automatisiert*

generiert und Bestellungen direkt ausgelöst werden können. Das verändert die Distributionspolitik, da Zwischenhändler umgangen oder nur noch punktuell eingebunden werden, während der Direktvertrieb digital gestärkt wird.

2.6 Kommunikationspolitik

Digitales Marketing greift so tief in Zielgruppenverständnis, Botschaftsgestaltung, Medienwahl und Erfolgskontrolle ein, dass sich die Kommunikationspolitik nicht nur „ergänzt", sondern strukturell wandelt. Kommunikation wird datenbasiert, dialogorientiert, personalisiert, permanent messbar und in Echtzeit optimierbar. Das verändert, was gesagt wird, wem, wo, wann und wie, und wie schnell Unternehmen aus Reaktionen lernen.

- **Zielgruppenverständnis**: Digitale Touchpoints erzeugen Daten darüber, welche Inhalte Nutzer sehen, wie sie interagieren und an welcher Stelle sie abspringen. Diese Daten erlauben Segmentierungen nach Verhalten, Bedarf und Situation statt nur nach soziodemografischen Merkmalen. Kommunikationspolitik wird dadurch präziser und relevanter.

  Ein Lebensmitteleinzelhändler z. B. erkennt online, dass junge Familien dienstags häufig nach „schnellen Rezepten" suchen. Die Kommunikation wird daraufhin dienstags zwischen 16 und 19 Uhr mit kurzen Kochvideos und rabattierten Zutatenpaketen in der App ausgeliefert. Dieselbe Kette spricht am Samstagmorgen Vielkäufer mit regionalen Produkten und Marktplatz-Listen an.

  Ein mittelständischer Maschinenbauer erkennt, dass Instandhaltungsleiter häufiger Whitepaper downloaden, während Produktionsleiter Webinare bevorzugen. Die Kommunikationspolitik differenziert Inhalte und Kanäle entsprechend und erhöht Teilnahme- und Rückmelderaten.

- **Personalisierung**: Mit CRM- und Marketing-Automation-Systemen werden Kommunikationsstrecken individuell „ausgelöst": vom Onboarding über Nutzungstipps bis zu Reaktivierung. Kommunikation ist nicht mehr kampagnenzentriert, sondern lebenszyklusorientiert – und damit relevanter.

  Beispiel Mode-E-Commerce: Nach dem Erstkauf erhält eine Kundin nicht einfach einen generischen Newsletter, sondern Größenempfehlungen, Stilvorschläge auf Basis der Retoure-Historie und eine Erinnerung vor Saisonwechseln. Öffnungs- und Klickverhalten steuern die nächste Botschaft automatisch.

  Ein Softwareanbieter schickt nach 7 Tagen Testnutzung in der App ein kurzes Tutorial-Video zu ungenutzten Funktionen. Reagiert der Nutzer nicht, folgt eine Chat-Einladung.

- **Neue Inhalte**: Digitale Kanäle haben eigene Erzählkonventionen: Kurzvideo, Livestream, interaktive Stories, Inhalte, die vom Nutzer kommen (User Generated

Content). Kommunikationspolitik muss diese Logiken beherrschen, um Aufmerksamkeit und Verständnis zu erzeugen.

Statt klassischer TV-Spots zeigt z. B. ein Getränkehersteller auf TikTok 10-Sekunden-Clips mit Rezept-Hacks und nutzt Mitarbeiter, die in Live-Sessions Fragen beantworten. Diese Werbung ist gleichzeitig Inhalt, Service und Community-Event.

Ein Ventilhersteller erklärt komplexe Produkte nicht mit Imagebroschüren, sondern mit animierten Erklärungsvideos und Fallstudien, die innerhalb von zwei Minuten die betriebswirtschaftlichen Effekte quantifizieren.

- **Dialogorientierung**: Kommunikation findet nicht mehr nur „an" Zielgruppen statt, sondern „mit" ihnen. Social Media, Messenger und Chatbots machen Interaktion zum Standard. Marken reagieren, moderieren, beraten und sammeln dabei Erkenntnisse.

  Ein Messenger-Chatbot einer Airline z. B. beantwortet in Echtzeit Fragen zu Handgepäckmaßen, versendet Boarding-Updates und bietet bei Verspätungen proaktiv Gutscheine an. Die Kommunikationspolitik verschiebt sich von Ankündigungen zu kontinuierlicher Reisebegleitung.

  Stadtwerke als Energieversorger informieren über Wartungen via WhatsApp. Rückfragen fließen in die Gestaltung der FAQs, die in der nächsten Kommunikationswelle Antworten antizipieren. Das senkt Call-Center-Volumen und erhöht Zufriedenheit.

- **Suchmaschinen**: Suchmaschinenoptimierung (SEO) und Suchmaschinenwerbung (SEA) sind heute selbstverständlicher Teil der Kommunikationspolitik, weil sie Botschaften dann liefern, wenn Information gesucht wird. Kommunikation wird zur schnellen Problemlösung.

  Eine Zahnarztpraxis kann durch lokale Suchoptimierung („Zahnarzt Notdienst Umkreis") und gut strukturierte FAQs bei akuten Suchanfragen ganz oben landen, ergänzt durch Google-Ads mit Termin-Link.

  Eine Automobilhändlergruppe bespielt Suchanzeigen entlang konkreter Modelle, dazu Landingpages mit 360°-Ansichten und Chat-Option. Die Anzeige kommuniziert Nutzen, die Landingpage führt in den Termintrichter.

- **Verzahnung von bezahlter, eigener und verdienter Reichweite**: Digitale Kampagnen verbinden eigene Kanäle (Webseite, App), bezahlte Reichweite (Anzeigen) und verdiente Aufmerksamkeit (Presse, Bewertungen). Influencer sind zu eigenständigen Medienpartnern geworden, deren Glaubwürdigkeit Werbewiderstände verringern kann.

  Eine Hilfsorganisation startet eine Spendenaktion: Spender erzählen persönliche Beweggründe in Kurzvideos, bezahlte Reichweiten unterstützen, die Kampagnenseite zeigt transparente Fortschrittsbalken, ergänzt durch lokale Medienberichte über Gemeinschaftsveranstaltungen.

  Zum Start eines neuen Computerspiels präsentieren bekannte Streamer das Spiel in einer frühen Zugangsphase auf einer Streaming-Plattform. Werbespots werden vor den eigentlichen Streams geschaltet, um die Aufmerksamkeit zu erhöhen. Zudem erstellt die Community eigene Memes, die humorvoll oder kreativ mit dem Spiel in Verbindung stehen und von der offiziellen Marketingabteilung aufgegriffen und in die Kommunikation des Spiels eingebaut werden. Das zeigt, wie verschiedene digitale Kanäle und die Beteiligung der Community die Kampagne rund um den Spielelaunch unterstützen und verstärken können.

- **Testgetriebene Optimierung**: In der digitalen Kommunikation erfolgt eine kontinuierliche Analyse und Anpassung der Inhalte. Kampagnen werden regelmäßig durch A/B-Tests überprüft und verfeinert, wodurch Botschaften, Bilder und Ansprache der Kunden in Echtzeit angepasst werden können, statt in langen Zeiträumen wie etwa einem Quartal. Darüber hinaus ermöglicht die Erfassung von Daten wie Wetter, Standort oder plötzliche Nachfrageschwankungen eine sehr schnelle Reaktion auf aktuelle Ereignisse, was als „Moment Marketing" bezeichnet wird.

  Beispiel Getränkehandel: Bei über 30 °C Außentemperatur wird automatisch eine Kampagne aktiviert, auf App-Pushs mit „Kalte-Getränke-Finder", dynamischen POS-Screens in Filialen und Display-Bildschirmen in der Umgebung von Parks. Sinkt die Temperatur, wechselt die Botschaft zu Tee und Suppen.

  Versicherte von Schadenversicherungen erhalten bei Unwetterwarnungen in betroffenen Postleitzahlengebieten Instruktionen zur Schadensprävention per SMS oder WhatsApp, verbunden mit kurzen Erklärvideos. Nach dem Ereignis folgt nahtlos die Schadenmeldungskommunikation.

- **Messbarkeit**: Kommunikationspolitik wird durch digitale Messbarkeit steuerungsfähig.

  Anstatt sich als Reiseveranstalter z. B. nur auf den letzten Klick vor einer Buchung zu konzentrieren, zeigt eine Analyse der verschiedenen Kontaktpunkte, dass Videos, die frühzeitig auf YouTube zeigen, welche Reiseziele spannend sind, später zu mehr Buchungen über die App führen. Daher wird ein größerer Teil des Budgets in diese frühzeitige Inspiration gesteckt, anstatt nur in Aktionen wie den „Deal des Tages"-Posts, die oft direkt zu einer Buchung führen.

  Bei einem Arzneimittelhersteller führt eine Informations-Webseite für die Öffentlichkeit dazu, dass mehr Menschen mit ihrem Arzt über bestimmte Themen sprechen. Die Webseite misst, dass Nutzer nach dem Lesen von Inhalten häufiger den Leitfaden „Fragen Sie Ihren Arzt" herunterladen.

- **Internationale Skalierung**: Digitale Kanäle ermöglichen es Unternehmen, ihre Produkte und Kampagnen schnell in neue Märkte auszurollen. Dennoch muss die Kommunikation an lokale Gegebenheiten angepasst werden, um erfolgreich zu sein („Glokalisierung"). Dies bedeutet, dass die Inhalte nicht einfach eins zu eins übernommen werden können. Faktoren wie Sprache, kulturelle Codes, lokale Feiertage, die Nutzung von Influencern und die bevorzugten Plattformen variieren stark zwischen den Märkten und müssen berücksichtigt werden, um die Zielgruppe richtig anzusprechen.

Bei einer globalen Produkteinführung nutzt z. B. eine Modemarke in Deutschland Inhalt auf Instagram, um ihre Kollektion zu präsentieren, da diese Plattform dort besonders beliebt ist und eine große Reichweite erzielt. In Südkorea hingegen setzt die Marke eher auf kurze Videos, die auf spezifischen lokalen Plattformen verbreitet werden. Obwohl die zentrale Idee des Launches dieselbe bleibt, werden die visuellen Inhalte und das Timing der Veröffentlichung auf die Besonderheiten des jeweiligen Marktes abgestimmt, um die Zielgruppe effektiv anzusprechen.

Ein Maschinenbauunternehmen führt in verschiedenen Ländern Webinare durch, um seine Produkte und Lösungen vorzustellen. Die Webinare werden für jeden Markt individuell angepasst, indem regionale Fallbeispiele eingebaut werden, die den spezifischen Herausforderungen und Bedürfnissen der jeweiligen Region entsprechen. Zudem werden die Frage-Antwort-Sessions in der Landessprache durchgeführt, um die Kommunikation für die Teilnehmer zugänglich und verständlich zu machen.

- **Kreativität**: Neue Technologien erweitern das Repertoire der Kommunikationspolitik. Augmented Reality (AR) und Virtual Reality (VR) sind Technologien, die die Wahrnehmung der physischen Welt verändern. AR fügt digitale Elemente in die reale Welt ein, die durch ein Gerät wie ein Smartphone oder eine AR-Brille sichtbar werden, während VR den Nutzer vollständig in eine computergenerierte, virtuelle Welt eintauchen lässt. Beide Technologien bieten eine völlig neue Möglichkeit der Produktkommunikation, indem sie das Produkt auf eine Weise präsentieren, die der traditionelle Werbemedium nicht leisten kann.

  Ein Möbelunternehmen z. B. nutzt Augmented Reality (AR), um seinen Kunden zu helfen, Produkte virtuell in ihrem Zuhause zu sehen, bevor sie einen Kauf tätigen. Mit einem „Room Planner" in der App können Nutzer beispielsweise ein Sofa in ihrem Wohnzimmer „platzieren". Die App zeigt nicht nur ein Produktbild, sondern macht den Nutzen des Sofas räumlich erfahrbar. Darüber hinaus gibt die App dem Nutzer Hinweise wie etwa „passt zur Wandfarbe XY", um den Entscheidungsprozess zu erleichtern und das Produkt noch greifbarer zu machen.

  Ein Museum nutzt Virtual Reality (VR), um seine Ausstellungen auf neue Weise zu präsentieren. Mit einer VR-Mini-Tour im sozialen Feed (z.B. auf Facebook oder Instagram) können Nutzer die Highlights einer Ausstellung erleben, ohne das Museum selbst zu besuchen. Dies steigert das Interesse der Nutzer und motiviert sie dazu, Tickets zu buchen, weil sie die Ausstellung vorab ein wenig erlebt haben. Diese virtuelle Erfahrung kann den Nutzern helfen, eine Verbindung zum Thema oder zu den Kunstwerken aufzubauen, was ihre Motivation, das Museum tatsächlich zu besuchen, erheblich steigern kann.

In zahlreichen Branchen beeinflusst heute das Digitale Marketing die Kommunikationspolitik:

- *Ein Hersteller von Elektrofahrzeugen nutzt digitale Plattformen, um die Vorteile seines neuen Modells zu kommunizieren. Anstatt nur klassische Werbung zu schalten, setzt das Unternehmen auf eine digitale Informationskampagne, die den Verbrau-*

chern klare und nachvollziehbare Daten liefert, wie etwa Reichweitenangaben, Ladezeiten und Energieverbrauch. Interaktive Tools auf der Webseite ermöglichen es den Kunden, verschiedene Routen mit Echtzeit-Ladeinformationen zu planen. Dies schafft Transparenz und Vertrauen und ist besonders wichtig, da potenzielle Käufer in Bezug auf die Reichweite von Elektrofahrzeugen oft unsicher sind. Zudem wird das Vertrauen durch regelmäßige Over-the-Air-Updates (OTA) gestärkt, die zeigen, wie das Fahrzeug durch digitale Optimierungen effizienter wird.

- *Ein Anbieter von rezeptfreien Medikamenten setzt digitale Kanäle ein, um die Aufklärung über Gesundheitsthemen zu fördern. Durch eine speziell entwickelte Webseite, die einfach verständliche, aber wissenschaftlich fundierte Inhalte zu häufigen Erkrankungen bietet, wird das Vertrauen der Kunden gewonnen. Darüber hinaus ermöglicht ein interaktiver Symptom-Checker den Nutzern, ihre Beschwerden zu bewerten und Empfehlungen für passende Produkte zu erhalten. Dies ersetzt nicht den Arztbesuch, bietet aber eine wertvolle Unterstützung und führt zu einer höheren Kundenbindung, weil die Kommunikation direkt und auf die Bedürfnisse der Nutzer zugeschnitten ist.*
- *Ein Reiseveranstalter setzt auf digitale Kommunikation, um Kunden in verschiedenen Phasen der Reisebuchung zu begleiten. Frühzeitig werden gezielte Inspirationsvideos über Social Media verbreitet, die verschiedene Reiseziele vorstellen. In der nächsten Phase, wenn die Kunden bereits konkrete Ziele im Kopf haben, kommen personalisierte E-Mail-Kampagnen zum Einsatz, die spezielle Angebote und Rabatte für diese Reiseziele enthalten. Die digitale Kommunikation wird also nicht nur als Werbung genutzt, sondern als gezielte Unterstützung im Entscheidungsprozess der Kunden, indem Inhalte und Angebote auf ihre Interessen abgestimmt werden. Diese Strategie erhöht die Buchungszahlen erheblich, da die Kunden in jeder Phase des Buchungsprozesses direkt angesprochen werden.*
- *Ein Bekleidungsunternehmen nutzt digitale Marketingmaßnahmen, um seinen Kunden ein interaktives Einkaufserlebnis zu bieten. Die Kunden können in der App ihre eigenen Outfits zusammenstellen und mit Hilfe von Augmented Reality (AR) überprüfen, wie die Kleidung an ihnen aussieht. In der Kampagne zur Einführung einer neuen Kollektion werden Influencer engagiert, die ihre Outfits auf Instagram vorstellen und ihre Follower dazu ermutigen, die Kollektion ebenfalls virtuell auszuprobieren. Diese Form der „erlebbaren" Kommunikation macht den Einkauf nicht nur einfacher, sondern auch unterhaltsamer und emotionaler, was zu einer höheren Kundenbindung führt.*
- *Ein Hersteller von biologischen Lebensmitteln setzt digitales Marketing ein, um seine nachhaltige Produktion transparent zu kommunizieren. Auf der Webseite können die Kunden eine interaktive Karte sehen, die den Weg des Produkts von der Farm bis zum Supermarkt visualisiert, einschließlich Informationen über die Anbaumethoden, den CO2-Ausstoß und die verwendeten Verpackungen. Darüber hinaus werden Videos und Artikel auf Social-Media-Plattformen geteilt, die den Herstellungsprozess hinter den Produkten zeigen. So wird der Kunden nicht nur informiert, sondern fühlt sich durch*

die nachvollziehbare und transparente Kommunikation in seiner Kaufentscheidung bestärkt.

- *Ein Softwareunternehmen, das Lösungen für Unternehmensprozesse anbietet, nutzt Webinare und Online-Demos als zentrale Kommunikationsmittel. Die Zielgruppe – meist Unternehmen, die ihre Arbeitsabläufe digitalisieren möchten – wird durch regelmäßig veranstaltete Online-Seminare (Webinare) und interaktive Tutorials auf der Webseite abgeholt. Diese digitalen Formate ermöglichen es, die Software detailliert zu präsentieren, Fragen der potenziellen Kunden zu beantworten und konkrete Nutzungsmöglichkeiten aufzuzeigen. Zudem werden personalisierte Follow-up-E-Mails mit weiterführenden Materialien und Angeboten versendet, die auf den Interessen der Teilnehmer basieren. Diese Form der digitalen Kommunikation ist nicht nur informativ, sondern auch sehr direkt und zielgerichtet, wodurch der Entscheidungsprozess der Kunden deutlich beschleunigt wird.*

2.7 Prüfungstipps

Welchen Prüfungstipp kann ich aus diesem Abschnitt ziehen?

In Prüfungen wird häufig gefordert, ■ das Digitale Marketing konkret in den Marketing-Mix zu integrieren ■ zu erläutern, wie das Digitale Marketing Einfluss auf die verschiedenen Politikfelder des Marketing-Mixes nimmt ■ an Beispielen zu erklären, welche Vorteile das Digitale Marketing gegenüber klassischen Instrumenten hat ■ zu erklären, warum Marktforschung heute häufig auf digitalen Instrumenten basiert.

Schritt 3: Content-Marketing und Keywordanalyse

Lernhinweise

Was erwartet mich in diesem Kapitel?

Das Content-Marketing ist der wichtigste Bereich des Inbound-Marketings und befasst sich mit der Erstellung von Inhalten unter den spezifischen Bedingungen und Aspekten des Digitalen Marketings. Um Inhalte erfolgreich im Markt zu positionieren, ist es erforderlich zu erläutern, wie Keywords gezielt verwendet und analysiert werden, damit die Inhalte von Kunden wahrgenommen und gefunden werden können.

Welche Schlagwörter lerne ich kennen?

■ Branding ■ Brand-Awareness ■ Brand-Management ■ Brand-Monitoring ■ Brand-Domain ■ Branded Content ■ Themenführerschaft ■ Earned Media-Access ■ Leadgenerierung ■ Traffic ■ Linkaufbau ■ Customer-Conversion ■ Conversion-Rate-Optimization (CRO) ■ Upselling ■ Viral Seeding ■ Nudging ■ Quality-Content ■ Skyscraper-Content ■ Evergreen-Content ■ Company-Content ■ WDF*IDF-Formel ■ Duplicate Content ■ Ranking ■ Gibberish-Score ■ Keyword ■ Keyword-Stuffing ■ Text-Spinning ■ Top of the Mind ■ Unaided Recall ■ Aided Recall ■ Recognition ■ Content-Seeding ■ Microsite ■ Podcast ■ Vodcast ■ RSS-Feed ■ Blog ■ Owned Media ■ Earned Media ■ Paid Media ■ Pillar-Content ■ Infografik ■ Tutorial ■ Case-Study ■ Influencerkampagne ■ White Paper ■ Cornerstone-Content ■ Rich Media ■ Content-Audit ■ Key-Performance-Indicators (KPI) ■ Bounce-Rate ■ Click-Through-Rate (CTR) ■ Page-Impressions ■ Keyword ■ Longtail-Keyword ■ Shorttail-Keyword ■ Midtail-Keyword ■ Brand-Keyword ■ Local Keyword ■ Cost per Click (CPC) ■ Customer-Journey ■ Proximity ■ WDF*IDF-Formel ■ Keywordmap

Wofür benötige ich dieses Wissen?

Das Content-Marketing ist für die Umsetzung des Digitalen Marketings eines der wichtigsten und bedeutendsten Gebiete, das den Erfolg einer Marketingmaßnahme erheblich bestimmt. Eine fundierte und sorgfältige Keywordanalyse ist die Grundvoraussetzung für eine erfolgreiche SEO.

Die Lernfragen zu diesem Kapitel finden Sie unter:

https://narr.kwaest.io/s/1427

Beim **Content-Marketing** geht es darum, Kunden gezielt anzusprechen und sie über die Dienstleistungen und Produkte des Unternehmens zu informieren und ihnen eine umfassende Beratung zur Verfügung zu stellen. Das Content-Marketing fokussiert sich auf Inhalt**e, die den Kunden überzeugen sollen.**

Aufgaben des Content-Marketings:

- Informationen über Produkte und Dienstleistungen
- Branding (Markenbewusstsein), Brand-Awareness, Markenprofilierung
- qualitative hochwertige und nützliche Inhalte generieren
- Themenführerschaft und Earned Media-Access
- Leadgenerierung und Erhöhung des Traffics und der Reichweite
- Linkaufbau
- Customer-Conversion, Conversion-Rate-Optimization
- Kunden durch Beratung und Informationen langfristig binden
- Upselling
- Viral Seeding

Im Mittelpunkt des Content-Marketings steht die Information über die einzelnen Produkte und die verschiedenen Dienstleistungen des Unternehmens. Dabei geht es vor allem darum, Details über einzelne Produkte und Produktspezifikationen sowie die Dienstleistungspalette den Kunden zu vermitteln. Die Informationsfunktion steht im Vordergrund, so dass sachliche und objektive Inhalte Vorrang haben.

Das Content-Marketing soll zugleich das Markenbewusstsein verbessern. Im Kontext des Branding soll eine Markenprofilierung vorgenommen und die Brand Awareness erhöht werden.

Spezialisten erstellen dann hochwertigen Content, der den Kunden und potenzielle Interessenten überzeugen soll. Nur auf diese Weise ist es möglich, eine langfristige Themenführerschaft zu erreichen und sich einen Earned Media-Access zu verschaffen, bei dem das Unternehmen die Medienpräsenz durch einen unmittelbaren Zugang zu wichtigen Multiplikatoren steuern kann. Dies setzt voraus, dass die vermittelten Inhalte im Wettbewerb um die Aufmerksamkeit des Kunden und des Nutzers den Vorrang erhalten.

Dank des Internets und der globalen Ausrichtung ist es heutzutage möglich, sehr viele Inhalte zu vergleichen und dadurch auch die Qualität rasch und zuverlässig zu ermitteln. Zielsetzung einer Marketingkampagne ist es daher, durch Unique Content, also einzigartige, qualitativ hochwertige Inhalte, den Traffic der Webseite und die Reichweite deutlich zu erhöhen und den Linkaufbau zu beschleunigen.

Zielsetzung des Content-Marketings ist die **Customer-Conversion**. Das bedeutet: Der Kunde oder Interessent soll zu einer bestimmten Aktion veranlasst werden – beispielsweise einen Kauf, ein Abo oder eine Newsletter-Anmeldung. Man spricht in diesem Zusammenhang auch von Conversion-Rate-Optimization (CRO). Darüber hinaus besteht die Zielsetzung darin, den Kunden langfristig an das Unternehmen zu binden und ein Upselling zu ermöglichen: Der Kunde soll in einem zweiten Schritt höherwertige Dienstleistungen und Produkte erwerben.

Darüber hinaus kann Content-Marketing eine aufklärerische Funktion wahrnehmen und Inhalte vermitteln, um über bestimmte Themen aufzuklären. Beispielsweise kann eine Regierung Informationen über Ernährung oder staatliche Leistungen verbreiten. Diese Form des Content-Marketings wird als Content-Nudging bezeichnet („nudging" bedeutet im Englischen „anstoßen"). Auch im kommerziellen Bereich wird der Begriff verwendet, wenn beim Kunden ein erwünschtes Verhalten erzielt werden soll.

Man unterscheidet folgende **Content-Arten**:

- Quality-Content (die Texte sollten mindestens 1000 Zeichen umfassen)
- Skyscraper-Content (besonders umfangreiche und informative Texte)
- Evergreen-Content (Ratschläge und Informationen, die zeitlos gültig sind und daher kaum aktualisiert werden müssen)
- News-Content (Nachrichten)
- Entertainment-Content
- Company-Content
- Community-Content
- Opinion-Content
- Viral Content
- Search-Content

Die mit Abstand wichtigste Content-Art ist der **Quality Content**, durch den sich hervorragende Texte und multimediale Inhalte auszeichnen, die mindestens 1000 Zeichen umfassen und dem Kunden einen Einblick in die Arbeit des Unternehmens sowie die Produkte und Dienstleistungen ermöglichen. Als Unterkategorie gibt es hier den Skyscraper-Content, der besonders umfangreiche und informative Texte beinhaltet.

Jede Webseite besteht zudem aus sogenanntem Evergreen-Content; das sind Ratgeber und Informationen, die seltener aktualisiert werden müssen, da sie zeitlose Inhalte und Ratschläge umfassen. Darüber hinaus gibt es noch andere Content-Arten wie beispielsweise Entertainment-Content, Company-Content, der spezifische Unternehmensinformationen vermittelt, und Community-Content, der von den Nutzern selbst erstellt wird, beispielsweise in Kommentaren oder in Foren. Dieser Begriff ähnelt dem anderen Terminus Opinion-Content, der ebenfalls benutzt wird, um Kundeninteraktionen auszulösen.

Des Weiteren unterscheidet man Search-Content, der für die Suchmaschinenoptimierung besonders relevant ist, sowie Pillar-Content, der gleichsam die Stützpfeiler des Unternehmens symbolisiert und die wichtigsten Inhalte umfasst, die strategisch für das Marketing von Dienstleistungen und Produkten von Bedeutung sind.

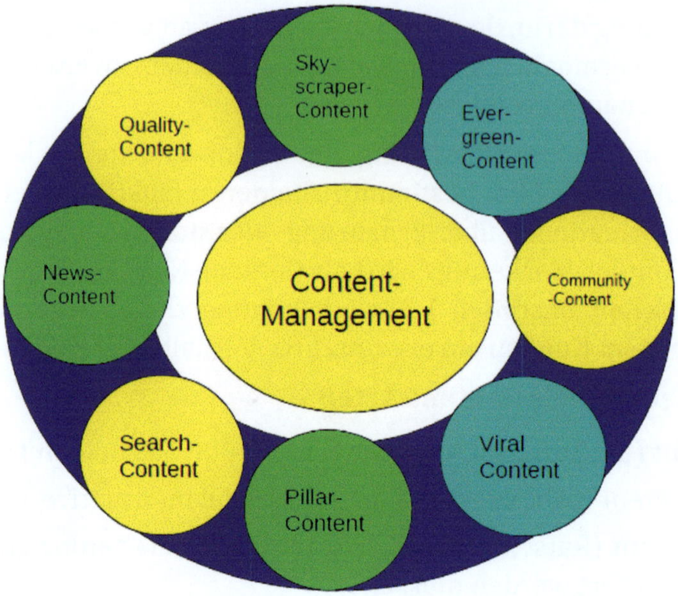

Abbildung 7: Inhalte des Content-Managements

Das Content-Marketing hat die Aufgabe, alle Informationen über Produkte und Dienstleistungen im Unternehmen auszuwerten. Es geht dabei darum, die Kunden systematisch zu informieren und Inhalte zu bieten.

Brand Awareness ist ein wichtiger Aspekt, um eine Marke zu etablieren und bekannt zu machen. Es wird zwischen drei Phasen differenziert:

- Top of the Mind (sehr bekannte Marken)
- Unaided Recall (bekannte Marken)
- Aided Recall und Recognition (geläufige Marken)

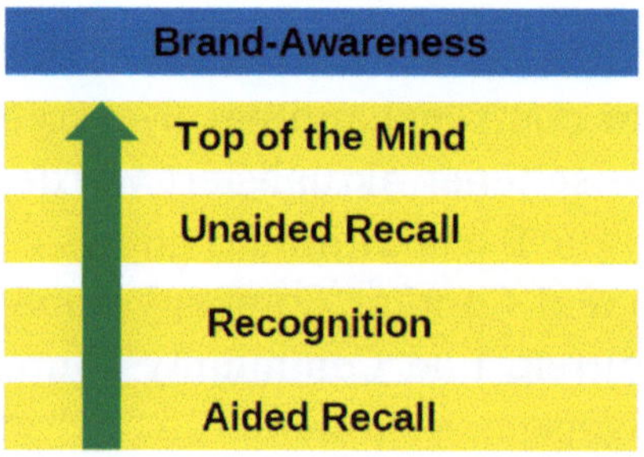

Abbildung 8: Phasenmodell der Brand-Awareness

In dem Phasenmodell der **Brand-Awareness** werden vier verschiedene Stufen beschrieben. In der ersten Stufe ist dem Kunden das Produkt oder die Dienstleistung wenig geläufig, so dass er einen Hinweis benötigt, um sich an das jeweilige Produkt zu erinnern. Man spricht in diesem Zusammenhang von Aided Recall. Auf der nächsthöheren Stufe kann der Kunde sich automatisch an das Produkt erinnern, wenn er längere Zeit nachdenkt. Diese Bewusstseinsstufe im Rahmen der Brand-Awareness wird als Recognition bezeichnet. Eine noch bessere Brand Awareness liegt vor, wenn der Kunde sich ohne jegliche Hilfe an ein Produkt oder eine Dienstleistung erinnern kann; deshalb nennen Experten diese Phase Unaided Recall.

Die höchste Stufe der Brand Awareness und das Markenbewusstseins ist erreicht, wenn der Kunde spontan und unmittelbar das jeweilige Produkt und dessen Eigenschaften aus dem Gedächtnis abrufen kann. Dieser Zustand wird als Top of the Mind bezeichnet, da diese spontane Wiedererkennung einer Marke an der Spitze der Brand-Awareness steht und die höchste Stufe des Markenbewusstseins konstituiert.

Das Markenbewusstsein bestimmt maßgeblich den Erfolg und die Reichweite einer Marketingkampagne und ist zentrale Aufgabe des Brand-Managements und des Brand-Monitoring. Die Bildung des Markenbewusstseins erfolgt durch das Branding.

Hierzu gehört eine Vielzahl unterschiedlicher Maßnahmen:

- rechtlicher Schutz der Marke
- Verwendung einer Brand-Domain, die den Markennamen in die Internetadresse integriert
- Erstellung von Social-Media-Profilen und -Kanälen mit dieser Marke
- ausgeprägtes Suchvolumen und eine unangefochtene Spitzenposition in den Suchmaschinenergebnissen.

In den vergangenen Jahren hat die Nutzung einer Brand-Domain im Rahmen der Markenbildung einen besonders hohen Stellenwert erlangt. Um eine Marke weltweit bekannt zu machen, ist es sinnvoll, sie in den Social Media und anderen Kanälen systematisch und fortlaufend zu präsentieren. Dies ist vor allem möglich, wenn die Webseite ein hohes Suchvolumen und eine herausragende Position in den Suchmaschinenergebnissen erreicht.

Das **Content-Seeding** verbreitet die Inhalte (den Content) über verschiedene Medien und Kanäle.

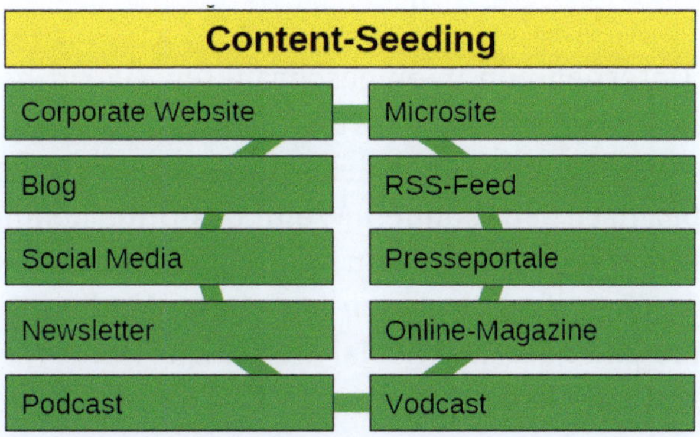

Abbildung 9: Content-Seeding

Das Content-Seeding erfolgt über die Corporate Webseite oder verschiedene andere Webseiten und Microsites. Darüber hinaus ist es empfehlenswert, die Inhalte als RSS-Feed in einem Widget auf der Webseite zu präsentieren, damit aktuelle Nachrichten von den Kunden und Interessenten abonniert werden können. Auf diese Weise wird die Reichweite wesentlich erhöht und verbessert. Zudem kann das Unternehmen die Inhalte über Blogs, Newsletter und andere multimediale Formen wie beispielsweise Podcasts und Vodcasts verbreiten.

- Webseiten
- Microsites
- RSS-Feed
- Onlinemagazine
- Blogs
- Mailings und Newsletter
- Podcasts, Vodcasts

Man unterscheidet zwischen Owned Media, Earned Media (durch SEO) und Paid Media.

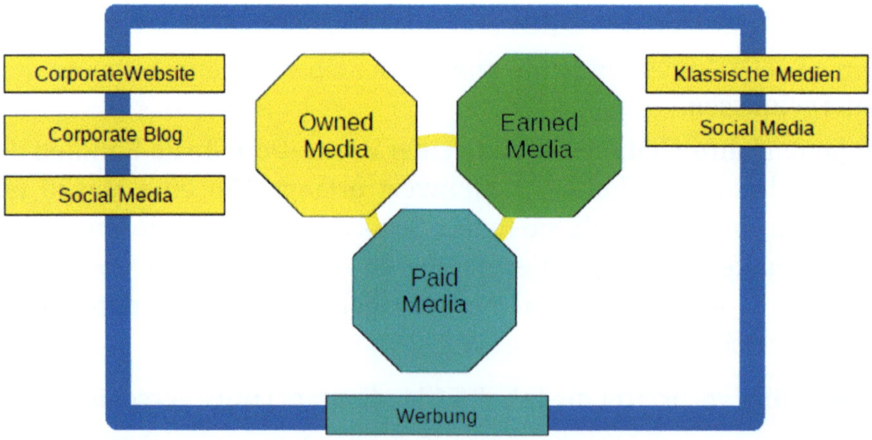

Abbildung 10: Earned Media, Owned Media und Paid Media

Medien, auf die das Unternehmen uneingeschränkten Zugriff hat und die es eigenständig und souverän gestalten kann, werden als Owned Media bezeichnet. Sie gestatten ein schnelles Seeding und eine gezielte Auswahl passender Kommunikationskanäle, die themenspezifisch sein können. Wenn das Unternehmen eine hohe Reputation genießt und sich etabliert hat, kann es in seinen Corporate Communications auf Earned Media zurückgreifen, zu denen klassische Medien wie Zeitungen, Fachzeitschriften, Magazine und natürlich Social Media wie Twitter, Facebook, Pinterest, Snapchat und Instagram gehören.

3.1 Instrumente des Content-Marketings

Content-Marketing geht über klassische Online-Texte hinaus und umfasst vielfältige Formate wie Bilder, Podcasts, Videos, Infografiken und andere visuelle Darstellungen, die wesentlich zur Suchmaschinenoptimierung beitragen. Die Verbreitung dieser Inhalte erfolgt über verschiedene Kanäle, darunter Social-Media-Plattformen wie Instagram, Facebook, Pinterest, YouTube und Twitter sowie eigene Unternehmenswebsites und klassische Medien im Rahmen der Public Relations. Zusätzlich kommen Instrumente wie E-Mail-Marketing, White Papers, Präsentationen, Newsletter und Microsites zum Einsatz.

Im Mittelpunkt der Aktivitäten steht die Leadgenerierung: Ziel ist es, neue Kundinnen zu gewinnen, die bestimmte Handlungen wie Newsletter-Anmeldungen, Käufe, Abonnements, Downloads, Kommentare oder Likes ausführen. Dadurch wird nicht nur die Reichweite erhöht, sondern auch die langfristige Bindung an das Unternehmen gefördert. Die **Formate des Content-Marketings** sind:

- Informationen, Texte (Unternehmenswebsite), personalisierte Inhalte
- Pillar-Content (Informationen mit hohem Mehrwert), Ratgeber
- Erstellung eines Contents-Hub
- Microsites
- Blogbeiträge
- Social Media (Twitter, Facebook, Xing, LinkedIn, Pinterest, YouTube)
- Podcasts, Voice-Search-Inhalte
- Videos (Produktvideos, Live Videos, animierte Videos)
- Testimonials, Influencer-Kampagnen
- White Papers (Studien, Umfragen, Marktforschung)
- Präsentationen, Slideshows
- Spiele
- Tutorials
- Pressemitteilungen
- Case-Studies
- Newsletter
- Infografiken und strukturierte Daten
- Checklisten
- Webinare

Das Content-Marketing erstreckt sich auf eine Vielzahl unterschiedlicher Inhalte. Neben klassischen Informationen, die als Texte auf der Unternehmens-Webseite als personalisierte Inhalte präsentiert werden können, gibt es Ratgebertexte und didaktisch aufbereitete Tutorials, die sich an Experten und informierte Kunden richten.

Diese Informationen mit hohem Mehrwert werden als Pillar-Content bezeichnet, da sie die wichtigsten Kerninhalte über die Produkte und Dienstleistungen des Unternehmens verbreiten. Darüber hinaus ist es möglich, Microsites und Blogbeiträge zu nutzen, um Inhalte zu publizieren.

Auch Social Media wie X (ehemals Twitter), LinkedIn, TikTok, Instagram und YouTube spielen eine herausragende Rolle beim Content-Seeding. Einen immer größeren Stellenwert nehmen multimediale Inhalte wie beispielsweise Produktvideos, Podcasts und natürlich Live Videos ein. Unternehmen sollten auf jeden Fall Videos nutzen, um Produkte und Dienstleistungen zu veranschaulichen und kundennah in der Praxis zu präsentieren. Hierbei können auch animierte Videos hilfreich sein, die auf YouTube hochgeladen werden.

Darüber hinaus sollten Unternehmen auf die zunehmende Bedeutung der Voice-Search achten, die in den vergangenen Jahren einen exponentiellen Anstieg vorweisen kann. Aufgrund der immer größeren Verbreitung von Smart Speakers wird die Sprachsuche in der Zukunft höchste Priorität haben und maßgeblich über den Erfolg der Marketingmaßnahmen entscheiden. Immer mehr Autofahrer nutzen während der Fahrt das Potenzial der Voice-Search, um aktuelle Wetterinformationen, die Öffnungszeiten von Läden, Produktdetails, Stauinformationen, Verkehrsverbindungen und andere Daten schnell und sicher abzufragen. Aufgrund des hohen Stellenwerts der Sprachsuche gilt es, Texte in einem schlüssigen und verständlichen Frage-Antwort-Schema als FAQ zu präsentieren, sodass der Nutzer durch die Voice-Search schneller und einfacher Zugang zu den relevanten Inhalten erhält.

Zudem sollten Unternehmen sich verschiedener anderer Content-Formen bedienen, die es ermöglichen, Informationen differenziert und anschaulich zu vermitteln. Hierzu gehören beispielsweise Tutorials und Case-Studies sowie Newsletter und Infografiken, die einen Sachverhalt erheblich einfacher verständlich machen können.

Strukturierte Daten werden in Zukunft eine herausragende Rolle spielen, da sie einen einfachen und raschen Zugang zu komplexen Inhalten ermöglichen. Praxisbezogene Checklisten, Webinare und Testimonials finden großen Anklang bei den Kunden. Eine besonders wichtige Bedeutung haben White Papers, da sie Forschungsergebnisse und detaillierte Produktinformationen übersichtlich zusammenfassen.

Content, der neben dem eigentlichen Text Videos, Podcasts und andere Audioelemente umfasst, wird als **Rich Media** bezeichnet. Heutzutage werden solche multimedialen Inhalte über HTML5 realisiert und nicht mehr über das für Sicherheitslücken anfällige Flashformat, das von vielen Browsern inzwischen blockiert wird.

Rich Media sind für das moderne Content-Marketing ein wichtiger Bestandteil; denn diese multimedialen Darstellungsformen gestatten es, potenzielle Kunden stärker an das Unternehmen zu binden, Produkte und Dienstleistungen zu erklären sowie die User-Experience (UX) zu verbessern und die Interaktivität zu steigern. Damit Rich Media von Google richtig erfasst werden, ist es wichtig, sinnvolle Dateibezeichnungen, Beschreibungen und Untertitel zu verwenden, da Crawler multimediale Inhalte nicht „ansehen" oder „anhören" können.

Eine Sonderform ist der **Branded Content**. Bei diesem wird ein Content generiert, der eher informativ über ein Thema berichtet, aber beiläufig ein Produkt, eine Marke oder eine Dienstleistung erwähnt, um die Brand-Awareness zu erhöhen und die Marke stärker zu verankern. Im Vordergrund steht die langfristige Kundenbindung. Zielsetzung des Branded Content ist:

- Verbesserung der Brand-Awareness
- langfristige Kundenbindung
- Etablierung als Thought-Leader

Für das Content-Marketing benötigt man eine Vielzahl von erfahrenen Spezialisten wie beispielsweise Online-Redakteure, SEO-Experten und Texter.

Das Content-Marketing hat eine Schlüsselfunktion inne, da die Suchmaschinenoptimierung heutzutage einen zentralen Stellenwert in jeder Marketingstrategie einnimmt. Nur durch qualitativ hochwertige Texte, die für den Kunden und Interessenten sinnvolle und nützliche Inhalte bieten, kann eine Spitzenposition im Suchmaschinen-Ranking erlangt werden. Inhalte, die maßgeblich die Attraktivität und das Ansehen einer Webseite prägen, werden als **Cornerstone-Content** bezeichnet. Cornerstone-Content weist folgende Merkmale auf:

- sinnvolle und sorgfältig ausgewählte Keywords
- geeignete interne und externe Links
- mehrere Texte mit informativen multimedialen Inhalten

Nur qualitativ hochwertige Texte gewährleisten die erforderliche Akzeptanz bei Kunden sowie eine nachhaltige Umsatzsteigerung. So sollte beispielsweise ein erfolgreicher Blog mindestens drei Beiträge pro Woche publizieren; Blogs, die lediglich in größeren Abständen kurze Artikel veröffentlichen, laufen Gefahr, an Relevanz zu verlieren. Deshalb sind regelmäßige Veröffentlichungen ein wesentliches Instrument, um die Kundenbindung zu fördern. Die Inhalte müssen höchsten Qualitätsansprüchen genügen und das Interesse der Zielgruppe wecken. Zudem trägt ein systematisches Controlling dazu bei, den Erfolg der eingesetzten Marketingmaßnahmen zu evaluieren.

Bei dem Content-Marketing unterscheidet man folgende Phasen:

- Analyse: Definition der Zielgruppe, des Kundensegments, der Mission und der Buyer-Persona, Keywordanalyse
- Konzeptualisierung und Content-Audit: Themenauswahl, Redaktionsplan
- Produktion: Content-Erstellung
- Publikation, Distribution und Content-Seeding: Webseiten, Social Media, SEO, Optimierung
- Evaluation und Controlling: Kennzahlen und Monitoring

Das Controlling beim Content-Marketing erfasst die verschiedenen Kennzahlen und ermöglicht auf diese Weise eine zielgenaue Steuerung und Optimierung der Marketingmaßnahmen. Daher sollte man eine Vielzahl von Kennzahlen bei der Evaluation von Marketingmaßnahmen berücksichtigen, um sich ein genaues Bild der Situation zu verschaffen.

Anders als im klassischen Marketing besteht der Vorteil des Digitalen Marketings in einer sehr detaillierten Analyse. Unternehmen setzen für das Content-Marketing intelligente Marketingtools ein, die neben einer differenzierten Keywordanalyse auch verschiedene Funktionen der Suchmaschinenoptimierung integrieren.

Content-Marketing bringt zahlreiche Vorteile mit sich: Kundinnen nehmen diese Form der Kommunikation nicht als aufdringlich wahr, im Gegensatz zur klassischen Werbung, die oft als störend empfunden wird. Immer mehr Internetnutzerinnen setzen Werbeblocker ein oder ignorieren Werbebotschaften, beispielsweise durch das Umschalten während Fernsehwerbung.

Stattdessen bietet Content-Marketing nützliche Informationen und wird als Entscheidungshilfe geschätzt. Unternehmen profitieren, wenn die bereitgestellten Inhalte hochwertig und ansprechend sind, da sie so die Bindung zu Kunden stärken und das Bewusstsein für die Marke fördern. Der Einsatz von didaktisch aufbereiteten Tutorials, informativen Videos oder Tweets unterstützt diese Wirkung nachhaltig.

Allerdings sind auch die Anforderungen an das Content-Marketing gestiegen. Suchmaschinen nutzen inzwischen Künstliche Intelligenz und maschinelles Lernen, um oberflächliche Inhalte („Thin Content") leicht zu erkennen. Die Erstellung anspruchsvoller Texte und multimedialer Inhalte für verschiedene Social-Media-Kanäle ist daher eine komplexe Aufgabe. Nur Fachkräfte mit umfassendem Know-how im Marketing und technischer Expertise können diesen Herausforderungen gerecht werden. Unternehmen, die innovativ und am Bedarf der Kundschaft ausgerichtet agieren, sichern sich langfristig Wettbewerbsvorteile in dynamischen Märkten.

3.2 Grundlagen der Keywordanalyse

Die Keywordanalyse stellt eine zentrale Methode des Digitalen Marketings dar und bildet das Fundament für zahlreiche digitale Maßnahmen – von der Suchmaschinenoptimierung über Suchmaschinenwerbung bis hin zu anderen Marketingstrategien. Ihr Stellenwert ist kaum zu überschätzen, denn bevor ein Buch geschrieben, ein Onlineshop eröffnet, eine Affiliate-Webseite aufgebaut oder ein Blog gestartet wird, sollte stets geklärt sein: Gibt es eine Nachfrage nach dem entsprechenden Produkt oder Thema? Welche Marktchancen bestehen wirklich?

Persönliche Interessen und Ziele spielen bei der Themenwahl zwar eine wichtige Rolle, doch ohne ein vorhandenes Marktpotenzial werden seltene Hobbys und wenig gefragte Nischen schnell zur Herausforderung. Daher empfiehlt es sich, bereits am

Anfang eines jeden Projekts – sei es die Gründung eines Online-Geschäfts, das Verfassen eines Buchs oder die Produktion von Videoinhalten – eine gründliche Keywordanalyse durchzuführen.

Die Sichtbarkeit und das Ranking in Suchmaschinen hängen maßgeblich davon ab, wie präzise und relevant die gewählten Schlüsselbegriffe sind. Nur wer die passenden Keywords identifiziert, kann das Interesse der Zielgruppe wecken und nachhaltige Resonanz erzeugen. Hierbei stehen zahlreiche kostenlose und kostenpflichtige Tools sowie verschiedene Analyseverfahren zur Verfügung. Zwar bietet eine sorgfältige Keywordanalyse keine absolute Erfolgsgarantie, sie erhöht jedoch die Erfolgschancen im digitalen Wettbewerb erheblich.

Ein zentraler Ausgangspunkt zur Analyse ist die Suchmaschine **Google**. Bereits beim Eintippen von Begriffen liefert die Autocomplete-Funktion Vorschläge, basierend auf häufigen Suchanfragen anderer Nutzer. Ein genauer Blick auf diese Liste kann wertvolle Hinweise darauf geben, welche Schlüsselbegriffe in einem bestimmten Zusammenhang besonders relevant sind. Auch das Feld „ähnliche Suchanfragen" sollte sorgfältig ausgewertet werden, um weitere potenzielle Keywords zu identifizieren.

Unter den kostenlosen Werkzeugen sticht **Ubersuggest** hervor. Es liefert Analysen zu Suchvolumen, Wettbewerbsintensität und zusätzlichen Kennzahlen wie dem Cost per Click. Damit lassen sich erste Einschätzungen über die Attraktivität und Konkurrenz eines Keywords gewinnen.

Eine weitere aussagekräftige Methode zur Bewertung von Keywords ist **Google Trends**. Dieses Tool hilft dabei, die Popularität bestimmter Begriffe im zeitlichen Verlauf zu verfolgen. Google Trends kann sogar genutzt werden, um gesellschaftliche oder wirtschaftliche Entwicklungen frühzeitig zu erkennen: So lassen sich etwa Begriffe wie „Kurzarbeit" oder „Arbeitslosigkeit" analysieren, um Hinweise auf wirtschaftliche Veränderungen zu erhalten. Ein plötzlicher Anstieg solcher Suchanfragen kann beispielsweise auf eine bevorstehende Krise hindeuten.

Darüber hinaus ermöglicht Google Trends die Identifizierung regionaler Besonderheiten. So kann festgestellt werden, ob bestimmte Produkte oder Begriffe in einzelnen Bundesländern besonders gefragt sind. Wichtige Tools für die Keywordanalyse sind neben Google Trends und Ubersuggest auch Google Suggest, Google Search Console und Google Ads Keyword Planner.

Zudem sollte man mehrere Tools für die Ideenfindung, das Brainstorming und das Mindmapping einsetzen. Hierzu gehören unter anderem Answer the Public, Quora, Open Thesaurus und Woxikon. In WordPress kann man die SEO-Tools Yoast SEO und Rank Math benutzen, um die Keywordanalyse und die Onpage-SEO zu optimieren:

Diese Tools ermöglichen eine sorgfältige Analyse des Textes und die Anwendung von Keywords in den Überschriften und in den Bildlegenden sowie Bildbeschreibungen. Außerdem kennzeichnen die SEO-Plugins auf Wunsch Duplicate Content mit einem

Canonical Tag, der auf den Ursprung des Textes verweist, und optimieren die Verwaltung der Dateien in Datenbanken.

Für die **Auswahl der richtigen Keywords** ist es erfolgversprechend, Faktoren sinnvoll zu kombinieren:

- Suchvolumen
- Wettbewerbsintensität
- SEO Difficulty
- Paid Difficulty
- Cost per click (CPC)

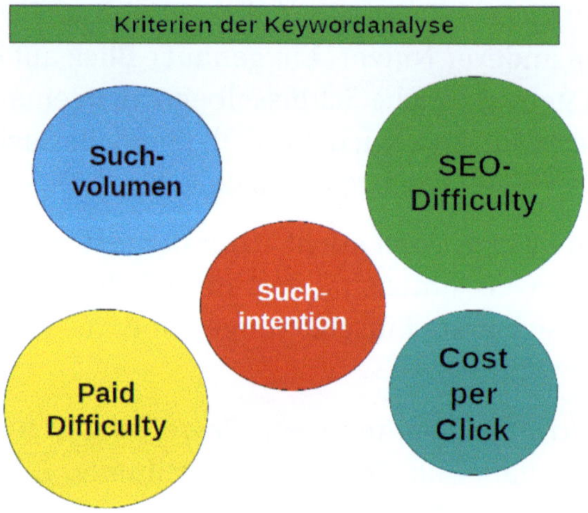

Abbildung 11: Kriterien der Keywordanalyse

Um diese Kennzahlen richtig zu interpretieren, ist Folgendes zu beachten: Die Wettbewerbsintensität kann sich auf die SEO (Suchmaschinenoptimierung) oder die SEA (Suchmaschinenwerbung) beziehen.

Wichtige Merkmale von Keywords sind:

- Suchvolumen
- Paid Difficulty
- Organic Difficulty
- Suchintention (navigations-, informations-, recherche- und transaktionsbezogen)
- Wortanzahl (Longtail-Keyword, Midtail-Keyword)
- primäre Bedeutung (Hauptkeyword, Nebenkeyword)
- Höhe der Conversion-Rate
- Phase der Customer-Journey

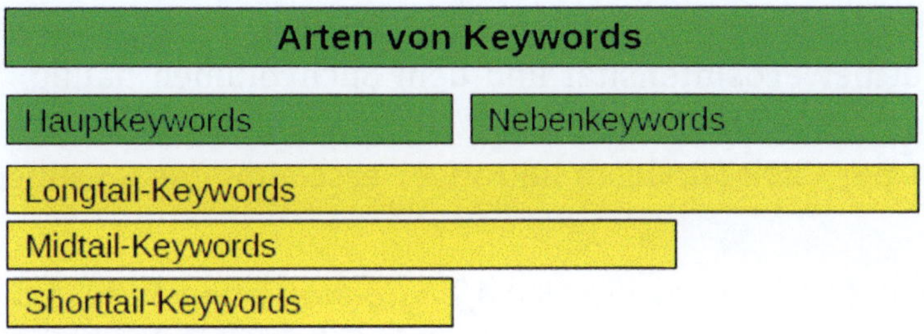

Abbildung 12: Arten von Keywords

Keywords können in Haupt- und Nebenkeywords untergliedert werden. Ob ein Schlüsselbegriff eine primäre oder eine sekundäre Rolle spielte, sollte anhand des Suchvolumens, der Wettbewerbsintensität und der Cost per Click ermittelt werden.

Für einen Blog, einen Autor oder ein kleines Unternehmen spielt die SEO eine herausragende Rolle. Wer jedoch bezahlte Werbung im Internet platzieren möchte, sollte sich vorwiegend die Paid Difficulty genauer ansehen.

Die Kennzahl **CPC (Cost per Click)** gibt an, wie viel das Unternehmen für eine bezahlte Internetanzeige vergüten muss, wenn ein Besucher daraufklickt. Für die „kostenlose" Suchmaschinenoptimierung wäre diese Kenngröße eigentlich irrelevant; sie ist aber dennoch ein schlüssiger Indikator, denn die CPC gibt an, wie viel Kunden für ein bestimmtes Thema, ein Produkt oder eine Dienstleistung zu bezahlen bereit sind.

Wenn man nun diese Aspekte gleichermaßen berücksichtigt, ergeben sich folgende Schlussfolgerungen:

- Ein hohes Suchvolumen führt zu einer hohen Wettbewerbsintensität.
- Ein niedriges Suchvolumen bedingt eine niedrige Wettbewerbsintensität.

Diese beiden Regeln sind nicht unumstößlich, aber sie gelten in den meisten Fällen. Wer demnach in einem Themenfeld mit hohem Suchvolumen Erfolg verbuchen möchte, sollte früher oder später bezahlte Werbung mit einbeziehen. Denn bei einem verschärften Wettbewerb ist die Markteintrittsbarriere relativ hoch und stellt eine zusätzliche Hürde dar.

Eine erfolgreiche Marketingstrategie, die auf bezahlte Werbung verzichten will, muss Folgendes berücksichtigen:

- Das Suchvolumen sollte im mittleren Bereich liegen.
- Die Wettbewerbsintensität sollte gering oder zumindest nicht hoch sein.

Es gibt zwar für die Höhe des Suchvolumens keine allgemeine Regel, da die Höhe von dem jeweiligen Thema und der Branche des Unternehmens abhängt; man kann aber davon ausgehen, dass ein monatliches Suchvolumen von unter 500 für die meisten Zwecke des Digitalen Marketings ungeeignet ist. In vielen Bereichen ist sogar ein recht ansehnliches Volumen von unter 10.000 Suchanfragen kritisch.

Angesichts des transparenten Marktes gleicht die Suche nach der optimalen Balance zwischen der Wettbewerbsintensität und dem Suchvolumen häufig der Quadratur des Kreises. Als drittes Kriterium wird zur Themenfindung die CPC mit einbezogen. Je höher die Cost per Click ist, desto lukrativer erscheint das jeweilige Thema bzw. das Produkt.

Eine Studentin möchte beispielsweise eine Affiliate-Marketing-Seite entwickeln, um ein Nebeneinkommen zu erzielen. In einem ersten Schritt macht sie ein umfassendes Brainstorming, das alle Ideen, Hobbys und Interessen erfasst. Sie entscheidet sich beispielsweise für das Thema „Katzen". Das Suchvolumen bei einem so allgemeinen Begriff liegt bei mehreren 100.000 Suchanfragen im Monat.

Für einen allgemeinen Blog stellt ein so hohes Suchvolumen einen erheblichen Vorteil dar, ist aber zugleich mit einer sehr beträchtlichen Wettbewerbsintensität verbunden. Wenn man nun in einer Affiliate-Marketing-Seite eine Monetarisierung vornehmen möchte, sollte man zuerst auf die Kennzahl „Cost per Click" schauen. Ist die Kennzahl hoch, bedeutet dies, dass sich mit diesem Thema im Prinzip viel Geld verdienen lässt.

Die Analyse des CPC (Cost per Click) vermittelt erstaunliche Einblicke in die Besonderheiten des Marktes. So gibt es Begriffe, für die Werbetreibende nur wenige Cent bezahlen, während andere problemlos 5 Euro oder mehr für einen einzigen Klick auf die Werbeanzeige erreichen.

Die Studentin wird mit dem Thema „Katzen" niemals durch reine Suchmaschinenoptimierung auf die erste Seite in Google kommen, da es zu viele Wettbewerber gibt. Noch wesentlich ambitionierter und nahezu aussichtslos ist es, bei sehr allgemeinen Keywords, unter den ersten drei Suchergebnissen gelistet zu werden.

Die Lösung besteht darin, den Radius einzuengen und eine lukrative Nische auszuwählen. Im Kontext der Keywordanalyse werden folgende Differenzierungen vorgenommen:

- Shorttail-Keywords (einzelne, eher allgemeine Grundbegriffe)
- Midtail-Keywords (zwei oder drei Begriffe)
- Longtail-Keywords (zahlreiche Begriffe oder kurze Sätze)

Bei einem **Shorttail-Keyword** ist es selbst bei intensivster SEO und SEA eine enorme Herausforderung, auf der ersten Seite der SERPs gelistet zu werden. Manche Unternehmen scheitern an dieser Herausforderung selbst nach monatelanger unablässiger Suchmaschinenoptimierung.

Bei **Longtail-Keywords** ist es indes wesentlich leichter, die beste Position zu erobern. Durch eine hohe Spezialisierung kann man sich problemlos einen Spitzenplatz sichern. So könnte die Studentin sich auf Katzenspielzeuge aus Naturmaterialien fokussieren. Diese Methode birgt aber gleichzeitig Nachteile: Das Suchvolumen ist äusserst gering. Es gibt nur sehr wenig Interessenten. Bei niedrigpreisigen Artikeln und Dienstleistungen lohnt sich der enorme Aufwand für das Affiliate-Marketing nicht.

Diese Nachteile kann man dadurch ausgleichen, dass man zusätzlich Suchmaschinenwerbung (SEA) nutzt, was aber mit hohen Kosten verbunden ist.

Bei zwei Begriffen mit gleicher oder ähnlicher Bedeutung sollte jener bevorzugt werden, der ein höheres Suchvolumen hat und sich durch eine geringere Wettbewerbsintensität auszeichnet. Beide Kriterien einigermaßen in Einklang zu bringen, erfordert neben einer gewissen Kompromissbereitschaft die Suche nach ähnlichen, aber vorteilhafteren Keywords. Eine weitere Optimierung in der Keywordanalyse kann erreicht werden, indem man bei der Auswahl der Schlüsselbegriffe die Suchintention berücksichtigt.

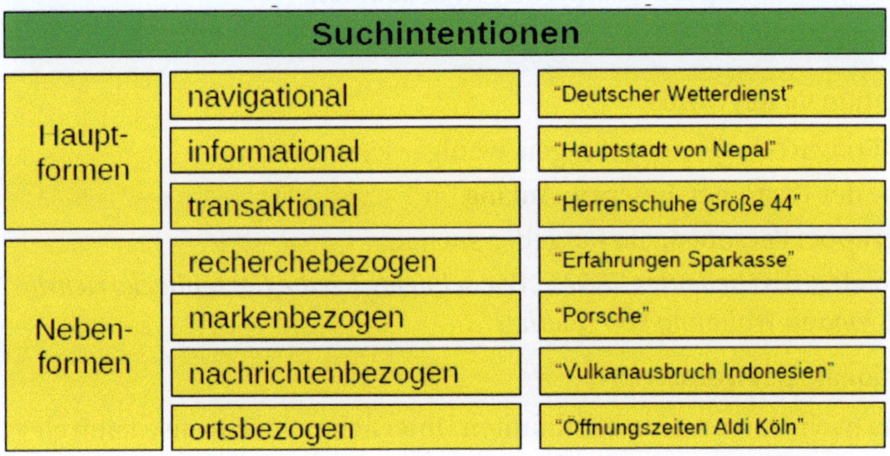

Abbildung 13: Suchintentionen und Keywordanalyse

Hinsichtlich der Intention werden folgende Keywordarten unterschieden:

- navigationsbezogene Keywords *(z. B. „Hauptbahnhof Mainz")*
- informationsbezogene Keywords *(z. B. „Wie heißt die Hauptstadt von Rheinland-Pfalz?")*
- recherchebezogene Keywords *(z. B. „Erfahrungen mit iPhone?")*
- transaktionsbezogene Keywords *(z. B. „Bester Fernseher 2025")*

Darüber hinaus unterscheidet man spezifischer:

- markenbezogene (Brand) Keywords *(z. B. „Kühlschrank Siemens")*
- nachrichtenbezogene Keywords *(z. B. „Verkehrsunfall Wiesbaden")*
- ortsbezogene (Local) Keywords *(z. B. „Öffnungszeiten Aldi Bretzenheim")*

Man spricht in diesem Zusammenhang von **Queries** (Suchanfragen). Bei navigationsbezogenen Keywords geht es darum, eine bestimmte Webseite zu finden; das können neben Fragen, die sich auf ein Restaurant, ein Hotel oder ein Museum beziehen, die

Suche nach anderen Seiten sein (*z. B. Netflix und Amazon*), die man aufsuchen möchte, deren genaue Internetadresse man aber nicht parat hat.

Bei informationsbezogenen Anfragen wird beispielsweise nach bestimmten Themen (*z. B. Wikipedia*), Übersetzungen oder dem Wetter gefragt. Recherchebezogene Keywords fokussieren sich auf spezielle Themen oder auf Erfahrungen mit Produkten und Dienstleistungen. Transaktionsbezogene Anfragen stellen eine Vorstufe zu einem Kauf dar: Es wird nach den besten, günstigsten oder attraktivsten Produkten und Dienstleistungen gesucht.

Onlineshops werden sich daher eher auf transaktionsbezogene Anfragen fokussieren, wenngleich auch informationsbezogene Anfragen am Anfang eines Kaufinteresses stehen können. Affiliates müssen informations- und recherchebezogene Suchen mit einbeziehen, da sie Ratgeberfunktionen wahrnehmen.

Merkmale einzelner Keywordkategorien:

- informationale Keywords:
  - Was-Fragen oder How-to-Fragen, weniger kaufrelevant
  - Phase der Customer-Journey: Anfang
  - Zielgruppe: Personen, die Ratgeber suchen
  - Beispiele: *„Was bedeutet SEO?“, „Wie schneide ich die Gartenhecke richtig?“, „Wann starb Johann Wolfgang von Goethe?“*
- navigationale Keywords:
  - Suche nach Marken oder bestimmten Unternehmen, teilweise kaufrelevant
  - Phase der Customer-Journey: Anfang oder potenzieller Kauf
  - Zielgruppe: Personen, die eine Marke, ein Produkt oder eine Dienstleistung suchen
  - Beispiele: *„Apple“, „Samsung Fernseher“, „Werkzeuge von Bosch“*
- transaktionale Keywords:
  - Suche nach Produkten oder Dienstleistungen, äußerst kaufrelevant
  - Phase der Customer-Journey: unmittelbarer Kauf
  - Zielgruppe: kaufwillige Kunden
  - *Beispiele: „rotes XXL-Sofa kaufen“, „Dachdecker in Mainz“, „günstige Winterreifen“*

3.3 Platzierung von Keywords

Keywords können an verschiedenen Positionen einer Webseite strategisch platziert werden. Entscheidend ist dabei, übermäßiges Keyword-Stuffing zu vermeiden, da eine zu hohe Konzentration oder Wiederholung von Keywords vom Google-Algorithmus negativ bewertet wird. Die frühere Faustregel, ein Keyword solle maximal vier

Prozent des Textes ausmachen, gilt aufgrund der Weiterentwicklungen bei Googles Analyse nicht mehr: Moderne Algorithmen erkennen manipulative Methoden mithilfe maschinellen Lernens sehr zuverlässig.

Daher empfiehlt es sich, Synonyme sowie umschreibende Formulierungen einzusetzen und eine ausgewogene Integration der Keywords zu gewährleisten. Eine sorgfältige Keywordanalyse berücksichtigt zahlreiche Faktoren, etwa die Abstände zwischen den Begriffen (Proximity), ihre Platzierung im Text und ihr Vorkommen in Überschriften, Bildunterschriften, Beschreibungen und Tags.

Zur Optimierung der Keywordverteilung kommt häufig die **WDF*IDF-Formel** zum Einsatz, wobei „WDF" für „within document frequency" und „IDF" für „inverse document frequency" steht. Diese mathematische Methode dient der Ausgewogenheit und Gewichtung von Suchbegriffen im Text. Mithilfe spezialisierter Tools wie Xovi, Ryte, Sistrix, Searchmetrics oder Seobility lässt sich ermitteln, wie oft ein Keyword verwendet werden kann, ohne dass dies als Manipulation durch Suchmaschinen eingestuft wird.

Abbildung 14: Orte für Keywords

Wo werden Keywords platziert?

- Domainname
- Title-Tag (erscheint als Titel im Tab des Browsers)
- Meta-Description (wird von Google für Snippets verwendet)
- Überschriften und Zwischenüberschriften
- Dateinamen (HTML-Dateien, Bilder, Videos, Grafiken, Diagramme)
- Bildbeschreibungen und Alt-Tags
- Texte

Bevor man die Keywords einfügt, sollte man auf jeden Fall eine WDF*IDF-Analyse und eine semantische Analyse durchführen. Danach wird eine Keywordmap erstellt, die die Bedeutung, Verwandtschaft und Rangfolge der einzelnen Keywords sortiert und in ihrer Hierarchie, Bedeutung und Systematik veranschaulicht.

Die WDF*IDF-Formel dient im Rahmen der Onpage-SEO dazu, die optimale Verteilung von Keywords und Fachbegriffen im Text zu berechnen, um ein unauffälliges und effektives Ranking in Suchmaschinen zu erzielen. Im Fokus steht dabei ein Hauptkeyword, von dem verschiedene Nebenkeywords abgeleitet werden, um eine ausgewogene Häufigkeitsverteilung im Text sicherzustellen.

Darüber hinaus sollten Inhalte stets qualitativ hochwertig sein und den Leser mit einem klaren Mehrwert versorgen. Minderwertige oder mehrfach verwendete Inhalte (sogenannter „Thin Content" bzw. „Duplicate Content") führen unmittelbar zu einem schlechteren Ranking in den Suchmaschinen. Google hat eigens eine Kennzahl entwickelt, um inhaltsarme Seiten zu identifizieren – den Gibberish-Score („Schwafel-Score").

Der zugrunde liegende Algorithmus analysiert die Häufigkeit bestimmter Begriffe und sequenzieller Muster sowie das verstärkte Auftreten gezielt eingesetzter Keywords, das häufig als Keyword-Stuffing bezeichnet wird. Darüber hinaus prüft Google, ob Verfahren wie Text-Spinning zum Einsatz kommen, bei denen einzelne Wörter automatisiert ersetzt oder Satzstrukturen verändert werden, um scheinbar neuen Inhalt zu generieren.

3.4 Customer-Journey und Marketing-Funnel

Der Begriff **Customer-Journey** veranschaulicht den Kaufprozess als einen Weg, den der Kunde zurücklegt. Daher wird auch die Bezeichnung „Buyer's Journey" oder „User's Journey" verwendet.

Bei dieser „Reise" durchläuft der Kunde verschiedene Stationen, die auf einer Karte (Customer-Journey-Map) sichtbar werden, und kommt mit Produkten oder Dienstleistungen in Berührung (Touchpoints). Ein Touchpoint ist eine Schnittstelle des Unternehmens zum jeweiligen Kunden, über die ein Kontakt stattfindet.

Diese „Reise" hat verschiedene Phasen:

Phasen der Customer Journey	
Preawareness	Erkundung und Wunschfindung
Awareness	Suche nach Produkten
Consideration, Favorability	Auswahl des Produkts
Intent to purchase, Conversion	Entscheidung zum Kauf, Kauf
After Sales	Retention und Kundenbindung
Advocacy	Empfehlung des Kunden

Abbildung 15: Orte für Keywords

Aus Marketingsicht wird diese Customer Journey als ein „Trichter" (**Funnel**) oder Konversionspfad dargestellt, der sich immer mehr verengt. Als Vorbild dient das im klassischen Marketing weit verbreitete AIDA-Konzept:

- Awareness (erste Informationen)
- Interest (offenes Interesse)
- Desire (Kaufwunsch)
- Action (Kauf)

Die Reise des Kunden lässt sich in diesem Trichter veranschaulichen. Bei der Öffnung oder am Anfang des Konversionspfades herrscht noch eine Vielfalt unterschiedlicher Interessen, Bedürfnisse, Wünsche und Ideen, die wenig konkret sind. Auf mittlerer Höhe verengt sich der Trichter bereits und spezifischere Informationen sind im Rahmen des Content-Marketings erforderlich, um den genauen Wünschen des potenziellen Kunden gerecht zu werden. Schließlich erreicht der Kunde den Boden des Trichters (oder die Endphase des Konversionspfades) und fragt nach spezifischen und konkreten Produktinformationen. Diesen Phasen entsprechen bestimmte Inhalte des Content-Marketings.

Der Konversionspfad des Marketing-Funnels besteht aus folgenden Abschnitten:

- TOFU (Top of the Funnel)
  - Informationsseiten, Blogs, Newsletter, Landing Page
- MOFU (Middle of the Funnel)
  - White Paper, Hero-Content, eBooks, Ratgeber, Checklisten, Erfahrungsberichte, Reviews, Testimonials, Marktforschungsergebnisse
- BOFU (Bottom of the Funnel)
  - Produktseiten

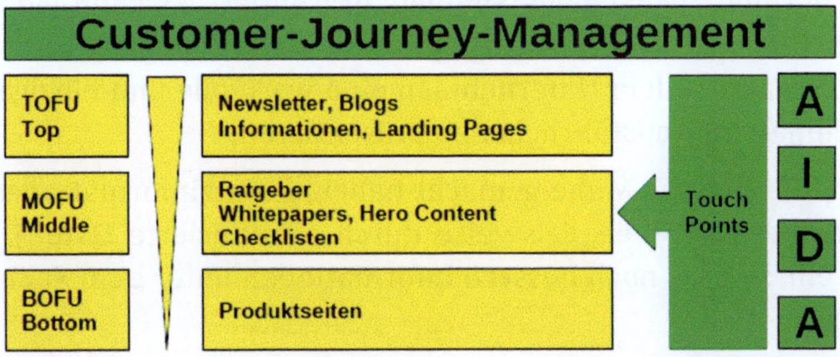

Abbildung 16: Customer-Journey-Management

Die Customer-Journey-Map umfasst neben den Stationen und Touchpoints, die der Kunde im Marketing-Funnel durchläuft, auch die zugeordneten Keywords, Informationskanäle und Inhalte. Man spricht in diesem Zusammenhang vom Customer-Journey-Management.

Die Suchmaschine ist beim Digitalen Marketing einer der wichtigsten Knotenpunkte in der Customer-Journey. Die Platzierung in einer Suchmaschine entscheidet maßgeblich über den Erfolg oder Misserfolg eines Unternehmens. Daher sollte man große Sorgfalt auf das Ranking und das Erscheinungsbild eines Unternehmens verwenden. Die Ergebnisse werden in der Suchmaschine unterschiedlich präsentiert (In-SERP-Optimierung). Zu den wichtigsten Präsentationsformen gehören:

- Rich Snippets
- Paid Snippets
- Allgemeine Suchergebnisse
- Knowledge-Graph (Knowledge-Panel)

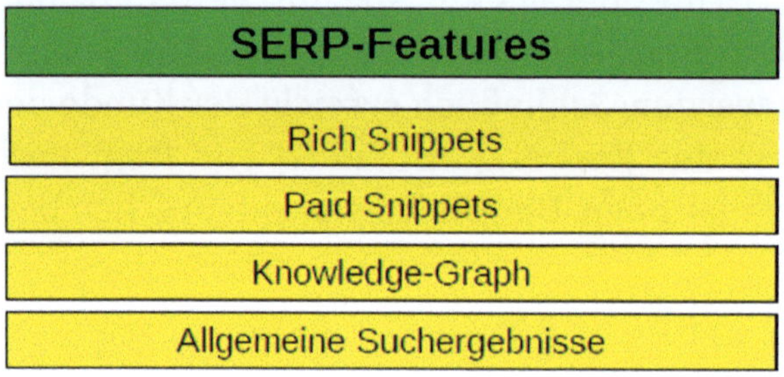

Abbildung 17: SERP-Features

Man muss zwischen herkömmlichen Snippets (kleinen Textausschnitten) und Rich Snippets unterscheiden. Die traditionellen Snippets werden von Google automatisch anhand der Meta-Description erstellt. Unter dem Suchergebnis erscheinen meist zwei Zeilen Text, die den Inhalt der Webseite knapp zusammenfassen.

Wer keine Sorgfalt auf die Formulierung der Meta-Description verwendet hat oder diese nicht ausgefüllt hat, läuft Gefahr, dass Google irgendwelche Texte zufällig aus der Seite herausgreift und als beliebige Snippets präsentiert. Es kann jedoch auch sein, dass Google die Information vollständig ignoriert, wenn kein geeigneter Text vorhanden ist. Dadurch entgeht dem Unternehmen eine wertvolle und einzigartige Chance, sich in der Suchmaschine ausführlicher zu präsentieren.

Bei Webseiten, die sich die Mühe gemacht haben, Zusatzinformationen einzubauen und diese aufzubereiten (beispielsweise durch strukturierte Daten), setzt Google Rich Snippets ein, so dass noch bessere Informationen unter dem Suchergebnis eingefügt werden.

Rich Snippets sind Zusatzinformationen mit detaillierteren Informationen, die die Suchmaschine anhand des vorhandenen Textes exzerpiert.

Dabei kann es sich um ein Unternehmensporträt, ausführliche biografische Angaben zu einem Autor, Software-Apps, die Öffnungszeiten eines Ladens oder um einzelne Produktbilder oder bebilderte Kochrezepte oder Menükarten handeln. Daher sollte man stets aktuelle, korrekte und strukturierte Informationen bieten, damit Google Rich Snippets erstellen kann.

Inhalte von Rich Snippets sind beispielsweise:

- Produkte
- Kochrezepte
- Software-Apps
- Bewertungen
- Videos
- Q&A und FAQ
- Stellenausschreibungen
- Unternehmensporträt und Logo

Damit Google aus dem Text diese verdichteten Informationen herausfiltert, müssen diese Angaben strukturiert formuliert und markiert werden. Insbesondere für mobile Webseiten, die dem von Google definierten Standard AMP (Accelerated Mobile Pages) folgen, bieten Rich Snippets beträchtliche Vorteile.

Jedoch gibt es auch kritische Aspekte bei der Nutzung von Rich Snippets. Wenn bereits umfangreiche Informationen durch die Suchmaschine präsentiert werden, verringert sich die Zahl der Interessenten, die die eigentliche Webseite aufsuchen. Insofern kann die intensive Nutzung von Rich Snippets und strukturierten Daten dazu führen, dass die Seite seltener aufgerufen wird und die Click-Through-Rate (CTR) und die Conversion-Rate sinken.

Die Verwendung von strukturierten Daten ist deshalb eine ambivalente Strategie: Einerseits verbessert der hochwertige und klar strukturierte Content das Suchmaschinen-Ranking und die Reichweite; andererseits werden weniger Teilnehmer die Webseite selbst aufsuchen, da Google bereits die wichtigsten Informationen komprimiert in den Suchmaschinenergebnissen darstellt.

Google sieht für die Markierung von Rich Snippets spezielle Codes vor, die von schema.org weltweit standardisiert wurden. Diese Markup-Language ermöglicht es, die entsprechenden Textteile zu kennzeichnen. Noch einfacher ist es, wenn man die Google Search Console verwendet. Mit deren Hilfe können einfach die entsprechenden Absätze im Text hervorgehoben werden.

3.5 Domain

Beim Internet-Marketing spielt die Wahl der richtigen Domain eine entscheidende Rolle, um Erfolg im Internet zu haben. Deshalb ist es wichtig, die Internetadresse sorgfältig auszusuchen.

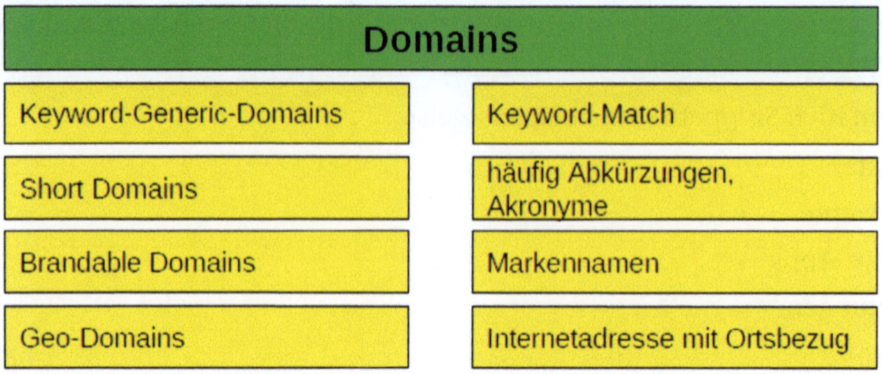

Abbildung 18: Kategorien von Domains

Ob die Adresse (URL) der Webseite mit „www" beginnt oder nicht, spielt für das Ranking in der Suchmaschine keine Rolle. Man sollte jedoch eine bereits bestehende Webseite nicht nachträglich umstellen, da dann Google die Webseite erst durch einen Crawler neu erfassen und bewerten muss. Sinnvoller ist es, eine Weiterleitung auf die jeweilige Internetadresse (mit und ohne „www") zu aktivieren.

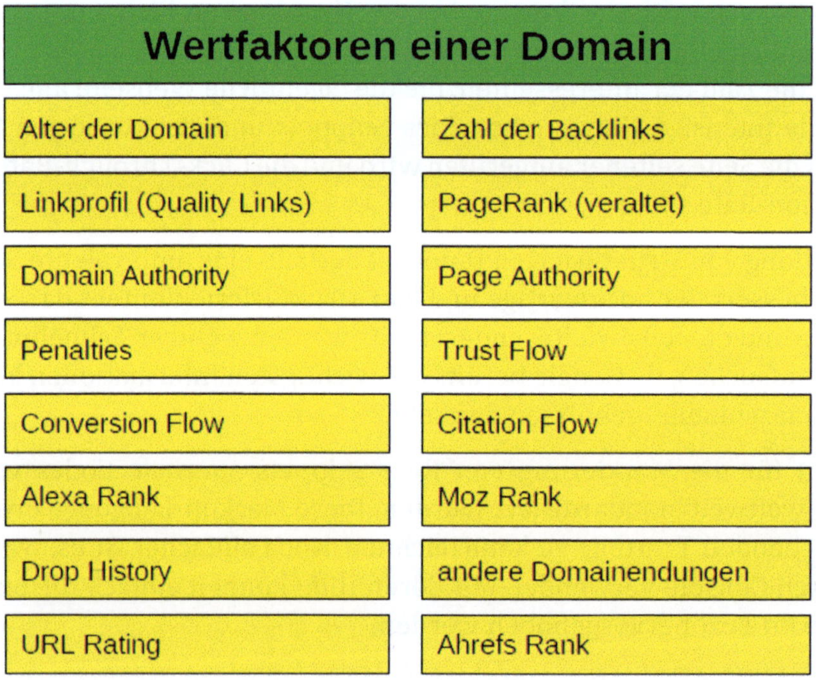

Abbildung 19: Wertfaktoren einer Domain

Unternehmen, die eine Domain erwerben möchten, für die sie die Namensrechte besitzen, können diese bei einem Registrar eintragen lassen. Andere Domains sind entweder frei verfügbar, da der Name noch nicht vergeben wurde, oder können über eine spezialisierte Domain-Auktion oder direkt gekauft werden.

Neben brandable Domains, die aus einem Markennamen bestehen, werden für die Suchmaschinenoptimierung und Landing Pages häufig längere Domainnamen gewählt, die aus einem Longtail-Keyword bestehen.

Quick Flips sind schnell erstellte WordPress-Webseiten mit gefälligen Bildern und Layouts, die noch über keine oder nur wenige Backlinks verfügen. Sie werden häufig von Resellern gekauft, um sie in kurzer Zeit zu einem geringfügig höheren Preis wieder zu veräußern. Solche Quick Flips eignen sich für ein anspruchsvolles Internet-Marketing in der Regel nicht, da die Seiten nicht für den Datenschutz und die SEO optimiert sind und auch die Urheberrechtsfrage bei den Bildern und Texten nicht selten ungeklärt bleibt. Dasselbe gilt für die Internetadresse und das Problem von Markenrechten.

Vor der Registrierung einer Domain sollte man folgende Punkte beachten:

- Es ist wichtig, einen zuverlässigen und verantwortungsvollen Registrar zu wählen, der Wert auf Sicherheit, Erreichbarkeit und Kundenservice legt.
- Seriöse Registrare sind immer bei der internationalen Organisation ICANN registriert, die weltweit für die Internetverwaltung zuständig ist.
- Häufig ist es besser, einen spezialisierten Registrar zu bevorzugen, dessen Kundenservice exzellent ist, als einen Massenanbieter, der zusätzliche Dienstleistungen wie beispielsweise Hostingservices offeriert.
- Der Registrar sollte eine Zwei-Faktor-Authentifizierung für den Schutz der Domain anbieten.
- Ein Preisvergleich ist wichtig: Einige Registrare verlangen das Vielfache für dieselbe Dienstleistung wie andere Anbieter. Es ist ratsam, nur Registrare in die nähere Auswahl zu nehmen, die bereits länger am Markt sind und über die nötige Erfahrung verfügen.
- Wenn eine bereits verwendete Internetadresse registriert werden sollte, ist eine Prüfung der Vorgeschichte erforderlich, damit sich die neue Domain nicht als eine frühere „Spam-Schleuder" herausstellt. Google wird eine solche Webseite, auch wenn das betroffene Unternehmen eine hohe Reputation hat, sofort aus den Suchmaschinenergebnissen verbannen. Eine solche Vorbelastung lässt sich selbst nach langer Zeit nicht ausgleichen und macht die gesamte Domain wertlos. Außerdem kann das eigene Unternehmen durch eine solche Domain in Verruf geraten.
- Es ist empfehlenswert, auch die Domains mit anderen Endungen (info, org, com, andere Länder) zu erwerben, da diese sonst von anderen Domain-Jägern registriert werden. Das Unternehmen muss dann die anderen Adressen für höhere Summen über eine Auktion beschaffen, da der Betreiber natürlich alle möglichen Aktivitäten auf einer solchen Webseite entfalten könnte. Vor allem bei Keyword-Domains bestehen hier etliche Gefahren.

Eine Domain sollte auf keinen Fall erworben werden, wenn sie einen Markennamen oder den Namen einer berühmten Persönlichkeit trägt. Dasselbe gilt für Internet-

Adressen, die von Google aus der Suchmaschine verbannt wurden oder eine andere Penalty erhielten. Man sollte zudem bedenken, dass Google auch Webseiten vom Advertising ausschließen kann.

Experten verwenden für die Suche nach noch freien Domains nicht die Suchfunktion des jeweiligen Registrars, da dann möglicherweise einige wertvolle Adressen plötzlich verschwinden und nur noch in Auktionen verfügbar sind. Stattdessen setzt man auf die im Betriebssystem (Windows, Linux) integrierte Suchfunktion „Dig" und „Whois", die über die Konsole aufgerufen werden kann. Die Suche lässt sich über die Google-DNS (8.8.8.8) und andere Dienste zusätzlich vor möglichen Mitbewerbern verbergen.

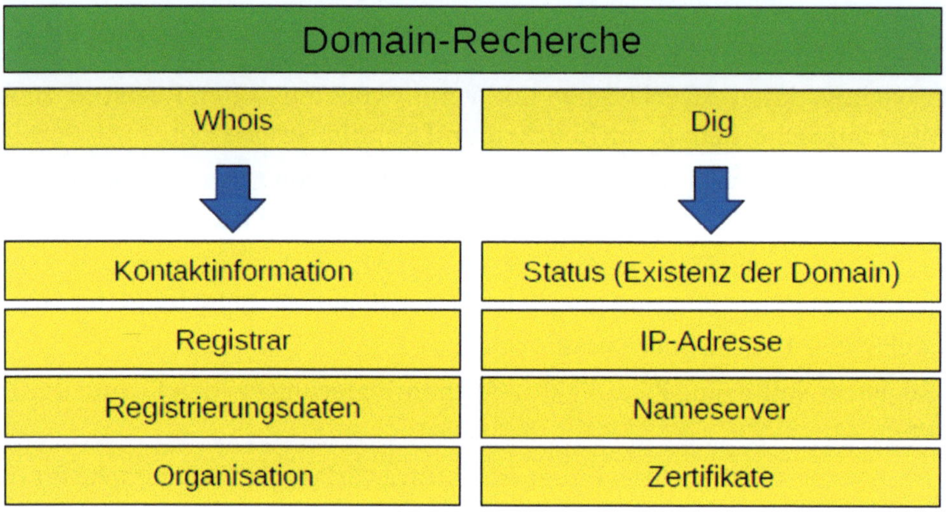

Abbildung 20: Domain-Recherche

3.6 Prüfungstipps

Welchen Prüfungstipp kann ich aus diesem Abschnitt ziehen?

In Prüfungen wird häufig gefordert, ■ Inhalt und Systematik des Content-Marketings zu erläutern ■ verschiedene Content-Arten an Beispielen zu unterscheiden ■ zwischen Owned Media, Earned Media und Paid Media zu unterscheiden ■ die Cost per Click als wesentliche Kennzahl zu erläutern ■ die wichtigsten Keywordarten zu unterscheiden ■ die Verortung von Keywords in den Phasen der Customer Journey zu erklären ■ zu erklären, wie mit Rich Snippets die Auffindbarkeit erhöht werden kann.

Schritt 4: Controlling des digitalen Marketings

Lernhinweise

Was erwartet mich in diesem Kapitel?

In diesem Kapitel werden die Kennzahlen und Metriken beschrieben, die im digitalen Marketing verwendet werden.

Welche Schlagwörter lerne ich kennen?

■ Webanalytics ■ Logdateienanalyse ■ Referrer ■ Exitseite ■ Metriken ■ Google Analytics ■ Page-Impressions ■ Unique Visitors ■ Engagement-Rate ■ Verweildauer ■ Absprungrate (Bounce-Rate) ■ Click-Through-Rate (CTR) ■ Completion-Rate ■ Return-to-the-SERP-Rate ■ Conversion-Rate ■ Conversion-Rate-Optimierung (CRO) ■ Proxy ■ Verweildauer (Visit-Duration, Average-Time-on-Site) ■ Page-Value ■ Net-Promoter-Score (NPS) ■ Ad-View ■ Tausend-Kontakt-Preis (TKP) ■ Cost per Mille (CPM) ■ Google Search Console

Wofür benötige ich dieses Wissen?

Digitales Marketing kostet das Unternehmen viel Geld. Das Controlling des digitalen Marketings dienen dazu, die Effektivität und Effizienz von digitalen Marketingmaßnahmen quantitativ und qualitativ zu erfassen und somit zu bewerten, wie sinnvoll das Geld ausgegeben wurde und wird.

Die Lernfragen zu diesem Kapitel finden Sie unter:

https://narr.kwaest.io/s/1428

Im digitalen Marketing werden verschiedene Metriken verwendet, die der Erfolgsmessung dienen. Diese Form des internetspezifischen Controllings wird als **Webanalytics** bezeichnet.

Bei den Webanalytics werden zwei Hauptkategorien hinsichtlich der technischen Erfassung unterschieden:

- **serverbasierte Analyse** (auch als *Logdateienanalyse* beziehungsweise *Logfile-Analyse* bezeichnet)
- **clientbasierte Analyse** (auch als *Webtracking* bezeichnet)

Diese beiden Hauptkategorien werden im Folgenden beschrieben und voneinander differenziert.

Eine von allen Hostern angebotene Methode ist die **Logdateienanalyse**, bei der der Aufruf von Webseiten den Vorgang und die Erfassung auslöst.

Bei der Logdateienanalyse (Logfileanalyse) werden unterschiedliche Daten gesammelt:

- IP-Adresse
- Hostname
- Browser
- Betriebssystem
- vorherige besuchte Internetseite (Referrer)
- Suchmaschine und Suche
- alle aufgerufenen Seiten
- Verweildauer
- Exitseite (Seite, über die der Nutzer die Internetpräsenz verlassen hat)

Die Logfileanalyse bietet einige Vorteile:

- datenschutzfreundlich: Die Logfileanalyse ist datenschutzfreundlicher als die clientbasierte Analyse, da nur Daten verwendet werden, die innerhalb des Netzwerks verfügbar sind. Es werden hierbei keine weiteren Webanalysetechniken in Form von Cookies oder JavaScript herangezogen. Somit werden keine Daten über andere Dienstleister und Tools (Google Analytics) erhoben.
- exakte Erfassung: Ein weiterer besonderer Vorteil der Logdateienanalyse besteht darin, dass beispielsweise Downloads (Newsletter, eBooks, White Paper) exakter erfasst und ausgewertet werden können. Auch wenn Kunden Analyseinstrumente wie Google Analytics und andere blockieren (beispielsweise durch das Abschalten von JavaScript), können Daten über dieses Verfahren erhoben werden, das alle Hoster zur Verfügung stellen.

Die Logdateienanalyse birgt jedoch auch einige Nachteile:

- Unterbinden des Loggings: Das Loggen durch Proxys oder durch das Caching von Webinhalten kann unterbunden werden. Bei dynamischen IP-Adressen, die regelmäßig wechseln, werden dieselben Nutzer mehrfach gezählt, da sich die IP-Adresse zwischenzeitlich ändert.
- eingeschränkte Messbarkeit: Die Logdateienanalyse kann bestimmte wichtige Kennzahlen wie beispielsweise die Bounce-Rate nicht ermitteln.

Beim **Webtracking** werden die Verhaltensweisen und Handlungen eines Besuchers erfasst und analysiert. Sehr häufig geschieht dies durch **Cookies**, die einzelne Informationen in kleinen Textdateien speichern. Es wird unterschieden zwischen

- „**First Party Cookies**", die von der jeweiligen Seite stammen

und

- „**Third Party Cookies**", die von anderen Seiten herrühren.

Cookies können insbesondere für drei Anwendungsszenarien verwendet werden:

- Erfassung sowie Analyse der Interessen der Nutzer
- Sammlung von Daten für mögliche Werbung, und
- Verbesserung der Customer Journey, beispielsweise durch Erleichterung des Logins oder das Speichern von Warenkörben.

Komplexere Methoden des Webtrackings können eine Vielzahl von Daten über den Nutzer sammeln:

- die Suchanfragen des Nutzers in der jeweiligen Suchmaschine
- die besuchten Internetseiten
- die IP-Adresse und der Standort
- die Informationen, die abgerufen wurden, und welche anderen Seiten besucht wurden
- die Verweildauer
- der Pfad des Cursors auf der jeweiligen Webseite (durch eine Clickmap, die jeden Bereich erfasst)
- die Eingabe von Kommentaren
- die Nutzung von Social Media
- der verwendete Browser, die installierten Erweiterungen sowie die Versionsnummer
- das Betriebssystem und dessen Version
- bei Newslettern: das verwendete E-Mail-Programm

Moderne Formen des Webtrackings benötigen nicht unbedingt Cookies, sondern können bereits über die Kombination verschiedener Merkmale jeden Nutzer eindeutig identifizieren.

Dieses Verfahren wird als **Fingerprinting** bezeichnet. Dabei wird die Konfiguration des Rechners analysiert. Anhand des Betriebssystems, des verwendeten Browsers, der voreingestellten Sprache, der Displaygröße, der Bildschirmauflösung, der Zeitzone und anderer Merkmale (Verwendung eines Adblockers, im Browser installierte Erweiterungen, Grafikkarte, Farbtiefe, eingesetzte Fonts, eine „Do-not-track"-Aufforderung) kann ein einzigartiger digitaler Fingerabdruck eines Nutzers erstellt werden, der ihn identifiziert.

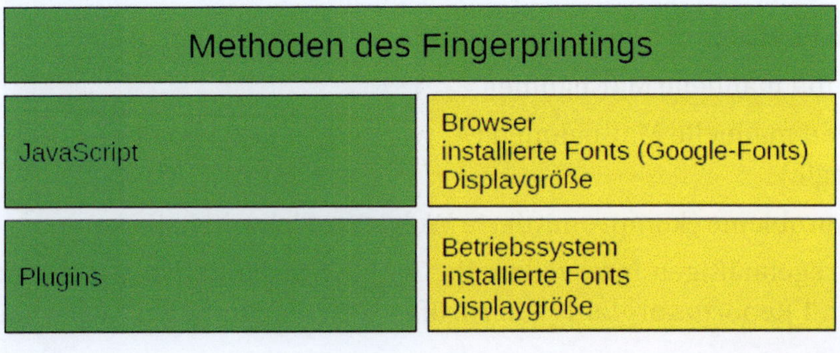

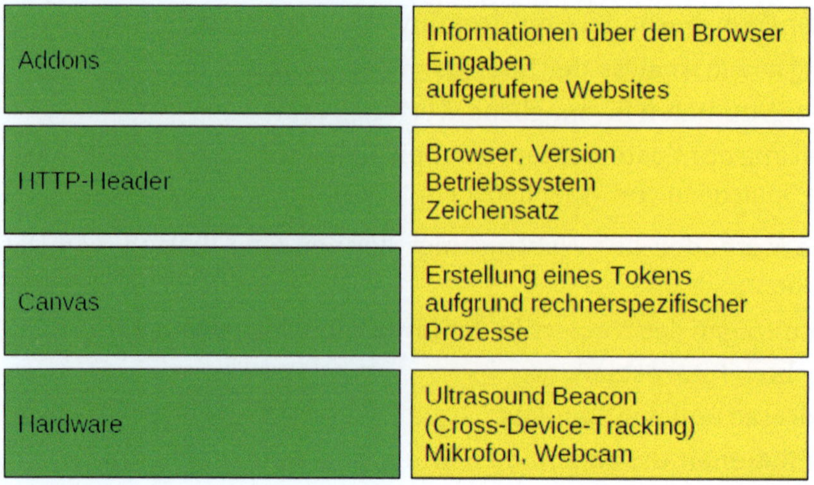

Abbildung 21: Methoden des Fingerprintings

Die **Google Search Console** ist ein Online-Analyseboard, das Google kostenlos zur Verfügung stellt. Um sich dort registrieren zu können, muss man nachweisen, dass man der Eigentümer der jeweiligen Webseite ist. Dies geht entweder über eine ID, die als Meta-Tag eingefügt wird, oder über die ID, die als DNS-Eintrag erscheint.

Die Google Search Console bietet dem Nutzer eine Fülle an unterschiedlichen Analysemöglichkeiten. Die wichtigsten Bereiche sind:

- Leistung
- Anzahl der Impressions (Auflistung in den Suchmaschinenergebnissen)
- Anzahl der Klicks
- Click-Through-Rate (CTR)
- Abdeckung
- Vergleich der vorhandenen Seiten und der von der Suchmaschine indexierten (Analyse über die XML-Sitemap)
- Noindex-Seiten werden nicht erfasst
- URL-Prüfung
- Weisen die Seiten HTML- und CSS-Fehler auf?
- Core Web Vitals
- Ladegeschwindigkeit
- Sicherheit und manuelle Maßnahmen
- Penalties und manuelle Maßnahmen (Abwertungen und Penalties durch Mitarbeiter von Google)
- Sicherheitsprobleme (kompromittierte Webseite, Sicherheitslücken)

Man sollte in regelmäßigen Intervallen die Google Search Console aufrufen und alle Kennzahlen und Reports sorgfältig überprüfen. Insbesondere bei Sicherheitsproblemen oder Penalties sind unverzügliche Maßnahmen erforderlich. Schon geringfügige Zwischenfälle können hier beträchtliche Konsequenzen nach sich ziehen.

Darüber hinaus sollte man stets prüfen, ob alle relevanten Webseiten (also jene, die nicht als „no index" markiert sind – wie doppelte Bilddatenbanken und Taxonomien) von dem Crawler erfasst und indexiert wurden. Ist dies nicht der Fall, sollte man nachschauen, ob die Webseite aus Versehen mit „no index" gekennzeichnet wurde oder ob die Seite keine interne Verlinkung hat oder in der XML-Sitemap nicht auftaucht.

Eines der wichtigsten Webanalyse-Tools ist **Google Analytics**. Dieses Instrument ermöglicht es, die Statistiken und Zugriffsarten einer Internetseite systematisch und genau zu analysieren.

Anhand von **Dashboards** ist es möglich, herauszufinden, welche Nutzer der Seite einen Besuch abgestattet haben. Einen Überblick geben Histogramme und andere Visualisierungen, die statistische Daten wie beispielsweise die Besucherzahlen veranschaulichen. Ein besonders wichtiges Merkmal ist die Unterscheidung zwischen

- **Paid Search (bezahlte Platzierung** in Suchmaschinenergebnissen), und
- **Organic Search** (unbezahlte Platzierung in Suchmaschinenergebnissen)

Google Analytics differenziert zwischen folgenden Traffic-Quellen:

- Direct: direkte Eingabe der Internetadresse in den Browser
- E-Mail: Zugang über einen Link in einer E-Mail
- Display: Klick auf einen Werbebanner
- Organic Search: unbezahlte Platzierung in Suchmaschinenergebnissen
- Paid Search: bezahlte Platzierung in Suchmaschinenergebnissen
- Referral: Zugang über einen Link auf einer anderen Webseite
- Social: Zugriff über Social Media wie Facebook, Twitter, Pinterest und andere.

Um das kostenlose Google Analytics nutzen zu können, benötigt man ein Google-Konto. Dann erhält man einen Trackingcode, der in die Webseite eingebaut werden muss. Für Content-Management-Systeme wie WordPress gibt es hierfür spezielle Plugins, die zusätzliche Funktionen für die Auswertung bieten. Neben der eigentlichen Webseite können auch mobile Varianten oder Subdomains analysiert werden.

Google Analytics ermöglicht eine Echtzeitanalyse, bei der die Anzahl der Konversionen (Conversions), aber auch eine Aufschlüsselung der Besucher der Webseite durchgeführt wird. Auf diese Weise kann die Customer-Journey exakt in allen Phasen nachvollzogen werden. Eine Auswertung von Betriebssystemen und Zugriffsarten (Desktop, Smartphone usw.) lässt weitere Schlussfolgerungen zu.

In Deutschland muss die IP-Adresse aus Datenschutzgründen anonymisiert werden. Darüber hinaus muss in der Datenschutzerklärung der Webseite die Verwendung von Google Analytics detailliert erläutert und beschrieben werden.

4.1 Transaktionale Kennzahlen

Kennzahlen sind für das Controlling essenziell. Das digitale Marketing zeichnet sich gerade dadurch aus, dass es anders als das klassische Marketing exakt und präzise Zielgruppen, Details und Wirksamkeit des digitalen Marketings in Echtzeit analysieren kann.

Ein Unternehmen kann besonders jene Kennzahlen herausfiltern, die für den Erfolg von primärer Relevanz sind. In diesem Zusammenhang spricht man von **Key-Performance-Indicators (KPI)**, die als Schlüsselkennzahlen den Erfolg von Marketingmaßnahmen ermitteln und quantitativ erfassen können.

Die Kennzahlen können in mehrere Kategorien untergliedert werden:

- **Transaktionsbezogene Kennzahlen:** Eine wichtige Einheit bilden die transaktionsbezogenen Kennzahlen, die sich auf Käufe oder anderen Handlungen (Abonnements, Newsletter-Anmeldungen, Registrierungen, Downloads) beziehen können.
- **Quantitative Metriken** beruhen auf der Auswertung von Webseiten spezifischen Aspekten wie beispielsweise der Zahl der Seitenaufrufe oder der erstmaligen Besucher. Diese Daten können für Betriebssysteme wie Windows oder Linux erfasst werden sowie für spezielle Geräte wie PCs, Tablets, Laptops oder Smartphones.
- **Qualitative Metriken** beziehen sich in erster Linie auf das Engagement der jeweiligen Nutzer und werden vorrangig in den Social Media erhoben. Im Folgenden werden einige Kennzahlen ausführlicher besprochen.

Kennzahlen	
Transaktionen	Conversions, Leads, Costs
Informationen	Visits, Visitors, Click-Through-Rate
Engagement	Social Signals (Likes, Shares)
Mobil	Mobile Traffic, Traffic-Source
E-Commerce	Umsatz, Stornoquote, Retouren
Domaining	PageRank, Domain-Popularity

Abbildung 22: Kennzahlen im Digitalen Marketing

In den nachfolgenden Kapiteln werden die für das digitale Marketing relevanten-Kennzahlen im Detail beleuchtet.

Eine große Kategorie bilden die so genannten **transaktionalen Kennzahlen**, die sich auf

- Konversionen,
- Leads und
- die Kosten beziehen, die bei der Leadgenerierung entstehen.

Zu den wichtigsten transaktionalen Kennzahlen gehören beispielsweise:

- Konversionsrate
- Keyword-Performance, und
- Kostenkennzahlen wie
  Cost per Click
  Cost per Lead
  Cost per Mille (Tausenderkontaktpreis).

Noch umfassendere Kennzahlen sind

- Customer-Lifetime-Value, und
- Return on Investment (ROI).

Die folgende Abbildung liefert eine Zusammenfassung der wichtigsten transaktionalen Kennzahlen des digitalen Marketings:

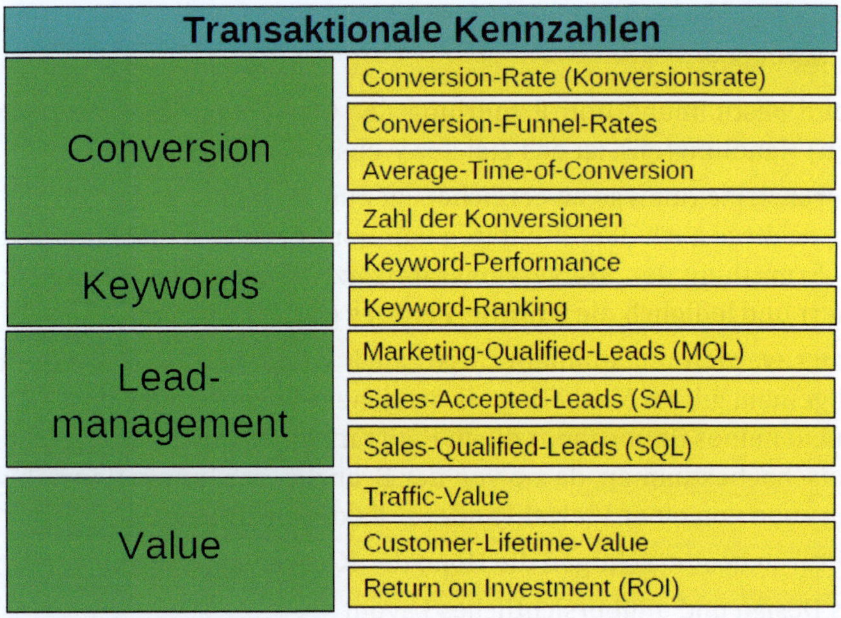

Abbildung 23: Transaktionale Kennzahlen

Die **Conversion-Rate (Konversionsrate)** beschreibt das Verhältnis von Transaktionen (meist Käufe) in Relation zur Anzahl der Besucher.

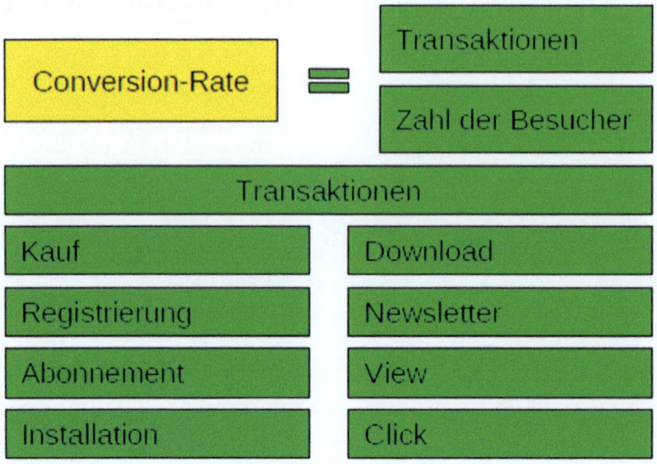

Abbildung 24: Konversionsrate

Die Transaktionen beziehen sich nicht immer nur auf Käufe, sondern auch auf alle anderen Handlungen wie beispielsweise

- Registrierungen,
- Downloads,
- Newsletter-Anmeldungen,
- Kontaktanfragen,
- Klicks und
- Aufrufe eines Videos.

Für die genaue Bestimmung und Ermittlung der Conversion-Rate, bezogen auf die gewünschte(n) Handlung(en), ist das Ziel der Webseite maßgeblich.

Um eine differenzierte Analyse zu erreichen, genügt es häufig nicht, nur die Logfiles auszuwerten, da diese auch die Aktivitäten von Bots, Crawlern und Spidern erfassen. Eine präzise Ermittlung der Konversionsrate setzt voraus, dass solche Aktivitäten ausgeklammert und lediglich die **Unique Visitors** gezählt werden.

Unique Visitors werden nur einmal erfasst, auch wenn sie die Webseite mehrfach besuchen. Allgemein gilt im Marketing als die generelle Faustregel, dass nur ein Prozent der Besucher eines Onlineshops einen Kauf tätigt. Die genaue Erfolgschance lässt sich nicht pauschal bestimmen, da sie von der Branche, der Innovationsfähigkeit des Unternehmens und von einer Vielzahl anderer Faktoren abhängt.

Folgende Faktoren beeinträchtigen die Höhe der **Konversionsrate**:

- schlechtes Design und unübersichtliches Layout
- unzulänglich ausgewählte Keywords, mangelhaftes Branding, fehlende Unique Selling Proposition, schlechte Produktqualität

- mit Bannern, Links und Anzeigen überfrachtete Webseiten
- fehlerhafte Links
- schwierige und fehleranfällige Captcha-Abfragen vor der Registrierung (die Besucher sollen Brücken oder Ampeln auf Fotos markieren, in denen die Objekte hinter vielen Häusern kaum zu erkennen sind)
- fehlerhafte Texte mit Rechtschreib-, Stil- und Grammatikverstößen, die sofort Misstrauen erwecken
- eine träge Ladegeschwindigkeit; die Webseite baut sich nur zeilenweise auf und bleibt immer wieder stehen
- eingeschränkte Bezahlmöglichkeiten, die fragwürdige Methoden wie die Vorauskasse bevorzugen
- geringe Benutzerfreundlichkeit und verschachtelte Navigationsstrukturen
- defizitäre Internetsicherheit (keine HTTPS-Verschlüsselung, keine sicheren Formulare)
- unzureichender Kundenservice (keine Telefonnummer, der Kunden-Chat ist nicht immer verfügbar)

Zielsetzung der **Conversion-Rate-Optimierung (CRO)** sollte es sein, höhere Konversionsraten zu erreichen.

Ein schlechtes oder unübersichtliches Design führt dazu, dass Besucher sich nicht entscheiden, ein Abonnement abzuschließen oder einen Kauf zu tätigen. Daher ist es von entscheidender Wichtigkeit, dass das Design **übersichtlich** gestaltet ist und den Nutzer bei der Suche nach Informationen unterstützt.

Besonders fragwürdig sind Webseiten, die mit Bannern oder Werbeanzeigen übersät sind und daher den eigentlichen Informationsgehalt vernachlässigen. Dies gilt auch für Affiliate-Marketing-Webseiten, die vorrangig aus aneinandergereihten Links bestehen, aber dem Nutzer keinerlei Mehrwert bieten. Vor allem beim **Affiliate-Marketing** ist es unerlässlich, dass gehaltvolle und nützliche Informationen an den Nutzer vermittelt werden, damit dieser die Möglichkeiten nutzt.

Zu vermeiden sind komplexe Registrierungen, die eine Vielzahl von Angaben vorsehen, zahlreiche Sicherheitsabfragen beinhalten und kaum lösbare **Captcha-Abfragen** und andere Hürden aufbauen, die den potenziellen Kunden davon abhalten, etwas zu kaufen.

Ein absolutes Tabu stellen zahlreiche **Rechtschreib- und Grammatikfehler** dar, die eine Webseite sofort in ein dubioses Licht rücken und Zweifel an deren Seriosität wecken. Eine träge **Ladegeschwindigkeit** ist ebenso eine Barriere wie eingeschränkte **Bezahlmöglichkeiten**.

Der moderne Kunde erwartet, dass eine Seite innerhalb von zwei Sekunden vollständig lädt und dass die Bezahlmöglichkeiten neben klassischen Zahlungsverfahren wie der Zahlung per Rechnung auch moderne Methoden wie PayPal miteinschließen. Eine geringe Nutzerfreundlichkeit wirkt sich immer auf die Umsatzzahlen und das Potenzial aus. Darüber hinaus ist es wünschenswert, den Kunden nicht nur einen **Chat** für Rückfragen zu bieten, sondern auch eine **Telefonnummer**, an die man sich mit Beschwerden und Fragen wenden kann.

Bei der absoluten Häufigkeit wird die Gesamtzahl der Konversionen erfasst. Einen weiteren Aspekt fügt die **Average-Time-on-Conversion** hinzu. Diese Kennzahl gibt an, wie lange es dauert, ehe ein potenzieller Kunde einen Kauf tätigt. Diese Kennzahl lässt sich nur unter Einschränkungen messen, denn es ist schwierig zu erkennen, ob ein möglicher Kunde bereits vor längerer Zeit auf der Webseite war. Letztlich gibt die Average-Time-on-Conversion an, wie nutzerfreundlich und serviceorientiert Bestellvorgänge sind.

Die **Conversion-Funnel-Rate** ist eine spezifische Variante der Konversionsrate, bei der die Kennzahlen für jede einzelne Phase der Customer-Journey ermittelt werden. Der Funnel unterteilt den Weg des Kunden bei seiner Customer-Journey in verschiedene Phasen, bei denen verschiedene Touchpoints vorhanden sind. Für jede einzelne Stufe kann eine eigene Kennzahl ermittelt werden.

Abbildung 25: Conversion Funnel Rates

Das **Leadmanagement** folgt bestimmten Phasen, die anhand des Leadscoring beurteilt werden. Beim Leadscoring unterscheidet man zwischen expliziten Lead-Scores und impliziten Lead-Scores:

- **Explizite Lead-Scores** beziehen sich auf die einzelnen Eigenschaften und Merkmale der **Buyer-Persona** wie beispielsweise Einkommen, Bildungsgrad, Werte und Einstellungen.
- Implizite Lead-Scores umfassen bestimmte **Verhaltensweisen**, die der Kunde zeigt, wenn er die Webseite besucht. Das können beispielsweise sein:
- Anmeldungen für einen Newsletter
- Download eines eBooks
- Abfragen von Informationen über ein Webformular
- Absenden einer E-Mail und
- Teilnahme an einer Umfrage

Man differenziert zwischen

- Marketing-Qualified-Leads (MQL),
- Sales-Accepted-Leads (SAL) und
- Sales-Qualified-Leads (SQL).

Abbildung 26: Leadmanagement

Marketing-Qualified-Leads sind Leads, die durch spezifische Marketingaktionen des Unternehmens entstanden sind. Hierzu gehören beispielsweise kostenlose Downloads von eBooks oder andere Maßnahmen. Um Marketing-Qualified-Leads zu identifizieren, ist es notwendig, das Kundenverhalten sehr genau zu analysieren. Denn nur durch eine präzise Erfassung ist es möglich, herauszufinden, ob ein Lead auf einer konkreten Marketingkampagne beruht oder ob der Lead durch Zufall oder durch die Reichweite der Webseite zustande kam.

Ein typisches Anzeichen dafür, dass ein Marketing-Qualified-Lead vorliegt, ist, wenn der Kunde bereits mehrfach auf der Webseite war, bestimmte Aktionen ausgeführt hat (wie beispielsweise eine Newsletter-Anmeldung) oder sich konkret über spezielle Produkte oder Dienstleistungen informiert hat.

Sales-Accepted-Leads bilden die nächste Stufe im Leadmanagement. Bei diesen ist die Leadgenerierung bereits weit vorangeschritten, so dass ein Kunde der bereits Interesse an einem Produkt oder einer Dienstleistung bekundet hat, nun im nächsten Schritt eine stärkere Bindung an das Unternehmen vollzieht und eine größere Bereitschaft zeigt, Einkäufe zu tätigen. Die Sales-Abteilung des Unternehmens geht also davon aus, dass die Wahrscheinlichkeit erheblich zunimmt, dass der Kunde eine Transaktion vollzieht und ein Produkt erwirbt.

Bei den **Sales-Qualified-Leads** wird die nächste Stufe in der Leadgenerierung erreicht. Der Kunde hat nun konkrete Fragen über das Produkt oder die Dienstleistung und befindet sich unmittelbar in einer Phase, die auf einen Kauf zusteuert. Im Marketing ist es daher in dieser Phase empfehlenswert, den Kunden möglichst umfassend zu beraten und den Kaufprozess zu unterstützen.

4.2 Keyword-Kennzahlen

Keywords spielen für den Erfolg einer Webseite eine primäre Rolle, daher sollte man eine sehr sorgfältige und umfassende Analyse der verwendeten Kennzahlen vornehmen. Für Keywords gibt es etliche Kennzahlen, die auf der absoluten Häufigkeit sowie auf Relationen zu anderen Kenngrößen beruhen.

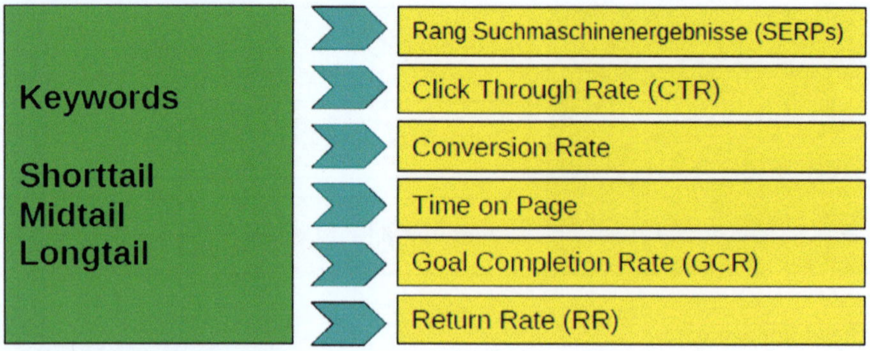

Abbildung 27: Keyword-Kennzahlen

Eine der wichtigsten Kennzahlen ist das **Suchvolumen**. Hierbei muss beachtet werden, dass das Suchvolumen länderspezifisch ist und saisonalen Schwankungen unterliegt, die besonders gut bei **Google Trends** beobachtet werden können. Keywords, die sich durch ein sehr hohes und überdurchschnittliches Suchvolumen auszeichnen, sind nicht selten durch eine hohe **Wettbewerbsintensität** charakterisiert, wenngleich manche Alltagsbegriffe eine Ausnahme darstellen können. Die SEO bewegt sich in einem **magischen Dreieck** zwischen den Aspekten

- Suchvolumen,
- Wettbewerbsintensität und
- CPC (Cost per Click).

Die **Time-on-Page** gibt an, wie lange ein Besucher auf der Webseite aufgrund eines bestimmten Keywords verweilte.

Die **Goal-Completion-Rate** analysiert, inwiefern die Auswahl eines oder mehrerer Keywords dazu beigetragen hat, dass eine bestimmte Aktion (ein Lead, eine Konversion) vollständig abgeschlossen wurde.

Die **Return-Rate** misst, wie häufig ein potenzieller Kunde oder Besucher wegen eines Keywords zur Webseite zurückgekehrt ist.

Der **Traffic-Value** ist eine Kennzahl, die ein Äquivalent zu jenem Traffic darstellt, der durch Suchmaschinenwerbung erzeugt wird. Konkret bedeutet dies: Wenn eine Webseite durch Suchmaschinenoptimierung einen bestimmten Traffic (Organic Traffic) erzielt, kann berechnet werden, welchem Wert dieser kostenlose Zustrom an Interessenten und Kunden einem bezahlten Traffic entspricht. Es wird folglich ermittelt, wie viel man für die Suchmaschinenwerbung aufwenden müsste, um einen vergleichbaren Datenverkehr zu erreichen, und berechnet auf diese Weise die so genannten **Opportunitätskosten**.

Dadurch kann man für Controllingzwecke herausfinden, ob SEO-Maßnahmen weniger kostenintensiv sind als Suchmaschinenwerbung, was in der Praxis der Regelfall ist.

Abbildung 28: Traffic-Value

Um den Traffic-Value zu ermitteln, wird die Gesamtzahl der Besuche der Webseite mit dem Cost per Click für die Suchmaschinenwerbung multipliziert. Die Cost per Click ergibt sich aus dem Preis, der für bestimmte Keywords gefordert wird, die auf der Webseite verwendet werden.

Dabei muss je nach Sprache und Zielgruppe der Webseite der Preis für mehrere Länder (beispielsweise Deutschland, Österreich, die Schweiz, Luxemburg) oder bei Mehrsprachigkeit der internationale Gesamtpreis berücksichtigt werden.

4.3 Kostenkennzahlen

Die **Kostenkennzahlen** spielen im digitalen Marketing eine primäre Rolle, da sie ein exaktes Controlling ermöglichen.

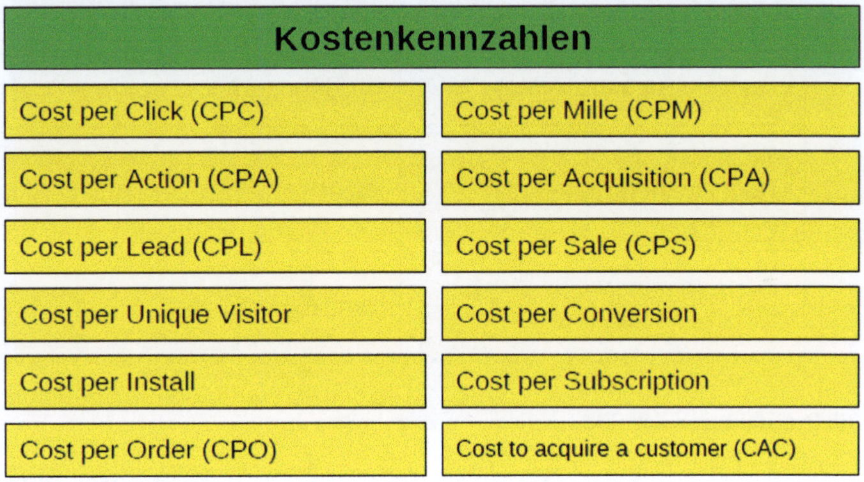

Abbildung 29: Kostenkennzahlen

Etliche dieser Bezeichnungen haben eine synonyme Bedeutung und spezifizieren, worauf sich die Kosten beziehen. So sind die Begriffe „**Action**“ und „**Lead**“ gleichbedeutend, da eine Definition festlegt, welche Transaktion für das Unternehmen entscheidend ist. Das kann eine Newsletter-Anmeldung, ein Kauf, eine Anfrage oder eine Bewertung sein.

Die Fachbegriffe

- Cost per Sale,
- Cost per Order, und
- Cost per Conversion

fokussieren sich auf den eigentlichen Kauf eines Produkts oder einer Dienstleistung.

Eine der bekanntesten und bedeutendsten Kostenkennzahlen ist die **Cost per Click (CPC)**. Sie bezieht sich auf die Suchmaschinenwerbung (SEA) und gibt an, wie viel ein Klick auf eine Werbeanzeige kostet. Dabei werden die Kosten für ein bestimmtes Keyword zugrunde gelegt.

Diese Kosten ändern sich dynamisch, da Google und andere Suchmaschinen wie Bing ein Auktionsverfahren einsetzen, bei dem die Preise nach dem Prinzip von Angebot und Nachfrage sowie weiteren zahlreichen Faktoren (Qualitätsfaktor) zustande kommen. Die von den meisten Analysetools angegebenen Werte für die Cost per Click sind vorläufige Durchschnittswerte. Die tatsächlichen aktuellen CPC findet man bei den jeweiligen Suchmaschinenbetreibern (beispielsweise bei Google). In den vergangenen Jahren sind die Preise für Suchmaschinenwerbung stetig gestiegen.

Preisfaktoren der CPC	
Auktionspreis (Angebot und Nachfrage)	Qualitätsfaktor (Quality-Content, Reichweite, Reputation, Relevanz, CTR)
Werbemittel (Textlink, Banner, Video)	Werbevolumen (Rabatte für Großkunden)
Platzierung (Text, Header, Footer, Sidebar)	Branche
Suchvolumen des Keywords Clicks per Search (CPS)	User-Experience

Abbildung 30: Preisfaktoren der CPC

Google berechnet aus verschiedenen Komponenten einen Qualitätsfaktor. Dieser Qualitätsfaktor berücksichtigt unter anderem Aspekte wie:

- die Reputation einer Webseite,
- die Reichweite einer Webseite,
- die Click-Through-Rate (CTR), und
- die Relevanz für die entsprechende Werbung.

So bezieht Google die Performance und die Attraktivität aller bisher geschalteten Werbungen mit ein.

Werbeanzeigen werden vorrangig auf Webseiten geschaltet, die in der Vergangenheit bei den Nutzern mit einer hohen User Experience verbunden waren und durch eine große Resonanz auffielen. Wie dieser Algorithmus exakt aufgebaut ist, ist nicht bekannt. Werbetreibende, die aber einen hohen Qualitätsfaktor erreichen, werden durch geringere Werbekosten belohnt.

Die Kennzahl **Cost per Mille (CPM)** wird im deutschsprachigen Raum vorwiegend als Tausenderkontaktpreis oder Tausend-Kontakt-Preis (TKP) bezeichnet und beschreibt den Preis für 1000 Sichtkontakte einer Werbeanzeige (Ad-Impressions). Das bedeutet: Eine Werbeanzeige wird auf einer Webseite im Display-Netzwerk tausendmal eingeblendet.

Diese Kennzahl ist nicht nur im digitalen Marketing sehr verbreitet, sondern auch in der klassischen Zeitungs-, Radio- und Fernsehwerbung.

Für Werbetreibende besteht eine Wahlmöglichkeit: Sie können Werbung nach Cost per Mille abrechnen lassen oder nach der Cost per Click. Der Abrechnungsansatz nach dem Tausenderkontaktpreis ist bisweilen günstiger, vor allem, wenn die Webseite eine hohe Click-Through-Rate vorweisen kann, die zu einer höheren Konversionsrate führt. Ansonsten ist die Abrechnung nach CPC vorteilhafter, denn bei dieser Konzeption wird jeder einzelne Klick abgerechnet, wodurch ein präziseres Controlling ermöglicht wird.

Cost per Mille = Preis der Werbeanzeige ÷ 1000 Ad-Impressions

Abbildung 31: Cost per Mille (CPM)

Die **Cost per Order** gibt an, wie hoch die Durchschnittskosten für einen Verkauf sind. Dabei werden neben den eigentlichen Kosten für die Schaltung der Werbeanzeige auch andere Kosten wie beispielsweise Versandkosten berücksichtigt.

Die **Cost per Lead** (synonym: **Cost per Acquisition**, **Cost per Action**) ermittelt die Kosten, die für eine Leadgenerierung oder eine bestimmte Handlung aufgewendet werden müssen. Diese Kenngröße hat den entscheidenden Vorteil, dass die Kostenermittlung nicht über die Zahl der Views (wie bei der Cost per Mille) und auch nicht aufgrund von Klickzahlen erfolgt (wie bei der Cost per Click), sondern auf der Basis klar definierter Aktionen, die ein potenzieller Kunde auf der Webseite ausführt. Das kann beispielsweise

- ein Download,
- ein Abonnement,
- eine Formulareingabe,
- eine Newsletter-Anmeldung,
- die Einlösung einer Prämie,
- eine Anfrage, oder
- ein Kauf

sein.

Die Eingrenzung der erforderlichen Handlungen ist hier stärker und ermöglicht ein präziseres Controlling und eine genaue Definition der Touchpoints.

4.4 Besucherkennzahlen

Eine wichtige eigene Kategorie bilden die **Besucherkennzahlen**, die erheben, welche Nutzer wie oft die Webseite besuchen und wie diese sich nach einzelnen Merkmalen und Kriterien unterscheiden lassen.

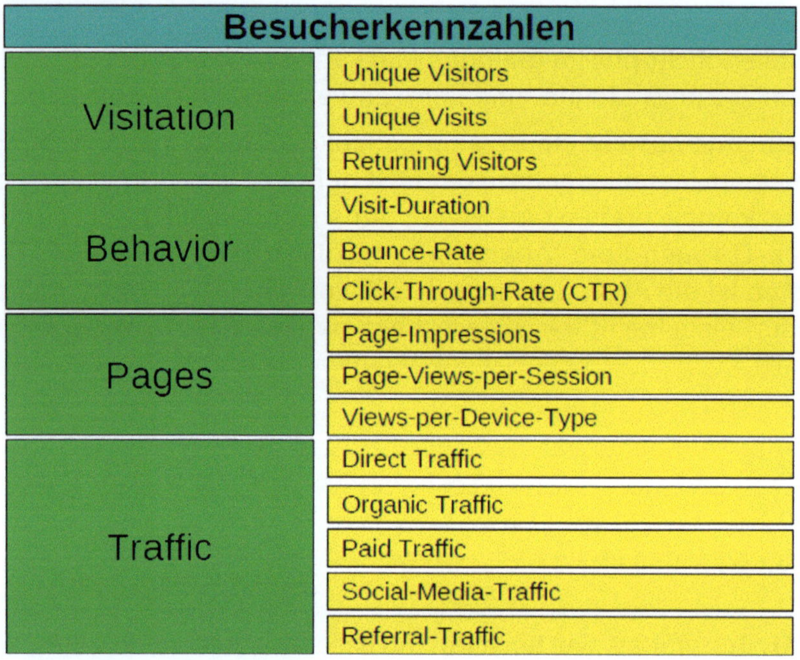

Abbildung 32: Besucherkennzahlen

Die **Absprungrate (Bounce-Rate)** ist eine zentrale Kenngröße im digitalen Marketing. Sie wird folgendermaßen berechnet:

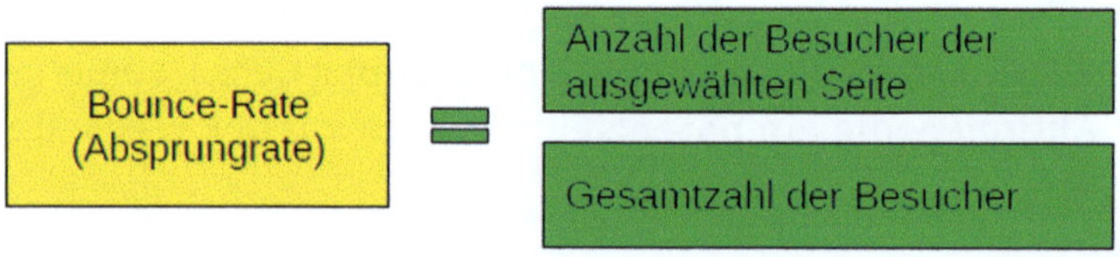

Abbildung 33: Bounce-Rate

Die Absprungrate gibt an, wie schnell Besucher eine Webseite wieder verlassen, und misst das Ausmaß der Interaktivität. Da die zeitliche Messung nahezu unmöglich ist, wird einfach gezählt, wie oft Besucher nach dem Aufrufen einer konkreten Seite eine andere auf der Webseite angesteuert haben.

Als Regel gilt: Besucher, die durch SEO-Maßnahmen gewonnen werden, springen seltener wieder ab als Besucher, die durch Werbemaßnahmen (SEA) auf die Internetseite gelangen. Auch reine Informationsseiten führen zu einer überdurchschnittlichen Bounce-Rate, da die Nutzer, nachdem sie die relevante Information erhalten haben, schneller wieder die Seite verlassen.

Man kann daher verallgemeinern:

> Informationale Suchanfragen sind mit einer höheren Absprungrate verbunden, während transaktionale Suchanfragen eine geringere Bounce-Rate nach sich ziehen.

Der Hintergrund hierfür ist, dass die Kunden durch das vorliegende Kaufinteresse länger in den verschiedenen Produktseiten „stöbern".

Die Bounce-Rate ist genau betrachtet eine ungenaue Kennzahl, da sie die

- Konzeption,
- Suchintention und
- Zielsetzung einer Webseite

außer Acht lässt.

Eine **Landing Page** beispielsweise ist in erster Linie darauf ausgerichtet, den potenziellen Kunden schnell mit verdichteten Informationen zu versorgen und eine Handlung auszulösen. Daher sind weitere Klicks auf andere Unterseiten eher unerwünscht. Sofern das Tracking die Eingabe einer E-Mail-Adresse oder den Download eines kostenlosen E-Books nicht als Erfolg erfasst, wird die Absprungrate zu einer eher irreführenden Kenngröße.

Faktoren, die die **Absprungrate** beeinflussen, sind beispielsweise folgende:

- eine geringe Ladegeschwindigkeit der Seite, langsam sich aufbauende Bilder und Lazy Loading mit ruckelnden Darstellungen
- eine fehlerhafte Auswahl der Keywords, mangelnde Fokussierung auf ein strategisch wichtiges Keyword
- überladenes Design, unübersichtliches Layout, unzulänglicher Content (Thin Content, Duplicate Content)
- problematische und verschachtelte Navigation, hohe Klicktiefe und unsystematischer Seitenaufbau mit einer verwinkelten Topografie
- organischer Traffic, der vorwiegend auf einer informationalen Suchintention beruht (Kunden, die über Suchmaschinenergebnisse auf die Seite kommen, verlassen sie schneller als Kunden, die nach einer Marke oder einem Produkt suchen)
- Mobile Nutzer verlassen die Seite schneller, da die Navigation auf Smartphone-Displays schwieriger ist, wenn die Seite nicht die Kriterien der Mobile Friendliness entwickelt und das von Google vorgesehene Format für mobile Seiten (AMP) verwendet.
- Weiterleitungen von einer anderen Seite führen zu einem schnelleren Abbruch.
- Unzulängliche Inhalte und irreführende Informationen sowie Grammatik- und Orthographiefehler vergraulen die Besucher.

Eng verwandt mit der Bounce-Rate ist die **Ausstiegsrate (Exit-Rate)**. Bei der Ausstiegsrate wird zusätzlich betrachtet, wie viele andere Webseiten der Internetpräsenz betrachtet wurden oder ob die zuerst angesteuerte Webseite auch die Ausstiegsseite ist.

In manchen Kontexten wird von der **Return-to-the-SERP-Rate** gesprochen. Dieser Fachbegriff verweist darauf, dass unzufriedene und gelangweilte Besucher wieder zu den Ergebnissen der Suchmaschine zurückkehren, um ein anderes Suchergebnis aufzurufen.

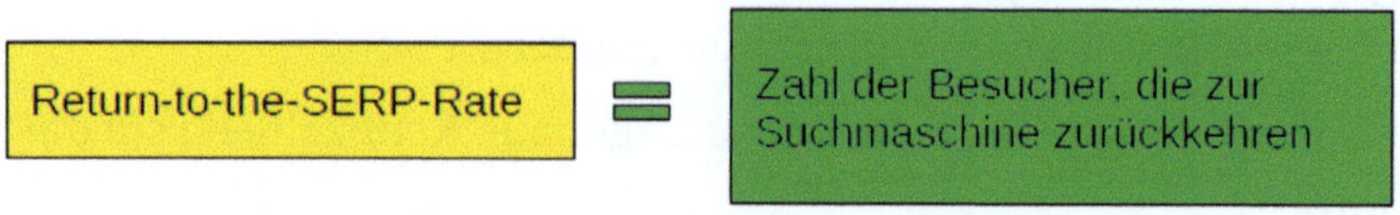

Abbildung 34: Return-to-the-SERP-Rate

In Google Analytics wird die Bounce-Rate für einzelne Webseiten und für die gesamte Domain angegeben. Ein niedriger Prozentwert bedeutet, dass nur wenige Besucher die Seite wieder verlassen, was als Erfolg gilt. Ein hoher Prozentwert hingegen signalisiert, dass die Besucher mit der Seite unzufrieden sind.

Die Kenngröße **Unique Visitor** bezieht sich auf Personen, die erstmalig eine Webseite besuchen.

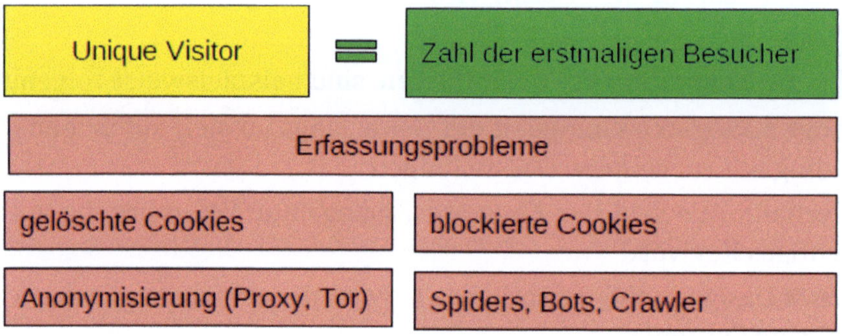

Abbildung 35: Unique Visitor

In diesem Zusammenhang spricht man von **Unique User**. Bei diesem Vorgang wird die teilweise unkenntlich gemachte IP-Adresse des Nutzers erfasst. In Deutschland ist es üblich, nach den Regularien der IVW einen Besuch nur für einen Zeitraum von 30 Minuten zu zählen. Danach wird das erneute Aufrufen der Webseite als neuer Besuch gewertet.

Diese Statistiken sind nicht immer zuverlässig, da einige Nutzer Anonymisierungsdienste verwenden können, um die IP-Adresse zu verschleiern. Zur exakten Erfassung der Unique Visitors wird häufig ein Cookie verwendet. Mehrfache Besuche können durch das Cookie ausgeschlossen werden, da jeder Nutzer einmalig gezählt wird.

Jedoch sind auch diese Statistiken nicht exakt, denn ein PC oder ein Smartphone können von mehreren Familienmitgliedern genutzt werden. Außerdem ermöglichen es verschiedene Plugins, Cookies gezielt zu löschen oder zu blockieren. Darüber hinaus können die Seiten von Spidern, Crawlern oder Bots besucht werden.

Vom Fachbegriff „Unique Visitor" muss der Terminus „**Visits**" abgegrenzt werden, der sich auf die Anzahl der Aufrufe einer Webseite bezieht.

Abbildung 36: Unique Visits

Die **Cost per Unique Visitor** berechnet die Kosten, die für einen erstmaligen Besucher erforderlich sind. Die Gesamtkosten für die Erstellung der Webseite werden durch die Anzahl der erstmaligen Besucher dividiert.

Ein ähnlicher Fachbegriff ist **Page-Impressions**. Bei Page-Impressions wird gezählt, wie häufig jede einzelne Seite einer Internetpräsenz aufgerufen wird. Dabei sind doppelte Zählungen möglich.

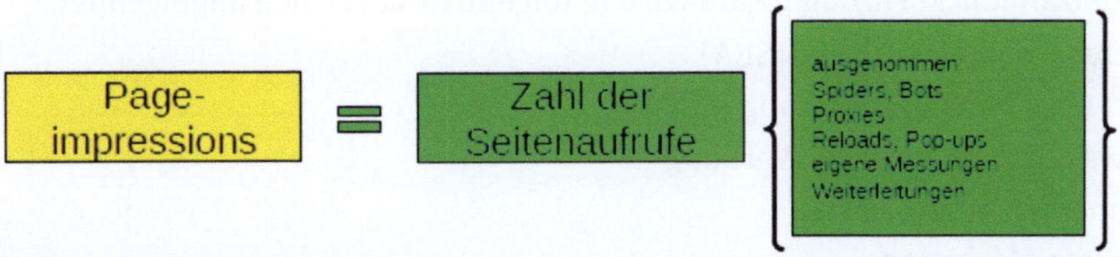

Abbildung 37: Page-Impressions

Ausgeschlossen sind bei der Erfassung jedoch die Aktivitäten von Bots, Spidern, Proxys und interne Performancemessungen. Das Nachladen von Elementen über Ajax, das Einblenden von Bannern, Popups, ein Reload, Weiterleitungen und ähnliche Vorgänge gelten nicht als Page-Impressions.

Die Zahl der **Ad-Impressions (Ad-View)** bezieht sich auf die Zahl der Werbeeinblendungen bei der SEA, die von einem Ad-Server erfasst werden.

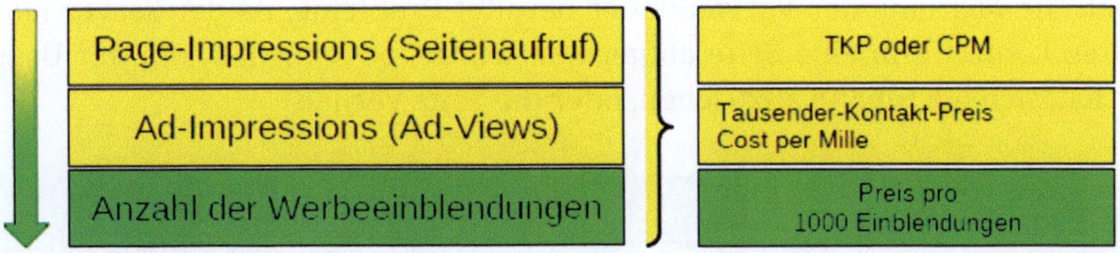

Abbildung 38: Ad-Impressions

Durch einen **Seitenaufruf (Page-Impression)** können mehrere Ad-Impressions erfolgen. Die Abrechnung erfolgt über die Anzahl der eingeblendeten Banner oder anderer Werbemittel, wobei der Tausend-Kontakt-Preis (TKP oder CPM bzw. Cost per Mille) maßgeblich ist.

Die **Click-Through-Rate** bezieht sich auf das digitale Marketing und die Wahrscheinlichkeit einer Konversion. Gemessen wird sie anhand der Zahl der Klicks auf einen Werbebanner oder ein anderes Werbeinstrument in Relation zur Gesamtzahl der Impressions (Seitenaufrufe). Die Click-Through-Rate gibt an, wie effizient eine Werbeanzeige ist. Der Erfolg hängt wesentlich davon ab, ob relevante Haupt- und Nebenkeywords ausgewählt wurden. Es lässt sich beobachten, dass Werbeanzeigen, die in den Suchmaschinenergebnissen erscheinen, eine andere Click-Through-Rate erzielen als Werbeanzeigen, die im Display-Netzwerk auf Blogs und anderen Webseiten eingeblendet werden.

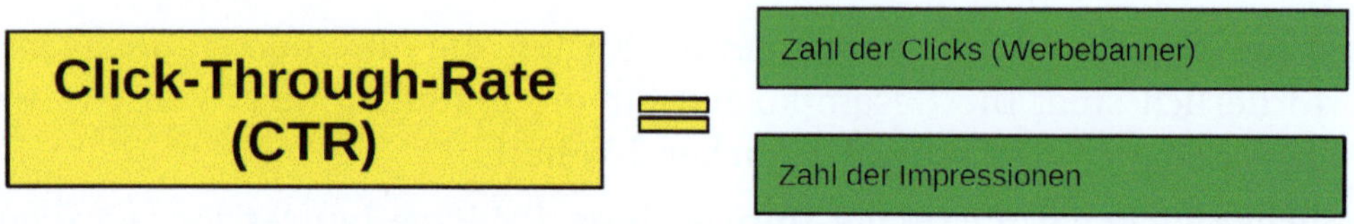

Abbildung 39: Click-Through-Rate (CTR)

Die Kennzahl Click-Through-Rate wird in folgenden Bereichen angewendet:

- Suchmaschinenwerbung (SEA)
- Suchmaschinenoptimierung (SEO)
- Newsletter- und E-Mail-Werbung
- Bannerwerbung
- Affiliate-Marketing

Für den Erfolg einer Marketingaktion ist vor allem die Konversion maßgeblich, wenngleich die Click-Through-Rate die Conversion-Rate entscheidend beeinflusst. Die Click-Through-Rate stellt gleichsam als Kennzahl die Vorstufe zur Konversion dar.

Ob eine Werbeanzeige erfolgreich ist, wird davon bestimmt, welche Keywords ausgewählt und wo diese platziert wurden (Überschrift, Text), welche Größe die Anzeige hat und ob sie auch multimediale Inhalt enthält.

Die **Verweildauer** wird auch als **Average-Time-on-Site** oder **Visit-Duration** bezeichnet. Die Messung der Verweildauer bereitet Probleme, da der Server lediglich festhalten kann, wann eine Seite aufgerufen wurde, aber nicht wann der User aufgehört hat, sich die Inhalte anzusehen, oder die Seite verließ.

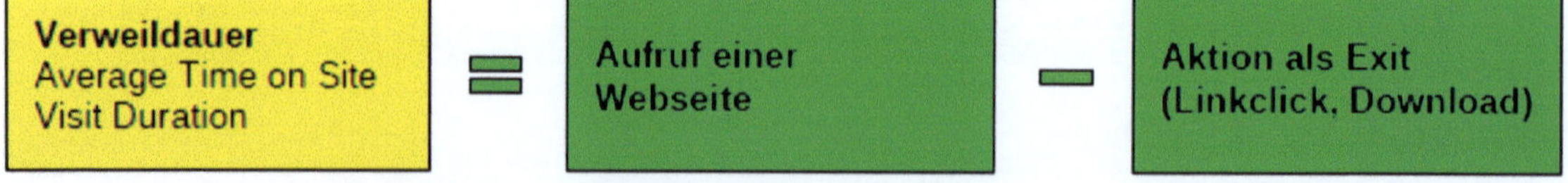

Abbildung 40: Verweildauer (Average-Time-on-Site)

Eine ungefähre Messung ist erst möglich, wenn der Nutzer auf einen Link klickt oder ein anderes Ereignis (beispielsweise einen Download) auslöst. Verzerrungen kann es dadurch geben, dass Besucher die Seite permanent im Browser geöffnet halten, beispielsweise Nachrichtenseiten oder Wetternachrichten.

Im Durchschnitt sollte ein Nutzer, der sich für die Inhalte interessiert, mehr als eine Minute auf der Seite verweilen. Bei spezifischen Webseiten wie Landing Pages, Produktseiten oder Ratgebern ist eine längere Visit-Duration wünschenswert.

Faktoren, die die **Verweildauer** optimieren, sind beispielsweise folgende:

- intuitiv verständliche Navigationsstrukturen der Webseite
- hohe Ladegeschwindigkeit
- ansprechendes und benutzerfreundliches Layout
- qualitativ hochwertiger Content
- Infografiken und strukturierte Daten

Der **Page-Value** stellt den Wert dar, den eine Seite zu einer kommerziellen Transaktion beiträgt. Wenn beispielsweise einer Webseite eine Landing Page vorgeschaltet ist, dann kann man berechnen, inwieweit diese Seite dazu beiträgt, Käufe zu ermöglichen und damit die Konversionsrate zu erhöhen.

Bei der Berechnung des Page-Value werden zwei Aspekte berücksichtigt:

- Erstens die Zahl der Besucher, die die Seite aufgrund eines Themas erreicht.
- Zweitens der potenzielle Wert dieser Webseite für eine Transaktion. Beispielsweise könnten auf einer Seite niedrigpreisige Waren angeboten werden, dafür aber viele Besucher erreicht werden. Auf einer anderen Webseite werden vorrangig Waren mit einem hohen Preis präsentiert, aber weniger Besucher angezogen.

Der Page-Value ergibt sich nun, indem der Gesamtwert der Transaktionen durch die Gesamtzahl der Besucher der jeweiligen Seite dividiert wird. Um eine solche Kalkulation vornehmen zu können, muss zuerst berechnet werden, welche Einnahmen mit der entsprechenden Seite generiert werden können.

Zielsetzung des Marketings sollte es sein, vielversprechende Produkte und Dienstleistungen mit einem hohen Potenzial verstärkt zu präsentieren. Daher sollten Webseiten, die diesen Kriterien entsprechen, vermehrt durch Suchmaschinenoptimierung und Suchmaschinenwerbung in den Vordergrund gerückt werden.

Mit Hilfe des **Net-Promoter-Score** kann die Höhe der Kundenzufriedenheit ermittelt werden. Anhand einer Skala, die von 0 bis 10 reicht, kann der Besucher oder Kunde bewerten, wie zufrieden er mit dem Unternehmen ist.

Der Net-Promoter-Score wird in drei Sektoren aufgefächert, um die Kunden einer bestimmten Kategorie zuzuordnen:

- **Promoter** (10 bis 9 Punkte: sehr zufriedene Kunden, die jederzeit eine Weiterempfehlung aussprechen würden)
- **Indifferente** (8 bis 7 Punkte: Kunden, die dem Unternehmen neutral gegenüberstehen)

- **Detraktoren** (6 bis 0 Punkte: Kunden, die dem Unternehmen kritisch oder ablehnend gegenüberstehen)

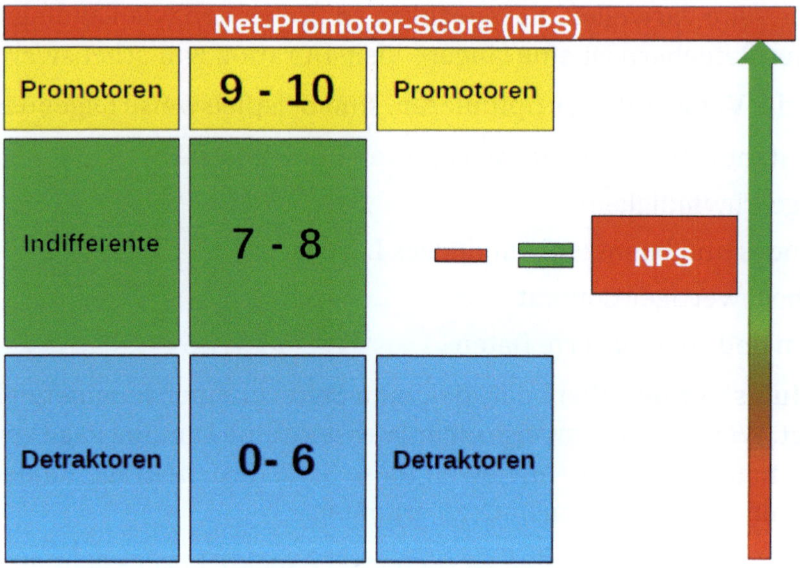

Abbildung 41: Net-Promoter-Score (NPS)

Der Net-Promoter-Score wird folgendermaßen berechnet: Von dem Prozentsatz der Promotoren wird der prozentuale Anteil der Detraktoren abgezogen.

Beispiel: Ein Unternehmen, das über 60 Prozent zufriedene Kunden (Promotoren) und 20 Prozent kritische Kunden (Detraktoren) verfügt, kommt auf einen NPS von 40.

Die gleichgültigen Kunden (Indifferente) bleiben unberücksichtigt, da sich bei ihnen keine klare Bewertungstendenz herauskristallisiert. Diese Vereinfachung ist auch ein entscheidender Kritikpunkt an dieser Metrik. Denn bei den meisten Befragungen neigen die Kunden dazu, einen Wert in der Mitte der Skala anzukreuzen.

4.5 Prüfungstipps

Welchen Prüfungstipp kann ich aus diesem Abschnitt ziehen?

In Prüfungen wird häufig gefordert, ■ die serverbasierte Analyse und die clientbasierte Analyse zu unterscheiden ■ Methoden und Relevanz des Fingerprinting zu erläutern ■ transaktionale Kennzahlen zu nennen und zu erläutern, welche Aussagekraft sie haben ■ Kennzahlen des Leadmanagements zu erklären ■ die ökonomische Aussagekraft der Kostenkennzahlen zu erläutern ■ die wichtigsten Besucherkennzahlen zu kennen ■ den Net-Promoter-Score an einem Beispiel zu erläutern.

Schritt 5: Organische Aufmerksamkeit: Webseite

Lernhinweise

Was erwartet mich in diesem Kapitel?

Dieses Kapitel befasst sich mit der Gestaltung unternehmenseigener Webseiten. Content-Management-Systeme sind dabei für die Erstellung von Webseiten von großer Bedeutung. WordPress ist Marktführer bei Content-Management-Systemen.

Welche Schlagwörter lerne ich kennen?

■ Content-Management-System (CMS) ■ WordPress ■ Theme ■ Plugin ■ HTML ■ CSS ■ JavaScript ■ PHP ■ MySQL ■ Sidebar ■ Footer ■ Widget ■ Template ■ Editor ■ Pagebuilder ■ WYSIWYG ■ Zwei-Faktor-Authentifizierung ■ TOTP ■ SEO ■ Corporate Blog ■ Corporate Webseite ■ Landing Page ■ Theme-Performance ■ RSS–Feed ■ W3C-Konformität ■ E-Commerce-Integration ■ Crawler ■ Responsive Design ■ User-Experience (UX)

Wofür benötige ich dieses Wissen?

Die unternehmenseigenen Webseiten über das Unternehmen, einzelne Marken oder Produkte sind sehr wichtig, um im Digitalen Marketing organische Aufmerksamkeit zu gewinnen. Detaillierte Fachkenntnisse in einem Content-Management-System sind für die Erstellung von Webseiten, Blogs und anderen Onlineinhalten besonders wichtig.

Die Lernfragen zu diesem Kapitel finden Sie unter:

https://narr.kwaest.io/s/1429

Im Digitalen Marketing spielt die Unterscheidung zwischen den verschiedenen digitalen Kanälen und Instrumenten eine zentrale Rolle. Dabei lassen sich grundsätzlich zwei Formen von Aufmerksamkeit unterscheiden: organische Aufmerksamkeit und bezahlte Aufmerksamkeit.

In den folgenden Schritten 5 bis 9 werden jene Kanäle und Instrumente betrachtet, die das Unternehmen selbst gestaltet und eigenständig betreibt. Hier bestimmt das Unternehmen Inhalt, Gestaltung und Veröffentlichungsrhythmus in Eigenregie. Ziel ist es, durch attraktive und relevante Inhalte Reichweite, Sichtbarkeit und Vertrauen aufzubauen und das ohne direkte Kosten für die Reichweitenverbreitung. Diese Form wird als **organische Aufmerksamkeit** bezeichnet.

Im Schritt 10 hingegen stehen Kanäle und Instrumente im Fokus der Betrachtung, bei denen das Unternehmen die Reichweite und Sichtbarkeit externer Partner nutzt. Dies geschieht in der Regel über Bezahlmodelle, beispielsweise durch Anzeigen auf Suchmaschinen oder Social-Media-Plattformen, durch Kooperationen mit Influencern oder durch Bannerwerbung auf reichweitenstarken Webseiten. Hierbei spricht man von **bezahlter Aufmerksamkeit**, da das Unternehmen für den Zugang zur bestehenden Reichweite der Partner zahlt.

- *Ein E-Auto-Hersteller z. B. betreibt einen eigenen Blog mit regelmäßig erscheinenden Artikeln über Lade-Infrastruktur, Nachhaltigkeit und innovative Technologien. Über diesen Content schafft er es, langfristig eine organische Reichweite aufzubauen und in Suchmaschinen sichtbar zu sein. Ergänzend dazu schaltet das Unternehmen Google Ads, um bei Suchanfragen wie „Elektroauto kaufen" sofort auf prominenten Werbeplätzen zu erscheinen. Damit kombiniert der Hersteller organische mit bezahlter Aufmerksamkeit.*
- *Eine Modemarke pflegt ihren Instagram-Account mit eigenen Fotos, Stories und Videos, die die Kollektionen kreativ inszenieren. So entstehen ein direkter Kontakt zur Community und ein kontinuierlicher Aufbau organischer Reichweite. Um jedoch eine neue Kollektion noch schneller bekannt zu machen, engagiert die Marke zusätzlich eine Influencerin, die gegen Honorar Outfits der Marke präsentiert. In diesem Fall wird die Reichweite durch bezahlte Aufmerksamkeit verstärkt.*
- *Ein Reiseveranstalter gestaltet eine informative Webseite mit inspirierenden Reiseberichten, Bildern und Tipps zu Urlaubszielen. Diese Inhalte werden über organische Suchmaschinenoptimierung (SEO) sichtbar gemacht und ziehen potenzielle Kunden ohne zusätzliche Kosten für die Reichweite an. Um jedoch eine neue Kampagne für Kreuzfahrten schnell in die Zielgruppe zu bringen, schaltet der Veranstalter YouTube-Pre-Roll-Anzeigen, für die er die Reichweite der Plattform einkauft.*

Das wichtigste Instrument zur Erreichung von organischer Aufmerksamkeit und Reichweite stellen unternehmenseigene Webseiten dar. Um im Internet schnell veröffentlichen zu können, existieren verschiedene Content-Management-Systeme, die diesen Prozess erheblich vereinfachen und beschleunigen.

Ein **Content-Management-System (CMS)** dient dazu, Inhalte auf Webseiten zu erstellen, redaktionell zu verwalten und zu veröffentlichen. Die Content-Management-Systeme sind entstanden, um Onlinepublikationen auch für Laien zu vereinfachen; vorher musste man die Webseite mithilfe von HTML, CSS, JavaScript und PHP programmieren und über detaillierte Fachkenntnisse verfügen. Durch Content-Management-Systeme wird die Verwaltung von digitalen Inhalten erheblich vereinfacht und systematisiert.

Das bekannteste Content-Management-System ist **WordPress**, das weltweit führend ist und sich durch eine leichte Bedienbarkeit und ein großes Funktionsspektrum auszeichnet. Daneben gibt es noch eine Vielzahl anderer Content-Management-Systeme, die beispielsweise durch Aspekte wie

- eine höhere Sicherheit,
- größere Professionalität, und
- ein größeres Funktionsspektrum

herausragen.

Weitere bekannte Content-Management-Systeme sind TYPO3, Drupal, Joomla und Contao. Vor allem bei größeren Webseiten, die Tausende von einzelnen Webseiten und Multimedia-Inhalten umfassen, sind professionelle Content-Management-Systeme wie TYPO3 empfehlenswert, die sich auf solche unternehmensbezogenen Anforderungen spezialisiert haben.

- **TYPO3:** Das bei kommerziellen Webseiten sehr weit verbreitete TYPO3 hat sich von vornherein auf Firmenwebsites fokussiert und verfügt über einen entsprechenden Funktionsumfang. Große Unternehmensportale und E-Commerce-Anwendungen setzen häufig TYPO3 ein, da das System flexibel ist und gezielt für kommerzielle Anwendungen eingesetzt werden kann. Darüber hinaus zeichnet sich TYPO3 vor allem durch eine hervorragende Funktionsanbindung an CRM- und ERP-Systeme aus, die in Unternehmen die nahtlose Integration in das eigene Warenwirtschaftssystem erleichtern. Als Datenbank verwendet TYPO3 MySQL und als Serversprache PHP.

  Aufgrund seines beachtlichen Funktionsumfangs und der Möglichkeit, auch mehrsprachige Webseiten zu gestalten, erfordert TYPO3 fundierte Fachkenntnisse. Daher ist es für Anfänger schwer zu bedienen, bietet aber Experten exzellente Möglichkeiten.

  Nur Spezialisten mit langjähriger Erfahrung sind in der Lage, TYPO3 angemessen zu warten und zu administrieren, was hohe Kosten und eine langfristige Betreuung durch eine IT-Agentur nach sich zieht. Im Vergleich zu WordPress ist auch die Rechteverwaltung wesentlich differenzierter.
- **Joomla** ist ein weiteres Content-Management-System, dass sich durch eine umfangreiche Sammlung an Tools auszeichnet, aber nur über eine eingeschränkte Benutzerverwaltung verfügt. Joomla setzt wie viele andere CMS auf PHP und MySQL.
- **Drupal:** Ein anderes verbreitetes Content-Management-System ist Drupal. Es wurde von Studierenden entwickelt und gilt als relativ schlank. Jedoch ist die Installation aufwendig, da etliche Aktualisierungen nachinstalliert werden müssen. Drupal wird überwiegend für Foren und Communities eingesetzt. Es eignet sich weniger für kommerzielle Anwendungen.
- **Contao:** Ein Content-Management-System, das zunehmend an Beliebtheit gewinnt, ist Contao. Das System setzt auf PHP und MySQL. Aufgrund seiner Benutzerfreundlichkeit hat Contao innerhalb kurzer Zeit deutlich an Popularität gewonnen. Es überzeugt durch ein beachtliches Funktionsspektrum und relativ hohe Sicherheitsstandards wie eine vorab implementierte Zwei-Faktor-Authentifizierung. Contao ist leicht zu installieren. Da es aber im Vergleich zu anderen Content-Management-Sys-

tem noch relativ wenig bekannt ist, setzen bislang wenige Webseitenbetreiber auf Contao.

Um diese Systeme, die in den letzten Jahren an Komplexität zugenommen haben, zu bedienen, sind HTML-Fachkenntnisse grundsätzlich nicht erforderlich, denn die meisten Systeme lassen sich innerhalb von wenigen Minuten installieren und sofort nutzen. Dennoch ist es ratsam, sich mit HTML und CSS vertraut zu machen, um Inhalte im CMS nach den eigenen Wünschen und Bedürfnissen verändern und das Layout anpassen zu können.

Die grafische Benutzeroberfläche vereinfacht zwar die Bedienung und die Handhabung, aber im Zweifelsfall muss der Nutzer in der Lage sein, auch Veränderungen an den HTML-Dateien vornehmen zu können, um beispielsweise die Farbpalette zu modifizieren und zu erweitern, einen Kalender hinzuzufügen oder einen RSS-Feed richtig zu platzieren. Auch das Einfügen und die Gestaltung von Formularen erfordert vertiefte Kenntnisse.

Die meisten Content-Management-Systeme sehen folgende Grundfunktionen vor:

- Redaktion und systematische Verwaltung von Inhalten
- Administration unterschiedlicher Zugriffsrechte und Rollen (Administrator, Redakteur, Autor, Abonnent, Leser)
- Nachrichtenverwaltung
- Datenbankverwaltung
- regelmäßige Datensicherung
- Installation zusätzlicher Funktionen (Plugins)

Abbildung 42: Funktionen von Content-Management-Systemen

Content-Management-Systeme decken hierbei unterschiedlichste Funktionsbereiche ab:

- **Editieren:** Content-Management-Systeme ermöglichen ein umfangreiches Editieren von Textinhalten ähnlich wie in einem Textverarbeitungsprogramm. Hierzu verwendet man **WYSIWYG-Systeme** (What You See Is What You Get), die Texte in ihrer endgültigen Form so darstellen, wie sie auf der Webseite erscheinen. Darüber hinaus beinhalten die vorhandenen Editoren das Hinzufügen von HTML-Kennzeichnungen und besonderen Formatierungen (Listen, Absatz- und Seitenformatierungen).

- **Vorschaufunktion:** Eine Vorschaufunktion gestattet es dem Nutzer, das endgültige Ergebnis zu sehen und zu überprüfen. Darüber hinaus gibt es eine Vielzahl von zusätzlichen **Editoren** und **Pagebuildern**, die weitere Funktionen beinhalten und es dem Nutzer gestatten, Grafiken, Links und multimediale Elemente ohne größeren Aufwand in den Text und die einzelnen Abschnitte zu integrieren.
- **Redaktionssystem**: Ein Redaktionssystem sieht verschiedene abgestufte Benutzerberechtigungen vor, die von dem Administrator definiert werden können. So werden unterschiedliche Rollen (beispielsweise Autoren, Administratoren, Redakteure, Leser und andere Nutzer) zugewiesen. Diese können unterschiedliche Rechte und Befugnisse erhalten, beispielsweise für die Bearbeitung von Texten oder das Verändern von allgemeinen Einstellungen und Layouts. Diese Freigaben werden vom Administrator festgelegt.
- **Sicherheitsfunktionen**: Zudem bieten Content-Management-Systeme diverse Sicherheitsfunktionen an. Hierzu gehört beispielsweise eine regelmäßige Sicherung der Inhalte in einer Cloud, die vollautomatisch in Zeitintervallen und je nach Einstellung verschlüsselt erfolgt.
- **Interaktivität**: Content-Management-Systeme zeichnen sich vor allem durch Interaktivität aus; das bedeutet, dass sie Usern gestatten, mit dem Blogbetreiber zu kommunizieren. Hierfür werden Gästebücher verwendet, Social-Media-Buttons oder Kommentare, die an den Blogbeitrag angehängt werden. Natürlich setzt dies ein hohes Maß an organisatorischen Fertigkeiten voraus, da man Spam wirksam unterbinden muss und Kommentare moderiert werden können.

WordPress verdankt seinen einzigartigen Erfolg und seinen Ruf der werbewirksamen Aussage, dass das System auch von Anfängern innerhalb von fünf Minuten zu installieren sei. Dies trifft in der Tat zu, jedoch benötigt eine sichere Anwendung zumindest rudimentäre PHP-Fachkenntnisse, damit man die Datenbank so anlegen kann, dass sie vor ständigen Angriffen besser geschützt ist. Zudem ist eine kontinuierliche Aktualisierung des WordPress-Systems, der Software und der Plugins essenziell, um Sicherheitslücken zu schließen.

WordPress verfügt über sehr umfangreiche und vielfältige Funktionen, die es dem Nutzer leicht machen, das System für umfangreiche Webseiten zu nutzen. Die Software greift auf die serverbasierte Programmiersprache PHP und die Datenbankverwaltung **MySQL** zurück. Das System wird fortlaufend weiterentwickelt und hat weltweit eine riesige und enthusiastische Fangemeinde, die lebhaften Anteil an der Optimierung von WordPress nimmt und sich durch großes Engagement auszeichnet.

WordPress stellt verschiedene Editoren zur Verfügung, die es ermöglichen, Texte und Abschnitte variabel zu formatieren und multimediale Inhalte einzufügen.

Im digitalen Marketing ergeben sich jedoch auch modernere Methoden des Content-Managements. Beispielsweise durch

- **Headless Content-Management-Systeme** wie **Contentful**, bei welchen das Backend (Inhaltsverwaltung) vom Frontend (Präsentationsschicht) getrennt ist.
- **No-Code- und KI-gestützte Content-Management Systeme** wie Webflow und Lovable. Durch die zunehmende Entstehung von No-Code-Plattformen und Künstlicher Intelligenz entstehen neue Formen von Content-Management-Systemen, die sich insbesondere an nicht-technische Nutzer richten. Hierbei können beispielsweise Inhalte und Layouts mit wenig oder sogar vollständig ohne Programmierung erstellt werden.
- Auch im E-Commerce wird Content immer wichtiger, beispielsweise in Form von Storytelling, Produktinformationen und SEO-optimierten Texten und Tutorials. Hieraus resultieren spezialisierte Content-Management-Systeme beziehungsweise Commerce-Plattformen mit integrierter Content-Verwaltung. Praxisbeispiele für diese Kategorie moderner Content-Management-Systeme bilden Shopify und Magento.

5.1 Plugins

Ein besonderer Vorteil des WordPress-Systems besteht darin, dass alle denkbaren Funktionen durch **Plugins** realisiert werden. Inzwischen existiert eine nahezu unüberschaubare Fülle von Plugins, die jede komplexe Funktion wie beispielsweise eine eCommerce-Anbindung oder eine umfassende Suchmaschinenoptimierung (SEO) problemlos umsetzen können.

Diese Plugins sind entweder kostenlos oder werden von Programmierern kostenpflichtig vertrieben. Die Spannbreite reicht von der Optimierung der Ladegeschwindigkeit über die Implementierung von Sicherheitsfunktionen und SEO-Optimierung bis hin zur Erstellung von Inhaltsverzeichnissen und Datenschutzerklärungen.

Jedes WordPress-System sollte in der Praxis ein SEO-Plugin verwenden, um die Texte und die multimedialen Inhalte für die Suchmaschine zu optimieren, damit die Webseite im **Ranking** einen Spitzenplatz erziel. Diese strategische Positionierung in den Suchmaschinenergebnissen ist für die Reichweite einer Webseite und das wirtschaftliche Potenzial von entscheidender Bedeutung. Diese SEO-Plugins analysieren die Verständlichkeit von Texten und die strategische Verteilung von Keywords im Haupttext, den Überschriften und in der Bildbeschreibung.

Doch SEO-Plugins beherrschen noch mehr Funktionen. Ein solches Plugin untersucht beispielsweise die Beschriftungen, die **Meta-Tags**, die die Webseite für den Browser formatieren, und den Hintergrundtext. Ein SEO-Plugin kann die Datenbank mit **Canon-**

Abbildung 43: Plugin-Funktionen

ical Tags, die auf den Originaltext verweisen, ausstatten und **Duplicate Content** (doppelte Inhalte) aufspüren. SEO-Plugins sind bei der Suchmaschinenoptimierung eine wertvolle Hilfe, wenngleich sie moderne Formen der Optimierung, die ein komplexes semantisches Verständnis des Textes voraussetzen und die aufgrund des maschinellen Lernens der Suchmaschine erforderlich sind, nur eingeschränkt umsetzen können.

Dennoch helfen sie, die systematische Platzierung von Haupt- und Nebenkeywords strategisch durchzuführen, um eine herausragende Platzierung in den Suchmaschinenergebnissen zu erreichen.

Neben den SEO-Plugins gibt es noch weitere Plugins, die für die Verwendung empfehlenswert sind. Beispielsweise sollten mobile Webseiten so optimiert sein, dass sie auf kleineren Bildschirmen gut lesbar sind und ohne Verzögerung laden (**Responsive Design**). Google hat hierfür ein eigenes Format entwickelt, das als **AMP** bezeichnet wird.

Die Umwandlung von herkömmlichen Webseiten in mobile Webseiten lässt sich durch ein Plugin relativ einfach bewerkstelligen. Die **Mobile Friendliness**, also die Optimierung von mobilen Webseiten, hat für Google oberste Priorität, da heutzutage die Mehrheit der Nutzer mit Smartphones oder Tablets auf Webseiten zugreift. Wer daher die Anforderungen der mobilen Darstellung ignoriert oder vernachlässigt, wird in der Suchmaschine deutlich herabgestuft.

Bei der Auswahl eines Themes, einer Layoutvorlage, die in WordPress installiert wird, sollte vor allem auf die Verfügbarkeit und Kompatibilität verschiedener Editoren und Pagebuilder geachtet werden. Denn die Funktionsvielfalt eines Editors oder

Pagebuilders bestimmt, welche Formatierungen und Templates bei der Erstellung von HTML-Inhalten möglich sind.

Einer der bekanntesten Editoren in WordPress ist der Gutenberg-Editor, der zumindest einfache Formatierungen wie beispielsweise Schriftarten, Seiten- und Absatzformatierungen umfasst. Für komplexere Aufgaben ist es sinnvoll, auf einen Pagebuilder zuzugreifen, der auch das Einfügen von vorgefertigten Templates und die Modifikation von HTML- und CSS-Code ermöglicht, ohne dass man dafür Fachkenntnisse benötigt. Dadurch können Webseiten wesentlich schneller und ohne größeren Zeitaufwand veröffentlicht werden und erhalten ein anspruchsvolles, professionelles Design.

Ein Plugin, das in keiner WordPress-Installation fehlen sollte, ist eine Software, die für automatische Backups in der Cloud zuständig ist. Durch solche **Backup-Plugins** werden die wertvollen Inhalte sofort und in regelmäßigen Intervallen auf einen lokalen Datenspeicher oder in einer oder mehreren Clouds gesichert. Sehr gute Plugins beinhalten auch eine eigene vorherige Verschlüsselung der Inhalte, bevor sie die Cloud erreichen, die den Datenschutzbestimmungen der Europäischen Union entsprechen muss.

Eine große Bedeutung haben Plugins erreicht, die für eine höhere Ladegeschwindigkeit sorgen. Hierfür gibt es zahlreiche, mehr oder minder effiziente Methoden, die vom Cache-Management über die Optimierung von JavaScript- und CSS-Code bis zum zeitverzögerten Laden von Bildern (**Lazy Loading**) reichen.

Da Google enormen Wert auf eine exzellente User-Experience legt, wird die Ladegeschwindigkeit zu einem der wichtigsten Ranking-Faktoren. Inzwischen versuchen Webseite-Administratoren, die Geschwindigkeit auf Bruchteile von Sekunden hin zu optimieren, indem Bilder komprimiert, Datenbanken bereinigt, JavaScript nachrangig geladen und der Cache des Browsers systematisch verwaltet werden.

Es gibt unzählige kostenlose und kostenpflichtige Plugins für die Ladegeschwindigkeit, deren Nutzen von der verwendeten Methode abhängt. Man sollte aber bedenken, dass mit jedem zusätzlichen Plugin der Geschwindigkeitsvorteil wieder zunichte gemacht wird, denn zu viele Plugins führen eher zu einer Verlangsamung und bei einer fehlenden Aktualisierung zu einem bedenklichen Sicherheitsrisiko.

Unerlässlich sind Plugins, die die Sicherheit von WordPress erhöhen. Vor allem sollten Nutzer die automatische Aktualisierung der WordPress-Software aktivieren, um zu gewährleisten, dass immer unverzüglich die neueste Version von WordPress eingespielt wird.

Sicherheitsplugins sorgen dafür, dass alle anderen Plugins, das Theme und die WordPress-Installation auf dem neuesten Stand sind, und erhöhen die Sicherheit, indem sie beispielsweise die Zahl der Login-Versuche begrenzen und sicherheitskritische Schreibrechte in PHP-Dateien deaktivieren. Darüber hinaus können sie den Zugang zu den Verzeichnissen sperren und so verhindern, dass Daten ausgelesen und verändert werden.

Eine weitere Sicherheitsfunktion ist die **Zwei-Faktor-Authentifizierung**, die insbesondere bei unsicheren Content-Management-Systemen eine weitere Schutzschicht darstellt. Die Zwei-Faktor-Authentifizierung kann sowohl per E-Mail als auch über ein von einer App erzeugtes Einmalpasswort (TOTP) oder in den besten und technisch fortgeschrittensten Versionen über einen Hardwareschlüssel (U2F, Fido) erfolgen. Bei der Zwei-Faktor-Authentifizierung gilt die Nutzung eines **Hardware-Schlüssels** als eine sichere und zuverlässige Methode.

Bei WordPress lässt sich diese Form der Authentifizierung durch ein entsprechendes Plugin integrieren. Auf jeden Fall sollten WordPress Nutzer wenigstens eine Form der Zwei-Faktor-Authentifizierung nutzen, um ein höheres Maß an Sicherheit zu gewinnen.

Darüber hinaus können Sicherheitsplugins die Webseite regelmäßig scannen und auffällige und verdächtige Dateiveränderungen aufspüren (Integrity-Monitoring), eine Firewall installieren und die Login-Seite umleiten oder zusätzlich ein Captcha oder eine vorab festgelegte Sicherheitsfrage voranstellen. Auch die Einbindung eines Content-Delivery-Network (CDN), das für eine weltweit höhere Ladegeschwindigkeit sorgt, lässt sich mit Hilfe von Sicherheitsplugins steuern.

Damit ist die kaum überschaubare Funktionsvielfalt von Plugins aber keineswegs erschöpft. So gibt es beispielsweise Plugins, die Spam in Kommentaren erkennen und blockieren können. Andere Plugins haben sich auf die Optimierung von Datenbanken oder die Konfiguration von Datenschutz-Cookies und die Aktualisierung der Datenschutzerklärung spezialisiert.

Alles in allem sind Plugins ausgezeichnete und hilfreiche Tools, mit denen sich der Funktionsumfang von Content-Management-Systemen erheblich erweitern und verbessern lässt. Die Vielzahl der Funktionen, die in der Praxis geboten wird, ist erstaunlich. Dennoch sollte man bei der Auswahl von Plugins selektiv vorgehen und sich auf einige wenige, absolut unerlässliche Plugins beschränken und hierbei auch stets auf die Aktualität aller Plug-Ins achten, um Sicherheitslücken zu schließen.

In vielen Fällen ist jedoch für das Betreiben der Webseite via Wordpress die Installation von einigen essenziellen Plugins unumgänglich, um beispielsweise ein zuverlässiges Backup zu erstellen oder um Bilder zu komprimieren. Die Verwaltung von Medien wird erleichtert, indem Plugins eine Datenbank anlegen und die Skalierung von Bildern vollautomatisch vornehmen.

Bevor man Plugins auswählt, sollte man eine Liste alle benötigten Funktionen erstellen und sich auf die besten Tools fokussieren. Dabei sollte man vorrangig prüfen, welche Dienste das Plugin abdeckt und ob die Software regelmäßig und zeitnah aktualisiert wurde. Ein Blick auf die Versionsnummer und das Datum der letzten Aktualisierung lässt sehr schnell erkennen, wie zuverlässig ein solches Tool überarbeitet wird. Im besten Fall sollte die letzte Aktualisierung nicht länger als ein paar Wochen zurückliegen.

5.2 Themes

Ein weiterer Vorteil von WordPress besteht darin, dass verschiedene **Themes** installiert werden können.

Themes sind Vorlagen für ein umfassendes Layout der Webseite, die

- den Aufbau (Haupttext, Footer, Header, Sidebar),
- die Struktur,
- die Farbpalette und
- die Platzierung von Hilfstools wie Widgets und Formatierungsmerkmale vorgeben.

Themes bieten bereits

- Hintergrundbilder,
- Templates und
- ansprechende Designs,

die eine Webseite über eine einzige Installation in ein ästhetisches Werk verwandeln. Mit nur einem Klick ist es möglich, eine professionelle Webseite innerhalb von wenigen Minuten ins Leben zu rufen. Dennoch sollte man bedenken, dass die Feinarbeiten, die Veränderungen von Strukturen und Farbschemata sowie die Integration von Funktionen viel Zeit in Anspruch nehmen. Es gibt sowohl kommerzielle Themes, die kundennah betreut werden, als auch anspruchsvolle kostenlose Themes, die sich großer Beliebtheit erfreuen und in vielen Foren ausführlich besprochen werden.

Um eine vorteilhafte und ästhetisch ansprechende Webseite zu erstellen, benötigt man aber häufig kommerzielle Themes, die noch mehr Funktionen enthalten und eine bessere Bedienbarkeit und Servicequalität aufweisen. Solche Themes zeichnen sich dadurch aus, dass sie regelmäßig aktualisiert und erweitert werden. Zudem wird durch kommerzielle Themes das Risiko von „versteckten Hintertüren“, durch die möglicherweise unbemerkt Schadcode eingeschleust werden kann, reduziert.

Insbesondere Onlineshops sollten nur Themes einsetzen, die sich langfristig bewährt haben, den jeweiligen rechtlichen Rahmenbedingungen des Landes entsprechen und alle Datenschutzbestimmungen einhalten.

WordPress selbst stellt mehrere, bereits vorinstallierte Standardthemes zur Verfügung, die den kommerziellen Angeboten in nichts nachstehen und nach dem jeweiligen Veröffentlichungsjahr benannt werden.

Die **Corporate Webseite** ist die eigentliche **Unternehmenswebseite** des Unternehmens und sollte daher ein Layout und ein Design vorweisen, das der Unternehmensphilosophie und der Corporate Identity gerecht wird.

Es gibt Themes, die sich auf kommerzielle Darstellungen und sogar einzelne Branchen wie Industrie, Medien und Agenturen spezialisiert haben. Solche Themes überzeugen nicht nur durch ein hervorragendes Design und Layout, sondern auch durch zusätzliche Funktionen für Onlineshops und leicht bedienbare Editoren. Heutzutage ist es unabdingbar, dass Unternehmen im Rahmen eines Corporate Blog über Produkte und Services informieren, um den Kunden eine höhere Qualität und zusätzliche Informationen zu bieten.

Der Corporate Blog sollte regelmäßig aktualisiert und mit neuen Texten versehen werden. Für diesen Zweck existieren Themes, die sich auf das Blogging fokussieren und bereits im Layout typische Bloggerfunktionen integriert haben (so können solche Themes Textbeiträge intern verlinken und als Leseliste und Themenvorschlag präsentieren).

Neben der Corporate Webseite und dem Corporate Blog ist es empfehlenswert, eine Landing Page oder Microsite für Produkte und Dienstleistungen zu erstellen. Auch hierfür werden spezifische Themes angeboten.

Einige Themes haben sich auf spezielle Schwerpunkte und Zielgruppen fokussiert wie beispielsweise Reiseblogger oder Foodblogs und bieten entsprechende Bilder für den Hintergrund und das Design der einzelnen Webseiten an.

Bei der Entscheidung für Themes sind folgende Aspekte wichtig:

- Kosten: Ist das Theme kostenlos oder kostenpflichtig? Kostenlose Themes werden möglicherweise seltener aktualisiert und können unter Umständen Sicherheitslücken aufweisen.
- Mehrsprachigkeit: Ermöglicht das Theme Mehrsprachigkeit?
- Theme Performance: Ist das Theme „schlank" programmiert? Überladene Themes mit längerem JavaScript-Code sind schwerfällig und beeinträchtigen die Ladegeschwindigkeit erheblich (was im Suchmaschinen-Ranking zu einer deutlichen Abwertung und einem schlechteren Ranking führen kann). Minimalistische Themes sind oft besser und empfehlenswerter als aufgeblähte, schwergewichtige und überladene Layouts, die nur durch ihre Optik und ästhetische Verspieltheit beeindrucken.
- Validität: Man sollte die Validität des HTML-Codes überprüfen: Es gibt Programmierstandards, die vom Theme eingehalten werden sollten (W3C-Validator). Nicht selten werden Themes bei der Überprüfung hinsichtlich der W3C-Konformität beanstandet. Themes, die sich nicht an solche Vorgaben halten, können in manchen Browsern zu sichtbaren Darstellungsfehlern führen. Wenn einige Bereiche für den Google-Crawler nicht einwandfrei erscheinen, führt dies zu einem schlechteren Ranking in der Suchmaschine.
- SEO-Optimierung: Hat das Theme eine SEO-Optimierung? Es sollten Themes bevorzugt werden, die bereits so programmiert sind, dass sie das Suchmaschinen-Ranking aktiv unterstützen und eine herausragende Positionierung an der Spitze der Suchmaschinenergebnisse ermöglichen. In der Praxis ist es häufig so, dass beispielsweise WordPress gegenüber anderen Content-Management-Systemen Vorteile hat und bei Google ein besseres Ranking erzielt. Ein Theme, das außerdem die

Suchmaschinenoptimierung in den Vordergrund rückt, verbessert die SEO noch weiter.

- Templates: Verfügt das Theme über einzelne, möglichst flexibel gestaltbare Templates für den Footer (die Fußleiste), den Header (die Kopfleiste) und die Sidebar (Seitenleiste) sowie zahlreiche andere Widgets (beispielsweise für Kalenderfunktionen, RSS-Feeds, Blogkategorien, den Warenkorb, Galerien, Archive)?
- RSS-Feeds und Social-Media-Buttons: Lassen sich RSS-Feeds und Social-Media-Buttons leicht und datenschutzkompatibel integrieren?
- Kontaktformulare und Tabellen: Können Kontaktformulare und Tabellen problemlos eingebaut werden? Hierbei sollte man bedenken, dass Kontaktformulare den hohen Anforderungen des Datenschutzes entsprechen müssen und nur über vollständig verschlüsselte Verbindungen die Eingaben übertragen dürfen. Denn über Formulare werden häufig personenbezogene Anmeldedaten (Anschrift, Telefonnummer, E-Mail-Adresse) übertragen. Einige Browser wie Firefox warnen inzwischen vor unverschlüsselten Formularen.
- Modifikationsoptionen: Lassen sich die Vorlagen modifizieren? Kann die gesamte Farbpalette uneingeschränkt eingesetzt werden, und lassen sich Designelemente wie Sidebars (Seitenleisten) und Footer anders anordnen oder erweitern? Wie viele Widgets können auf den Leisten platziert werden? Bei einigen Themes kann (im Sinne eines Freemium-Modells) in der kostenlosen Version nur eine erheblich reduzierte Farbpalette verwendet werden, die aus wenigen Farbkombinationen besteht.
- Editoren und Pagebuilder: Welche Editoren (und Pagebuilder) stellt das Theme zur Verfügung oder sind mit diesem kompatibel? Können diese Editoren komplexe Veränderungen am CSS-Code vornehmen und multimediale Inhalte problemlos in einen Abschnitt einfügen? Können Layouts uneingeschränkt verändert werden? Bei einigen kostenlosen Themes dürfen der Header oder die Fußzeile nur eingeschränkt verändert werden.
- Sicherheit: Wird das Theme regelmäßig und in kurzen Intervallen aktualisiert? Sind der Programmierer oder das Unternehmen erreichbar? Wie hoch ist die Servicequalität der Beratung? Wann wurde die letzte Version veröffentlicht?
- Kompatibilität und E-Commerce-Integration: Sind die Themes mit Onlineshop-Funktionen kompatibel (E-Commerce-Integration)? Lassen sich verschiedene Zahlungsfunktionen leicht implementieren? Und genügt die Ausgestaltung des Shops den rechtlichen Voraussetzungen (beispielsweise Wettbewerbsrecht, Datenschutz, Verbraucherschutz)? Beispielsweise sind einige Themes, die mit Hilfe von Plugins E-Commerce-Seiten und Onlineshops für den US-Markt realisiert wurden, in Deutschland aufgrund der komplexen Regelungen nicht zulässig.

Die Auswahl des Themes sollte sehr sorgfältig und sehr gewissenhaft erfolgen, da ein Theme bereits vorgibt, welche Funktionen im Einzelnen genutzt werden können. Eine Änderung im Nachhinein kann verheerende Folgen haben, da die Grundstruktur des gewählten Themes nicht selten von anderen Vorlagen abweicht. Wer einfach ein neues Theme der Webseite „überstülpt", kann im schlimmsten Fall die Webseite völlig entstellen und ruinieren. Einige Seitenelemente verschwinden spurlos, Inhalte werden gelöscht, und die Navigationsstruktur geht verloren.

Deshalb ist eine nachträgliche Änderung des Themes nur äußerst schwer zu realisieren. Man muss damit rechnen, dass die gesamte Navigation, die Anordnung der Seiten, das Layout und das vollständige Erscheinungsbild der Webseite komplett überarbeitet werden müssen. Bei großen Webseiten kann ein solches Projekt im Worst-Case-Szenario mehrere Tage oder gar Wochen und Monate dauern. Besondere Vorsicht ist bei Plugins geboten, die einen reibungslosen Theme-Wechsel versprechen. Im schlimmsten Fall ist das Layout vollständig zerstört, denn die Themes unterscheiden sich beträchtlich in ihrem Aufbau und ihrer Grundstruktur.

Wenn beispielsweise ein Theme auf der linken Seite eine Sidebar mit Widgets vorsieht, das neue Theme aber nur eine Sidebar für die rechte Seite einplant, führt dies zur Löschung von Inhalten und Strukturen. Ein sicheres und umfassendes Backup sollte daher auf jeden Fall vor einer solchen Änderung durchgeführt werden.

Auch wenn man dann die ursprüngliche Version über die Backup-Software scheinbar wieder problemlos einspielt und die Webseite zurücksetzt, kann es vorkommen, dass einige Plugins nicht mehr einwandfrei funktionieren oder neu konfiguriert werden müssen.

Wichtig ist es außerdem, auf überladene und schwerfällige Themes zu verzichten, die häufig in sehr hohem Maß JavaScript verwenden und daher eine optimale Ladegeschwindigkeit verhindern.

Ein zu träges Laden der Webseite führt zu einer deutlichen Abwertung in den Suchmaschinenergebnissen (**SERPs**) und ist auf jeden Fall zu vermeiden. Wer eine Positionierung auf der ersten Seite der Suchmaschinenergebnisse in Google anstrebt, sollte sich daher für ein schlankes Theme entscheiden, dass sich durch integrierte SEO-Funktionen auszeichnet. Google bietet sogar eigene Geschwindigkeitsmessungen an und gibt Tipps, in welchen Bereichen eine Seite weiter optimiert und verbessert werden kann. Das Thema hat aufgrund des Vorrangs mobiler Webseiten eine sehr hohe Priorität. Es ist keine Seltenheit, dass Webseitenbetreiber emsig versuchen, die eigene Internetpräsenz um Sekundenbruchteile schneller zu machen. Jede Zehntelsekunde bedeutet im Ranking einen Vorteil.

Ebenso bedeutsam ist die W3C-Konformität, die sicherstellt, dass die Richtlinien des Konsortiums eingehalten wurden, so dass alle Browser, die sich an diesem Standard halten, die Webseite korrekt darstellen können. Themes, die durch Eigenwilligkeit auffallen, werden dann in einigen Browsern verzerrt darstellt, einzelne Funktionen fallen aus, und die vermeintlich beeindruckende Animation erscheint als leere Seite. Im Zweifelsfall sollte man das Erscheinungsbild in mehreren Browsern (Firefox, Chrome, Opera und anderen) ausgiebig testen.

Einige kostengünstigere oder kostenlose Themes schränken die Gestaltungsmöglichkeiten bei den Templates ein. Daher sollte man im Zweifelsfall eher auf ein kostenpflichtiges Theme zurückgreifen, das ein hohes Maß an Flexibilität gewährt und eine Modifizierung der HTML-Vorlagen problemlos ermöglicht.

Dies ist vor allem von Bedeutung, wenn man den Footer (die Fußleiste, die neben dem Impressum und der Datenschutzerklärung auch für die Local SEO wichtige Informationen wie Öffnungszeiten und Ansprechpartner enthalten kann) oder den Header sowie die Sidebar ändern möchte. Auch die Verfügbarkeit unterschiedlicher und mehrerer **Widgets** ist von großer Bedeutung, da man vielleicht auch Kalenderfunktionen, eine Blogroll, oder RSS-Feeds integrieren möchte.

Eine Vorlage lässt sich leichter ändern, wenn das Theme mit einem komfortablen Pagebuilder (wie beispielsweise Elementor) zusammenarbeitet, der umfangreiche Änderungen am HTML- und CSS-Code gestattet und über eine Vielzahl von vorgefertigten Templates verfügt.

Die meisten Themes sind inzwischen für das **responsive Design** optimiert. Das bedeutet, die Webseiten sind für die Darstellung auf Smartphones und Tablets und teilweise für E-Book-Reader optimiert, um die **mobile User Experience** zu verbessern.

Das responsive Webdesign gewinnt immer mehr an Bedeutung, da Internetseiten meistens über Smartphones und Tablets aufgerufen werden. Bei vielen Seiten überwiegt inzwischen sogar die mobile Nutzung, so dass Google in Zukunft alle Webseiten nur noch über einen auf mobile Seiten spezialisierten Crawler überprüft.

Daher ist seit einigen Jahren das responsive Design unverzichtbar, denn Google straft Webseiten ab, die über kein entsprechendes Webdesign verfügen und für diese Darstellungsform nicht optimiert sind. Dabei werden **Media-Queries** eingesetzt, die ermitteln, welches Gerät ein Nutzer verwendet. Anhand dieser Analyse können das Größenverhältnis, die Bildschirmauflösung und die Nutzung von Touchscreens überprüft werden.

Beim **responsiven Webdesign** (RWD) kommt es auf folgende Elemente an:

- flexible Bildschirmgrößen, die eine Skalierung ermöglichen
- flexible Schriftgrößen und Darstellungsformen und
- dynamische Layout-Grids.

Webseiten, die das responsive Design vernachlässigen, fallen im Ranking deutlich zurück. Da eine Mehrheit der Internetnutzer über Smartphones auf Webseiten zugreift, hat Google das responsive Design zum absoluten Muss erhoben. Auch fadenscheinige Kompromisse führen zu einer deutlichen Sanktionierung durch die Suchmaschine. So muss die mobile Webseite alle Informationen und Medien präsentieren, die auch die Desktopversion bietet. Einige Betreiber versuchen, mobile Seiten nur in einer abgespeckten Version zu veröffentlichen und verweisen auf die üppigere Desktopvariante. Ein solches Vorgehen wirkt sich negativ auf das Ranking aus und zieht eine Degradierung in den Suchmaschinenergebnissen nach sich.

Mobile Friendliness bedeutet, dass alle Webseiten mit sämtlichen Informationen und Darstellungsformen einwandfrei und qualitativ hochwertig mit hoher Ladegeschwindigkeit auf Smartphones und PCs abgerufen werden können. Die mobile Version muss so gestaltet sein, dass sie nicht wie ein „Abklatsch" oder wie eine zweitrangige Kopie wirkt, sondern optimal an die technischen Besonderheiten für kleinere Bildschirme auf Smartphones und Tablets angepasst ist. Dies gilt auch für die Bedienbarkeit, die Navigationsstruktur, die Handhabung von Formularen, die Einblendung von Benachrichtigungen und die Nutzung von Buttons. In der Praxis bedeutet dies, dass im Prinzip jede Webseite eigenständig und unabhängig voneinander für den Desktop und die mobile Nutzung optimiert werden muss.

5.3 Prüfungstipps

Welchen Prüfungstipp kann ich aus diesem Abschnitt ziehen?

In Prüfungen wird häufig gefordert, ■ zwischen organischer und bezahlter Aufmerksamkeit unterscheiden zu können ■ ein Content-Management-System und seine wesentlichen Prinzipien zu erklären ■ die Vorteile der Plugins bei WordPress anhand von Beispielen zu erklären ■ die Qualitäts- und Kostenvorteile von Themes bei WordPress zu erklären ■ warum Mobile Friendliness heute bei der Gestaltung von Homepages unverzichtbar ist.

Schritt 6: Organische Aufmerksamkeit: Suchmaschinenoptimierung (SEO)

Lernhinweise

Was erwartet mich in diesem Kapitel?

Dieses Kapitel bietet einen ganzheitlichen Überblick zum Themenschwerpunkt Suchmaschinenoptimierung (SEO) und dessen Anwendung in der Praxis. Hierbei wird die Zielsetzung erläutert, es erfolgt eine Einordnung von SEO in das Content-Marketing und eine Beschreibung der Voraussetzungen für eine optimale organische Sichtbarkeit sowie Auffindbarkeit in Suchmaschinen wie Google.

Welche Schlagwörter lerne ich kennen?

■ Suchmaschinenoptimierung ■ SEO ■ Search Engine Optimization ■ Suchmaschinen-Ranking ■ Suchmaschinen-Marketing (SEM) ■ Onpage-SEO ■ Offpage-SEO ■ organische Suchergebnisse ■ Traffic ■ Search-Engine-Result-Page (SERP) ■ Crawler ■ Startpage ■ Proxy-Suchmaschine ■ Google-Updates ■ SEO-Plugin ■ Black-Hat-SEO ■ White-Hat-SEO ■ Grey-Hat-SEO ■ responsives Design ■ Content-Delivery-Networks ■ Voice-Search-Optimization ■ Smart Speakers ■ Rich Snippets ■ Google Updates

Wofür benötige ich dieses Wissen?

Als eine der zentralen Schlüsseldisziplinen des digitalen Marketings steigert SEO die organische Auffindbarkeit, Sichtbarkeit und Reichweite und entscheidet damit unmittelbar über den Erfolg oder Misserfolg einer Webseite.

Die Lernfragen zu diesem Kapitel finden Sie unter:

https://narr.kwaest.io/s/1430

Das Akronym **SEO** steht im Englischen für „**Search Engine Optimization**" und bedeutet **Suchmaschinenoptimierung**.

> Unter SEO werden alle Maßnahmen zusammengefasst, die es ermöglichen, die Position einer Webseite im Suchmaschinen-Ranking zu verbessern.

Anders als bei der **bezahlten Suchmaschinenwerbung (Search Engine Advertising: SEA)** geht es bei der Suchmaschinenoptimierung um organische Suchergebnisse, die aus der Suchmaschine stammen und nicht auf Werbung beruhen.

Man unterscheidet also:

- SEM (Search Engine Marketing) – Suchmaschinenmarketing als Oberbegriff

- SEO (Search Engine Optimization) – Suchmaschinenoptimierung
- SEA (Search Engine Advertising) – Suchmaschinenwerbung

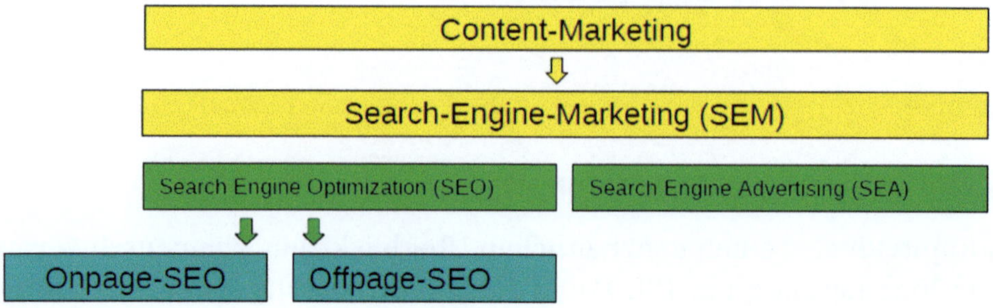

Abbildung 44: Content-Marketing: SEM, SEO und SEA

Die Suchmaschinenoptimierung (SEO) hat mehrere Vorteile:

- Sie ist, abgesehen von den erforderlichen und teilweise zeitaufwändigen Maßnahmen, kostenlos, da keine Werbeanzeigen geschaltet werden.
- Eine sehr gute Suchmaschinenoptimierung führt zu einer anhaltenden und langfristigen Spitzenpositionierung in der Suchmaschine, wenn kontinuierlich daran gearbeitet wird.
- Die Ergebnisse können über Jahre fortbestehen und dem Unternehmen einen anhaltenden Traffic sichern.
- Bei bezahlter Suchmaschinenoptimierung (SEA) durch die Platzierung von Werbeanzeigen „verpuffen" die Ergebnisse schnell wieder, wenn die Werbung eingestellt oder verringert wird. Daher muss jedes Unternehmen langfristig SEO betreiben und die Maßnahmen beibehalten. SEA ist nur dann sinnvoll, wenn ein Unternehmen noch nicht bekannt ist, neue Produkte und Dienstleistungen auf dem Markt lancieren möchte oder eine noch unzulängliche Suchmaschinenoptimierung verbessern oder verstärken will.

Zielsetzung von SEO ist es,

- eine Spitzenposition in den Suchmaschinenergebnissen zu erreichen
- wichtige und relevante Inhalte ganz oben zu platzieren
- organischen Suchmaschinen-Traffic zu erzeugen.

Die Unterscheidung zwischen organischem Traffic und bezahltem Traffic ist entscheidend: Langfristig hat ein Unternehmen im digitalen Marketing nur dann Erfolg, wenn es gelingt, ausreichend organischen (und damit kostenlosen) Traffic von Suchmaschinen auf die eigene Webseite zu lenken. Die Suchmaschinenergebnisse werden als **SERPs (Search Engine Result Pages)** bezeichnet.

Jedoch hat sich der Wettbewerb in den vergangenen zwei Jahrzehnten erheblich verschärft, so dass es immer schwieriger wird, die ersten Plätze zu belegen. Mittlerweile benötigt man umfangreiche technische und marketingspezifische Fachkenntnisse, um SEO professionell umsetzen zu können.

SEO ist keine beiläufige Aktivität, sondern eine anspruchsvolle Technik, die mit beträchtlichem Zeitaufwand und hohen Kosten verbunden ist. In der Regel muss bei mittelgroßen oder kleineren Webseiten zwei- bis dreimal wöchentlich ein Beitrag erstellt werden. Hinzu kommen:

- die fortlaufende Optimierung des Layouts,
- die Keywordanalyse,
- das Linkbuilding,
- die Betreuung der Social-Media-Kanäle,
- das Monitoring, und
- das Controlling.

Für alle diese Aktivitäten benötigt man mehrere Fachkräfte und Spezialisten, so dass die Kosten für die SEO bei den meisten Unternehmen völlig unterschätzt werden.

Google ist jene Suchmaschine, die weltweit den Takt vorgibt und einen überwältigenden Marktanteil innehat. Andere Suchmaschinen wie Bing, Ecosia und Yandex spielen nur eine sekundäre Rolle und sind Außenseiter. Für das digitale Marketing ist nahezu ausschließlich Google relevant, da der IT-Gigant weltweit einen Marktanteil von über 90 Prozent hat.

Etliche Suchmaschinen verfügen über einen eigenen **Crawler (Bot)**, der die einzelnen Webseiten erfasst und **indexiert**. Zu dieser Kategorie gehören neben Google beispielsweise Microsofts Suchmaschine **Bing**, das auf Datenschutz und Privatsphäre spezialisierte **DuckDuckGo**, die europäische Suchmaschine **Qwant** und die russische Suchmaschine **Yandex**.

Daneben existieren **Proxy-Suchmaschinen**, die sich der Suchergebnisse anderer bedienen. Ein Beispiel ist **Startpage**, das die Resultate von Google übernimmt und anonymisiert bereitstellt. Startpage gestattet es auch, über einen Proxy Seiten anonym und ohne Cookies aufzurufen. **Ecosia** greift auf die Suchergebnisse von Bing zurück und pflanzt aus den Werbeeinnahmen Bäume. **Metasuchmaschinen** wie **MetaGer** und **Searx** fassen die Ergebnisse verschiedener Suchmaschinen zusammen.

Eine zunehmende Bedeutung gewinnen spezialisierte Suchmaschinen. So gibt es beispielsweise für das Marketing auf Amazon oder YouTube spezifische Strategien und Konzeptionen.

Ein Unternehmen, dem es nicht gelingt, bei Googles Suchergebnissen auf Seite 1 zu gelangen, ist praktisch „unsichtbar“: Die meisten Nutzer begnügen sich mit den Resultaten, die die Suchmaschine auf der ersten Seite ausgibt. Selbst hier herrscht noch einmal ein harter Wettbewerb:

- Wer es nicht unter die ersten drei schafft, verliert bereits deutlich und büßt Marktanteile ein. Alle anderen Ergebnisse, die auf der ersten Seite erscheinen, werden von den meisten Nutzern aus Bequemlichkeit ignoriert.

In diesem Zusammenhang gilt im Großen und Ganzen das bekannte **Pareto-Prinzip**: Wer die ersten drei Plätze der ersten Seite belegt, hat ungefähr die Chance, 50 Prozent des Umsatzes zu erzielen. Schon die nächsten Ränge der ersten Seite müssen sich mit wesentlich geringeren Anteilen zufriedengeben. Noch bedenklicher ist die Lage jener Unternehmen, die lediglich auf Seite 2 ein Schattendasein fristen: Für sie bleiben nur ein paar „Umsatzkrümel" übrig. Die Marketingstrategie ist somit gescheitert. Absolut verheerend ist es, wenn das Unternehmen erst auf einer der folgenden Seiten erwähnt wird. Es gibt so gut wie keine Nutzer, die sich die Mühe machen, Suchergebnisse ab der dritten Seite zu prüfen. Seltene Ausnahmen bestätigen die Regel.

Insofern ist es für jedes Unternehmen ein kritischer Erfolgsfaktor, ob es gelingt, durch Content-Marketing objektive und überzeugende Informationen über ein Produkt oder eine Dienstleistung zu verbreiten. Und diese Information wird nur dann wahrgenommen, wenn sie in der Suchmaschine möglichst an prominenter Stelle erscheint. Eine Webseite, die bei Google auf den hinteren Plätzen rankt, wird gar nicht wahrgenommen. Daher muss es oberstes Ziel sein, SEO in allen Facetten perfekt zu beherrschen und einen Spitzenplatz in den Suchmaschinenergebnissen zu erreichen.

Google hat in den vergangenen Jahren mehrfach etliche Updates durchgeführt, die die Suchmaschinenoptimierung immer komplexer und anspruchsvoller gemacht haben. Inzwischen wird bereits künstliche Intelligenz eingesetzt, um die Suchergebnisse zu filtern und dem Nutzer eine hervorragende User-Experience zu garantieren. Zudem spielt heutzutage auch die Sichtbarkeit in den Antworten von **KI-Systemen** und **LLMs** wie **chatGPT** zunehmend eine Rolle. Aufgrund der zunehmenden Relevanz dieser Thematik, wird diese in Schritt 8 beleuchtet.

Die Fachkenntnisse, die notwendig sind, um erfolgreich SEO zu praktizieren, werden immer umfangreicher und erstrecken sich über eine Vielzahl verschiedener Disziplinen von der Marktpsychologie bis zur HTML-Programmierung und dem Einsatz von maschinellem Lernen in Kunden-Chats mit Hilfe von Python.

Beim herkömmlichen Marketing ist es nicht notwendig zu wissen, wie eine Broschüre gedruckt wird oder eine TV-Sendung technisch abläuft. SEO hingegen setzt voraus, dass man beispielsweise ein SEO-Plugin bei WordPress richtig konfigurieren oder ein Linkprofil erstellen kann. Um optimale Ergebnisse zu erzielen, ist es nicht selten unerlässlich, WordPress-Seiten mithilfe von HTML, CSS und PHP modifizieren zu können. Selbst Fachkenntnisse der Domainverwaltung und von MySQL können erforderlich sein.

Etliche Unternehmen unterschätzen den hohen Stellenwert der Suchmaschinenoptimierung und ihre herausragende Bedeutung für die Reputation und die Wettbewerbsfähigkeit eines Unternehmens.

Durch die permanenten Updates, die der Suchmaschinengigant durchführt, werden immer vielschichtigere Methoden unumgänglich. Zahlreiche SEO-Verfahren, die früher einen schnellen Erfolg bedingten, sind heute veraltet und führen bei einem unreflektierten Einsatz dazu, dass sich die Positionierung noch drastisch verschlechtert oder die Webseite vollständig aus Google entfernt wird (Index-Exclusion).

Daher müssen alle SEO-Maßnahmen dem aktuellen Stand der Technik entsprechen und den heutigen Anforderungen gerecht werden. Inzwischen gibt es mehrere SEO-Spezialgebiete, wie beispielsweise Video-SEO, Local SEO und Voice-Search-SEO, die integraler Bestandteil einer umfassenden Marketingstrategie sein sollten.

Im Folgenden werden auch historische Techniken besprochen, die früher einmal erfolgreich waren, und danach die heute verbreiteten Verfahren, die aufgrund des Einsatzes von maschinellem Lernen und KI-gestützten Suchoptimierungen mittlerweile Standard sind.

Im Vordergrund steht aufgrund der Künstlichen Intelligenz die Search-Experience-Optimization, die für Google oberste Priorität hat.

Grundsätzlich wird zwischen Onpage-SEO und Offpage-SEO differenziert:

- Unter **Onpage-SEO** versteht man alle Maßnahmen, die auf der eigenen Webseite durchgeführt werden, um eine optimale Positionierung in der Suchmaschine zu erzielen.
- **Offpage-SEO** hingegen umfasst alle Verfahren, die außerhalb der eigenen Webseite stattfinden. Hierbei geht es vor allem um die Verlinkung zu anderen Seiten, also das Linkbuilding.

Die Entwicklung der Suchmaschinenoptimierung gliedert sich in verschiedene Phasen, in denen mehrere Paradigmenwechsel stattfanden, die durch die technische Innovation bedingt waren. Im Vergleich zu früher genügen heutzutage nicht mehr einfache Verfahren wie das häufige Verwenden von Schlüsselbegriffen. Je mehr maschinelles Lernen in den Suchmaschinen eingesetzt wird, desto anspruchsvoller wird qualitativ hochwertiges digitales Marketing.

In der „Steinzeit" des digitalen Marketings (2000 bis 2010) waren simple Tricks und allerlei Finessen weit verbreitet. Beispielsweise wurden Schlüsselbegriffe, von denen man sich ein vorteilhaftes Ranking erhoffte, einfach aneinandergereiht, auch wenn sie keinen unmittelbaren Bezug zum Produkt oder zur Dienstleistung des Unternehmens hatten. Um diese offensichtliche Manipulation zu kaschieren, wurde eine weiße Schriftart vor einem weißen Hintergrund gewählt („**Cloaking**"). Für den menschlichen Betrachter erschienen die wahllos angehäuften Schlüsselbegriffe nicht, sondern nur für den Robot der Suchmaschine, der diese Begriffe im Hintergrund erfasste und die Seite irrtümlich als informativ und gehaltvoll einstufte. Da manche Seiten stichprobenartig auch von Mitarbeitern der Suchmaschine in Augenschein genommen wurden, versteckte man die Begriffe durch die weiße Schrift.

Ein solches Vorgehen wird missbilligend als **Black-Hat-SEO** bezeichnet, da es unlautere und verwerfliche Techniken einsetzt, um sich Vorteile zu verschaffen (die Bezeichnung „Black Hat“ stammt aus alten Western, in denen „Bösewichte“ schwarze Hüte und der Sheriff einen weißen Hut trug).

Es gibt auch Mischformen, die sich in einer schwer definierbaren Grauzone bewegen. Diese Praxis wird als **Grey-Hat-SEO** bezeichnet. Ob diese Praktiken bereits gegen die Richtlinien von Google verstoßen und zu einer Sanktion führen können, lässt sich schwer abschätzen und ist von Fall zu Fall unterschiedlich. Man sollte immer darauf verzichten, da Google strenge Maßstäbe anlegt und eines Tages solche Techniken drastisch sanktionieren könnte.

White-Hat-SEO hingegen zeichnet sich durch folgende Merkmale aus:

- Unique Content und qualitativ hochwertige und informative Inhalte
- gute Lesbarkeit und verständliche Sprache
- übersichtliche Navigationsstruktur mit hoher Nutzerfreundlichkeit
- organisch gewachsenes Linkbuilding (die Links sind kontinuierlich mit der Popularität der Webseite gewachsen)
- viele qualitativ hochwertige Backlinks von Webseiten mit hoher Reputation (Wikipedia, Universitäten, Hochschulen, Regierungsseiten)
- Nutzung von anschaulichen Infografiken und strukturierten Daten
- Verwendung von Voice-Search-SEO (FAQs, Q&A, Frage-Antwort-Schemata)
- Barrierefreiheit für behinderte Menschen (sorgfältig beschriftete Bilddateien und Erläuterungen von Bildinhalten, Texte sind auch in einfacher Sprache verfügbar)
- systematische Kategorien ohne Überschneidungen und Taxonomien für das systematische Tagging von Blogbeiträgen
- responsives Design und Mobile Friendliness
- Einhaltung des Datenschutzes und aller gesetzlichen Bestimmungen (Angaben im Impressum, Datenschutzerklärung, AGB)
- Affiliate-Links, Native Advertising, Sponsored Blogs und Gastautoren werden eindeutig gekennzeichnet.
- Einhaltung der Sicherheitsstandards (HTTPS-Verschlüsselung für die Webseite und für Formulare)

Seit dem Jahr 2010 wurden die Techniken zur Positionierung in der Suchmaschine verfeinert, da Google durch neue Updates simple Manipulationen zunehmend aufgedeckt und verhindert hatte. Letztlich ging es aber immer noch darum, die Suchmaschine zu überlisten. Zwar wurden Schlüsselbegriffe nicht mehr im Hintergrund versteckt, aber man überlegte dennoch, wie oft Schlüsselbegriffe verwendet werden können, ehe es der Suchmaschine auffällt.

Insofern halfen statistische Verfahren zu berechnen, welche Keywords in einem Text an welcher Stelle platziert werden mussten, um möglichst weit im Ranking aufzusteigen. Dieses Vorgehen war in der Praxis ein komplizierter und bedenklicher Balanceakt: Denn wer zu viele Keywords in den Text streute, wurde schnell auf die hinteren Seiten der Suchmaschine verbannt.

Diese Technik wird abfällig als „Keyword-Stuffing" bezeichnet. Es wurde genau berechnet, wie oft bestimmte Schlüsselbegriffe in einem Absatz erwähnt werden durften. Um mehr Differenzierung zu ermöglichen, wird in der Keywordanalyse eine hierarchische Rangfolge von primären und sekundären Schlüsselbegriffen geschaffen: Es gibt Keywords von vorrangiger Bedeutung, die auf jedem Fall im Seitentitel und in der Hauptüberschrift sowie im ersten Absatz erwähnt werden, und andere, die erst in den Zwischenüberschriften auftauchen.

Eine neue Ära in der Suchmaschinenoptimierung begann 2016, als Google zunehmend maschinelles Lernen einsetzte (RankBrain). Inzwischen reicht es nicht mehr, Texte und Bilder angemessen zu formatieren und ein ansprechendes Layout mit barocker Üppigkeit einzusetzen. Das pedantische und akribische Zählen von Schlüsselbegriffen wurde allmählich obsolet, und Google strafte Seiten ab, die zu oft bestimmte Wörter gebetsmühlenartig wiederholten.

Inzwischen rückt ein Kriterium in den Vordergrund: Eine Webseite muss dem Leser eine wertvolle Information bieten. Die Künstliche Intelligenz ließ sich durch Designkunstwerke mit irrlichternden Flash-Animationen und statistisch berechneten Wortwolken nicht mehr benebeln. Richtige Inhalte mussten her, die den Leser überzeugen.

Sehr schnell fielen einige Webseiten im Ranking ins Bodenlose und verloren an Aufmerksamkeit.

Wer bislang nur sinnentleerte Worthülsen und gefällige Phrasen in einem ästhetisch veredelten Ambiente auf den Webseiten geboten hatte, wurde von Google auf die hinteren Ränge verbannt.

Die neue Devise des digitalen Marketings lautet: **„Content is king!"**

Seit 2016 ist außerdem ein **responsives Design**, das die Darstellung auf Smartphones und Tablets erleichtert, ein absolutes Muss. Unternehmen, die die mobile Darstellung vernachlässigten, wurden sofort sanktioniert. Denn Google stellte fest, dass die überwiegende Mehrheit der gesamten Weltbevölkerung nicht mehr mit PCs auf das Internet zugriff, sondern mit Tablets und Smartphones, die vor allem für Menschen in Entwicklungsländern erschwinglicher sind als Hochleistungsrechner im Desktop-Format.

Anforderungen an Websites	
Mobile Friendliness (Mobile first)	SSL-Verschlüsselung und HTTP/2
Safe Browsing	Responsive Design
hohe Ladegeschwindigkeit	schlankes Theme
Datenschutz	W3C-Konformität
High Quality Links	transparente Navigation
User Experience (UX) und Usability	Strukturierte Daten, Infografiken
Multimediale Inhalte	Social Media Integration
Barrierefreiheit	Tagging und Kategorien
Relevanz und Keyword-Analyse	Progressive Web Apps
Voice Search Optimierung	Unique Content
Content Security Policy	Weltweite Verfügbarkeit (CDN)

Abbildung 45: Anforderungen an Webseiten

Google verwendet inzwischen einen Crawler, der zuerst die mobile Variante einer Webseite überprüft und bewertet. Es ist ein gravierender Fehler, mobile Webseiten als eine abgespeckte Variante der eigentlichen Webseite zu präsentieren. Google erwartet, dass mobile Webseiten die gleiche Informationsfülle und mediale Dichte aufweisen wie die herkömmliche Seite, die für Desktops konstruiert wurde. Um diesem hohen Anspruch gerecht zu werden, reicht es bei weitem nicht aus, eine reduzierte Kopie der ausführlichen Webseite bereitzustellen. Vielmehr muss die mobile Seite für die technischen Besonderheiten von Smartphones und Tablets optimiert sein. Google stellt sogar ein eigenes Format zur Verfügung: AMP. Darüber hinaus ist es heutzutage selbstverständlich, dass Unternehmen eine eigene, aus der Webseite abgeleitete App (Progessive Web Apps, PWA) anbieten.

Auch die Anforderungen an das Safe Browsing haben deutlich zugenommen. Seiten, die nicht über eine HTTPS-Verschlüsselung (TLS-Verschlüsselung) verfügen, werden in den meisten Browsern als gefährlich eingestuft.

Moderne Webseiten ermöglichen zudem parallele Anfragen, parallele Requests, die über HTTP/2 oder aktuell über HTTP/3 realisiert werden. Darüber hinaus kann man professionelle Webseiten daran erkennen, dass sie eine Content-Security-Policy definieren und die Sicherheitsheader so einstellen, dass beispielweise Cyber-Attacken durch Cross Scripting verhindert werden.

Eine hohe Ladegeschwindigkeit wird von Google mit einem besseren Ranking honoriert. Durch die Einbindung von weltweiten Servern über **Content-Delivery-Networks (CDN)** kann die Ladegeschwindigkeit verbessert und die Sicherheit erhöht werden. Schlanke Themes und optimierte Bilder tragen dazu bei, dass eine Seite schneller verfügbar ist.

Zwei weitere wichtige Trends kamen hinzu:

- Webseiten müssen gehaltvolle und hilfreiche Informationen liefern, die für den Leser einen Mehrwert darstellen und leicht zu erfassen sind.
- Die User Experience ist ein äußerst wichtiges Kriterium: Webseiten mit unübersichtlichen Navigationsstrukturen, einer hohen Klicktiefe durch verschachtelte und labyrinthische Ebenen und Thin Content, der sich in inhaltsleeren Texten manifestiert, werden ebenso sanktioniert und auf die hinteren Seiten der Suchmaschine verbannt wie Webseiten, die sich nicht um Barrierefreiheit und Datenschutz kümmern.

Um qualitativ hochwertige Inhalte so schnell wie möglich rezipieren zu können, gewinnen strukturierte Daten und Infografiken immer mehr an Bedeutung, auch im Hinblick auf den zunehmenden Stellenwert der Sprachsuche **(Voice-Search-Optimization)**. Aufgrund der schnellen Verbreitung von **Smart Speakers** ist die Sprachsuche ein unerlässlicher Bestandteil. Informationen müssen daher in Zukunft dialogartig als FAQ in einem Frage-Antwort-Schema präsentiert werden, das auch für Kundenbots nutzbar ist.

Unternehmen, die ihre Informationen didaktisch sinnvoll aufbereiten und systematisch darstellen, werden von Google an der Spitze platziert und zusätzlich durch eine besondere Aufmachung ausgezeichnet (**Rich Snippets**).

Google führte im Verlauf der Entwicklung der Suchmaschine zahlreiche Updates durch, die zu immer höheren Anforderungen an die Suchmaschinenoptimierung führten.

Name des Updates	Jahr	Inhalt
Mayday	2010	Optimierung der Bewertung von Longtail-Keywords
Caffeine	2010	schnellere Indexierung
Schema	2011	Integration von Rich Snippets in die Suchmaschine
Panda	2011	Verbesserung der Suchergebnisse
Freshness	2011	schnellere Aktualisierung
Page Layout	2012	Ads above the Fold werden schlechter bewertet
Penguin	2012	Keyword-Stuffing führt zu schlechterem Ranking
Pirate	2012	gegen Urheberrechtsverletzungen
Hummingbird	2013	Optimierung der semantischen Suche

HTTPS	2014	Webseiten mit HTTPS-Verschlüsselung bevorzugt
Mobile	2014	Mobile Friendliness wird verbindlich
RankBrain	2015	zunehmender Einsatz von maschinellem Lernen
Google Core	2016	qualitativ hochwertiger Content entscheidend
Interstitial	2017	Pop-ups und Interstitials werden schlechter bewertet
Speed	2018	Ladegeschwindigkeit muss optimiert werden
BERT	2019	komplexe Suchanfragen werden verbessert
Product Reviews Update	2021	Ausführliche Produktbeschreibungen werden gegenüber nicht individuellen Inhalten präferiert
Local Search Update	2021	Re-Priorisierung lokaler Ranking-Faktoren
Page Experience Update	2022	Priorisiert die Benutzerfreundlichkeit einer Webseite als Rankingfaktor
Product Reviews Update	2022	Fokus auf die Qualität von Inhalten zu Produktbewertungen (Rezensionen)
Helpful Content Update	2022	Priorisiert Inhalte, die für Menschen geschrieben sind, gegenüber Inhalten, die primär für Suchmaschinen optimiert sind (SEO-optimierte Inhalte)
Search Generative Experience	2023	Suchergebnisse bei Google werden mittels KI-basierter Zusammenfassungen verbessert
Site Reputation Abuse Update	2024	Bestraft Webseiten, die Drittanbieterinhalte veröffentlichen, um von der Reputation der Host-Seite zu profitieren
Fake Content Update	2024	Bestraft Fake News sowie künstlich erzeugte Bilder und Videos (Deepfakes)

Das erste Update begann bereits 2002. Im Verlauf der Jahre gab es geringfügige Änderungen, aber auch grundlegende Zäsuren, die die bisherigen Methoden des digitalen Marketings beträchtlich veränderten.

Zu den bedeutendsten und bekanntesten Updates zählen:

- Das Google-Update Caffeine („Koffein") wurde im Jahr 2010 umgesetzt. Durch diese Neuerung wurden Suchergebnisse (SERPs) um 50 Prozent schneller und aktueller präsentiert als früher. Die Infrastruktur der Suchmaschine wurde von einem Schichtenmodell in ein netzförmiges topographisches System transformiert, das durch einen inkrementellen Prozess zu besseren Suchresultaten gelangt. Das Crawling und die Indexierung wurden auf diese Weise optimiert.

- Das Google-Update Panda sorgte dafür, dass nur qualitativ hochwertige Webseiten die ersten Ränge belegen können. Internetseiten mit dürftigen Inhalten (Thin Content) und Content-Farmen (Contentmills), die oberflächliche und oft wenig tiefschürfende Texte anhand der Suchmaschinenoptimierung erstellten, wurden abgewertet. Von dieser rigorosen Filterung waren unzählige Seiten betroffen. Dadurch verschärften sich das Qualitätskriterium und die Anforderungen an Texte.
- Das Google Update Penguin erfolgte im Jahr 2012 und nahm die Manipulation von Webseiten durch die Onpage- und Offpage-SEO ins Visier. Google machte zu diesem Update keine detaillierten Angaben. Aufgrund der Abwertungen weiß man, dass insbesondere Keyword-Stuffing unterbunden werden sollte und ein Linkbuilding, das auf gekauften Links beruht, und ein zu schnelles Linkwachstum, das den Verdacht der Manipulation nahelegt. Darüber hinaus wurden Spam-Seiten aus den Suchergebnissen entfernt.
- Google implementierte das Update Hummingbird („Kolibri") im Jahr 2013 und verbesserte damit die Suchmaschinenfunktion. Durch Hummingbird wurden nicht nur einzelne Wörter für die bessere Suche benutzt, sondern es konnten zusammenhängende Fragen mit einbezogen werden. Google vollzog damit die Wende zu einer umfassenden, kontextabhängigen semantischen Analyse der Suchanfragen.
- Das Update BERT steht für „Bidirectional Encoder Representations from Transformers". Mit diesem Update, das 2019 implementiert wurde, betonte Google die Bedeutung von strukturierten Daten und Featured Snippets sowie den Stellenwert intelligenter Sprachverarbeitung in Kontexten. Das maschinelle Lernen und die Auswertung von Inhalten durch künstliche Intelligenz wird so zur obersten Maxime für die Suchmaschine.
- Das Update RankBrain ist ein auf maschinellem Lernen beruhender Algorithmus (Deep Learning), der Inhalte qualitativ auswerten kann. Durch diese KI-Unterstützung kann Google Suchanfragen intelligent analysieren und beantworten. Für die Suchmaschinenoptimierung bedeutet RankBrain eine grundlegende Wende. Die simplen Manipulationen und Finessen der Anfangszeit gehören endgültig der Vergangenheit an. Künstliche Intelligenz kann nun solche Praktiken schnell entlarven. Zwar muss die SEO heute noch bestimmte formale Aspekte berücksichtigen, wie beispielsweise die Verwendung von Schlüsselbegriffen, aber die Bedeutung hochwertiger Inhalte ist in den Vordergrund gerückt. Unternehmen, die sich damit begnügen, ein paar Produktbeschreibungen auf ihrer Webseite zu platzieren und das Layout durch Logos und gefällige Animationen „aufzuhübschen", werden an den neuen Anforderungen des KI-Zeitalters scheitern.

6.1 Prüfungstipps

Welchen Prüfungstipp kann ich aus diesem Abschnitt ziehen?

In Prüfungen wird häufig gefordert, ■ SEO zu definieren ■ SEO in das Content-Marketing einzuordnen ■ die Zielsetzung von SEO zu erläutern ■ Onpage-SEO und Offpage-SEO zu differenzieren ■ Black-Hat-SEO, Grey-Hat-SEO und White-Hat-SEO zu differenzieren ■ die Merkmale von White-Hat-SEO zu erläutern ■ die Relevanz von responsivem Design zu erklären.

Schritt 7: Organische Aufmerksamkeit: Instrumente der Suchmaschinenoptimierung (SEO)

Lernhinweise

Was erwartet mich in diesem Kapitel?

In diesem Kapitel werden alle Instrumente der Suchmaschinenoptimierung vorgestellt und deren Anwendung in der Praxis beschrieben. Im Fokus stehen konkrete Ansätze, um die organische Auffindbarkeit, Sichtbarkeit und Reichweite einer Webseite messbar zu erhöhen.

Welche Schlagwörter lerne ich kennen?

■ Onpage-SEO ■ Offpage-SEO ■ EAT-Prinzipien ■ Hauptkeywords ■ Nebenkeywords ■ Meta-Beschreibung ■ URL-Struktur ■ Links ■ Permalinks ■ Broken Links ■ Sitemap ■ Barrierefreiheit ■ Corporate Social Responsibility ■ Duplicate Content ■ Thin Content ■ Unique Content ■ Redaktionsplan ■ Blogging ■ Infografiken ■ Buyer-Persona ■ Navigation ■ Meta-Tags ■ Ladegeschwindigkeit ■ Lazy Loading ■ HTTPS-Verschlüsselung ■ Firewall ■ Mobile-first-Indexierung ■ Google Search Console ■ Backlinks ■ Linkbuilding ■ Organic Traffic ■ Trusted Domains ■ Google Verticals ■ Google Maps ■ Local SEO ■ Voice Search

Wofür benötige ich dieses Wissen?

Dieses Wissen stellt die zentrale Grundlage für eine fundierte Analyse, Priorisierung und Umsetzung von Maßnahmen zur Verbesserung der organischen Auffindbarkeit, Sichtbarkeit und Reichweite einer Webseite dar.

Die Lernfragen zu diesem Kapitel finden Sie unter:

https://narr.kwaest.io/s/1431

7.1 Onpage-SEO: Inhalt der Webseite

Bei **Onpage-SEO** beginnt die Umsetzung der Suchmaschinenoptimierung auf der eigenen Webseite. Hierzu gehören eine Vielzahl von Layout- und Formatierungsrichtlinien, aber auch Verfahren der Verschlagwortung und der Multimedia-Präsentation, die es Google und anderen Suchmaschinen erleichtern, Webseiten zu indexieren und zu bewerten.

Es ist nicht eindeutig, welche Aspekte am stärksten das Ranking beeinflussen, da Google sich bedeckt hält und die Details nicht näher offenbart. Dennoch können aufgrund bisheriger Erfahrungen einige plausible Schlussfolgerungen gezogen werden. Entscheidend ist:

- Eine noch so perfekte formale Onpage-SEO kann keine qualitativ hochwertigen Inhalte ersetzen.
- Auch ein hervorragendes Layout und eine exzellente Multimedia-Integration können dürftige Texte nicht kompensieren.

Das Fazit lautet also:

> Zur Onpage-SEO gehört daher immer ein hervorragender Content.

Die Zeit, als man noch manipulative Techniken dazu verwenden konnte, um das Ranking systematisch zu verbessern, sind unwiderruflich vorbei. Daher ist es heutzutage von herausragender Bedeutung, einzigartigen, qualitativ hochwertigen Content zu erzeugen, der die Leser und Besucher der Webseite überzeugt und fasziniert. Unternehmen, die diese Regel nicht beherzigen, werden früher oder später Einbußen erleiden. Durch den Einsatz von künstlicher Intelligenz und maschinellem Lernen kann die Google-Suchmaschine sofort erkennen, wenn Inhalte durch Black-Hat-SEO manipuliert wurden.

Höchste Priorität sollten daher alle Verfahren haben, die dazu dienen, den Text qualitativ zu verbessern. Ein Kunde, der eine Webseite besucht, sollte von deren Inhalten überzeugt sein und wertvolle und detaillierte Informationen mitnehmen können.

Eine Webseite muss übersichtlich gestaltet und verständlich strukturiert sein und eine eindeutige und leicht bedienbare Navigation aufweisen. Der Besucher sollte sich auf der Webseite wohlfühlen und sie mit angenehmen Assoziationen in Verbindung bringen. Unübersichtliche Seiten, die langweilige Texte aufweisen, sind nicht geeignet, das Ranking einer Unternehmenswebseite zu verbessern.

Die SEO beginnt bereits bei der **Überschrift**, die ein Keyword enthalten sollte, das für das Thema besonders relevant ist. Bei der Formulierung der Überschrift sollte man beachten, dass jeder Abschnitt zusätzlich über eine Unterüberschrift verfügt, die den Haupttitel näher erläutert. Darüber hinaus ist es wichtig, dass bereits die Überschrift wesentliche Informationen des Textinhalts wiedergibt. Die Überschrift sollte nicht länger als 60 Zeichen sein, denn zu lange Überschriften werden in den Suchmaschinenergebnissen einfach abgeschnitten, sodass der Leser oder Nutzer vor einer unverständlichen Überschrift steht.

Es hat sich in der Praxis herausgestellt, dass allgemeine Titel auf wenig Resonanz stoßen, während konkrete, anschauliche und praxisbezogene Überschriften Anklang bei den Lesern finden. Beispielsweise sollte man nicht schreiben „Wie man mit SEO eine Unternehmenswebsite verbessern kann“, sondern „35 Tricks, wie Sie an einem Tag 200 neue Kunden gewinnen“ oder „Die 40 besten SEO-Tools“.

Der Textinhalt sollte sich auf das Keyword und die Überschrift beziehen. Nur Texte, die relevant sind, werden von den Besuchern auch zu Ende gelesen. Eine hohe

Absprungrate deutet darauf hin, dass der Text bzw. die multimedialen Inhalte schlecht auf das Keyword und das Thema optimiert wurden.

Man sollte vermeiden, dass vor einer Webseite ein größerer Vorspann erscheint, beispielsweise in Form einer überdimensionierten Bilddatei. Der Leser möchte sofort den Text sehen und keine großen grafischen Elemente, damit er nicht erst zum eigentlichen Inhalt scrollen muss. Sinnvoll ist es, sich mit einer Webseite auf ein bestimmtes Hauptkeyword zu konzentrieren. Für das Ranking bei Google wird nämlich jede Seite einzeln bewertet.

In der Praxis gelten folgende Aspekte:

- **Gliederungen und Überschriftenebenen** müssen systematisch und schlüssig sein. Ähnlich wie bei Inhaltsverzeichnissen ist es verpönt, verwaiste Gliederungspunkte aufzuführen. So kann eine numerische Gliederung, die aus 1.2., 1.2.1, 1.3. besteht, zu einer Abwertung führen, denn jeder Gliederungspunkt sollte mindestens aus zwei Untergliederungen bestehen. Nicht selten werden Überschriftenebenen übersprungen. Im HTML-Code sollte auf H1 stets H2 als Überschrift folgen und nicht bereits H3.
- Die **Meta-Beschreibung** der Webseite, die im HTML-Code verankert ist, sollte auf jeden Fall ein relevantes Hauptkeyword nennen. Es ist wichtig, dass diese Beschreibung prägnant, eingängig und leicht verständlich ist. Eine Meta-Beschreibung darf 160 Zeichen nicht überschreiten, da Google die Beschreibung für die Zusammenfassung in der Suchmaschine nutzt und zu lange Texte einfach gekürzt werden. Es ist daher empfehlenswert, weniger Zeichen zu verwenden, beispielsweise 130 Zeichen.
- Jede Webseite sollte über einen eigenen **Titel** verfügen, der dann im Browser oben erscheint. Auf keinen Fall sollte man diese Angabe vergessen. Sonst verzichtet der Browser auf die Angabe des Titels, was befremdlich ist und von geringer Sorgfalt bei der Erstellung von Webseiten zeugt.
- Jede Seite sollte einen **Dateinamen** haben, der sich selbst erklärt. Man sollte keine kryptischen Abkürzungen oder Nummern verwenden, sondern klare Begriffe, die sich auf das jeweilige Thema beziehen und möglicherweise sogar ein Keyword enthalten.
- Die **URL-Struktur** sollte systematisch aufgebaut sein. Die Verwendung von Abkürzungen oder Nummern ist tabu, denn der Leser kann dann den Pfad einer Datei nicht nachvollziehen. Auch verschachtelte und unübersichtliche Verzeichnisse sind nicht empfehlenswert, denn sie verhindern eine klare und transparente Navigationsstruktur. Dasselbe gilt für Verzeichnisse, deren Kategorien nach Datum sortiert sind. Für den Leser oder Besucher ist es am besten, wenn die Dateinamen systematisch geordnet und klar bezeichnet und nur einer Hauptkategorie zugeordnet sind.
- **Permalinks** sollten einfach und transparent sein. Ein Besucher sollte sofort erkennen können, mit welchem Thema die Verlinkung assoziiert ist. Ein Permalink sollte niemals ein Datum oder eine Kategorie mit einbeziehen (die Permalinks sollte man in den Einstellungen in WordPress auf „Beitragsname" umstellen).

- **Links** müssen kurz und verständlich sein und eine logische Struktur aufweisen.
- **Broken Links**, die zu einer nicht existenten Seite oder einem Seitenfehler führen, sollten unverzüglich korrigiert werden (hierfür gibt es spezialisierte Plugins, die automatisch die Zieladresse überprüfen). Der Google-Crawler wird solche Verknüpfungen sofort erkennen, was zu einer Abwertung im Ranking führt.
- Es sollte eine **Sitemap** zur Verfügung gestellt werden, da diese dem Crawler die Indexierung wesentlich erleichtert.

Insgesamt betrachtet ist die Seitenstruktur für die Onpage-SEO sehr wichtig. Neben der korrekten Nummerierung von Überschriften und Zwischenüberschriften sollten Gliederungsmerkmale wie Aufzählungslisten und Fett- und Kursivformatierungen angemessen genutzt werden. Es ist darauf zu achten, dass der Text nicht zu „unruhig" wird.

Blogartikel und Postings sollten stets mindestens 1000 Wörter umfassen, da sonst die Texte als Thin Content eingestuft werden. Besonders hohe Maßstäbe für die Qualität von Texten gelten für die YMYL-Themen (Your Money, Your Life, also Themen wie Finanzen, Gesundheit und Recht).

Bilder müssen sorgfältig beschriftet werden. Ein Bild hat eine **Bildunterschrift** (auch **Legende** genannt). Darüber hinaus gibt es aber auch noch eine eigene **Bildbeschreibung**, die nur im Hintergrund erscheint. Webseiten, die die Suchmaschinenoptimierung vernachlässigen, kann man sofort an den Bildern erkennen. Eine solche Bildbeschreibung ist auch deswegen unerlässlich, da Menschen mit Sehbehinderungen sich den Text vorlesen lassen. **Barrierefreiheit** ist im Internet ein aus ethischer Sicht maßgeblicher Aspekt, der für die **Corporate Social Responsibility (CSR)** des Unternehmens spricht.

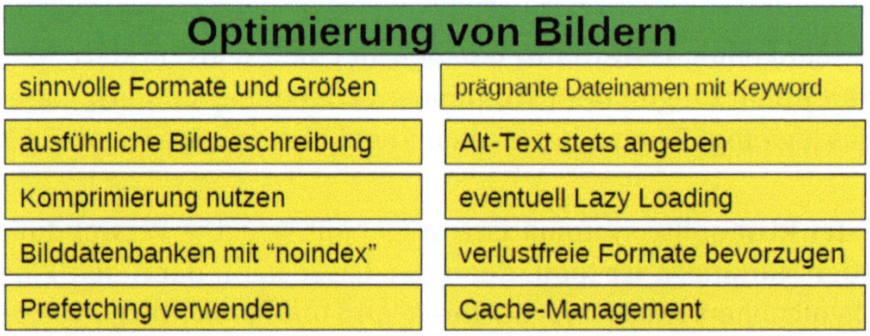

Abbildung 46: Optimierung von Bildern

Bei Bildern und Textbeschreibungen muss Folgendes beachtet werden:

- Jedes Bild hat einen eindeutigen und für die Suchmaschine auswertbaren **Dateinamen** (also nicht: 39t57781.jpg, sondern Ventilator1.jpg).
- Die **Bildunterschrift** ist prägnant und eindeutig und enthält einen Schlüsselbegriff, der sich aus der Keywordanalyse ergeben hat.

- Die **Bildbeschreibung** (der **Alt-Text**) erklärt das Bild (auch für blinde Menschen oder Nutzer, bei denen das Bild aufgrund einer stockenden Internetverbindung nicht erscheint). Die Bildbeschreibung kann dazu genutzt werden, einen oder zwei relevante Schlüsselbegriffe mit einzubeziehen. Auf keinen Fall sollten wahllos Schlagwörter in die Beschreibung „geschmuggelt" werden (dieses unangenehme Keyword-Stuffing wird bei Google zu einer Sanktionierung führen).
- Es sollte eine Einstellung vorgenommen werden, die dafür sorgt, dass **Bilddatenbanken** von Google nicht zusätzlich ausgewertet werden. Viele Content-Management-Systeme legen nämlich eine eigene Bilddatenbank an, die von Google zusätzlich gecrawlt wird, wenn der Zugang nicht gesperrt wird. Dadurch entsteht bei der Suchmaschine der Eindruck, dass Bilder und mögliche Texte zum Bild mehrfach vorhanden sind. Dieser vermeintliche **Duplicate Content** kann ebenfalls das Ranking beeinträchtigen. Um dies zu verhindern, ermöglichen es verschiedene Plugins, die Datenbank aus der Indexierung herauszunehmen.
- **Duplicate Content** muss auf jeden Fall vermieden werden. Häufig kann durch falsche technische Einstellungen der Eindruck erweckt werden, dass die Webseite kopierte Inhalte verwendet. Daher müssen Tags, Kategorien und Taxonomien immer auf **„noindex"** eingestellt werden, da sonst der Google Crawler die Texte und Begriffe in den Kategorien und Tags erfasst.

Bevor man beginnt, Texte zu verfassen oder multimediale Inhalte zu erstellen, sollte zuerst ein **Redaktionsplan** angelegt werden, der spezifiziert, welche Themen zu welchem Zeitpunkt bearbeitet werden. Darüber hinaus umfasst ein Redaktionsplan, wer für die einzelnen Inhalte als Autor oder Redakteur zuständig ist und welche Hilfsmittel und Budgets zur Verfügung stehen.

Ein Text sollte sorgfältig geplant werden, bevor man nämlich mit dem spontanen Schreiben beginnt, sollten die **Grobstruktur** und die einzelnen **Überschriften** bereits festgelegt sein, um keinen unsystematischen Inhalt zu produzieren. Zuvor sollten die **Haupt- und Nebenkeywords** ermittelt und deren **hierarchische und semantische Struktur** (Haupt- und Nebenkeywords, Gewichtung) genau beschrieben werden. Jeder Absatz und jede Überschrift müssen sich auf ein bestimmtes Keyword beziehen. Daher ist es besonders wichtig, dass man von Vornherein die Textstruktur plant und durch Überschriften und grafische Elemente sorgfältig strukturiert und gliedert.

Es ist unbedingt erforderlich, in regelmäßigen Abständen und Intervallen Texte zu publizieren, damit die Leser stets auf die Seite zurückkehren und motiviert bleiben. Beim **Blogging** geht man davon aus, dass es ratsam ist, in der Woche zwei bis drei Texte zu veröffentlichen.

Natürlich gibt es **Evergreen-Inhalte**, die eine zeitlose Gültigkeit besitzen und nicht permanent aktualisiert oder verbessert werden müssen. Bei den meisten Bloginhalten ist dies jedoch nicht der Fall. Daher ist es unbedingt erforderlich, sich eine entsprechende Disziplin anzueignen und kontinuierlich Texte zu publizieren, die optimiert sind und zu einem verbesserten Ranking beitragen.

Ein wichtiger Trend in der Onpage-SEO sind **Visualisierungen** und vor allem **Infografiken**. Je anschaulicher und verständlicher komplexe Zusammenhänge dargestellt werden, desto mehr Nutzer werden die Seite aufrufen, verlinken und weiterempfehlen. Besonders in den sozialen Medien (wie beispielsweise Twitter) erfreuen sich Infografiken einer hohen Popularität.

Infografiken eignen sich beispielsweise für folgende Themenbereiche:

- Statistiken
- Diagramme
- komplexe Zusammenhänge
- Unternehmensorganigramme
- Landkarten und andere Maps

Längeren Blogartikeln sollte man ein detailliertes **Inhaltsverzeichnis** voranstellen. Es existieren Plugins, die automatisch solche Verzeichnisse generieren können.

Video folgen eigenen Gesetzmäßigkeiten, daher sollte man die SEO auf die multimedialen Eigenschaften ausrichten. Hier gilt es, eine verständliche Erklärung und Beschreibung beizufügen. Darüber hinaus sollte man für Videos besondere Regeln beherzigen, die eine eigenständige Video-SEO ausmachen.

Es sollte berücksichtigt werden, dass bei **YouTube** andere Ranking-Faktoren gelten als bei Blogs oder bei Corporate-Webseiten. Eine WordPress-Seite wird von Google mit anderen Maßstäben bewertet als ein Video, das bei YouTube hochgeladen wurde. Welche Gesamtbewertung sich daraus ergibt, lässt sich leider nicht ergründen, da Google die Funktionsweise der Algorithmen nicht im Detail preisgibt. Zumindest sollte man bei Videos ein **Transkript** anbieten und **Zeitstempel** einfügen, die den jeweiligen Themenabschnitt kennzeichnen.

Besonders empfehlenswert sind folgende Aspekte:

- ein aussagekräftiger **Titel**, der Schlüsselbegriffe aus der Keywordanalyse enthält
- ein verständlicher **Dateiname**, der wiederum aus einem Schlüsselbegriff besteht
- eine umfassende **Beschreibung** des Videos, in der ein oder zwei Schlüsselbegriffe auftauchen
- ein umfassendes Transkript und die Aktivierung von Untertiteln
- das Einfügen von mehreren **Zeitstempeln**, die es dem Nutzer gestatten, zu einer bestimmten Stelle zu springen, an der ein neuer thematischer Abschnitt beginnt.

Die Textqualität ist heutzutage das wichtigste Kriterium. Auch hervorragend optimierte Webseiten werden keine große Besucherzahl anziehen, wenn die Texte und die multimedialen Inhalte von minderwertiger oder oberflächlicher Qualität sind.

Daher sollte der Fokus stets auf **Unique Content** gelegt werden. **Thin Content** und schnell zusammengeschriebene Texte werden beim Besucher auf Vorbehalte, Desinteresse und Ablehnung stoßen und zu einem schlechteren Ranking in der Suchmaschine führen.

Wichtig ist es auch, stets die Interessen und Intentionen des Besuchers zu beachten. Texte, die an der Zielgruppe vorbei geschrieben wurden, werden kein großes Feedback erhalten. Es ist daher immer wichtig, die **Buyer-Persona** als idealtypische Zielperson in den Mittelpunkt zu stellen und den entsprechenden Content darauf auszurichten.

Google möchte vor allem erreichen, dass die Nutzer bei der Verwendung der Suchmaschine **zufrieden** sind. Daher wird die Hauptintention des Suchmaschinengiganten darauf ausgerichtet sein, qualitativ hochwertige Inhalte zu belohnen. Webseiten, die diese Grundregel ignorieren, werden im Ranking immer weiter degradiert werden. Hierbei helfen auch nicht irgendwelche SEO-Techniken längst vergangener Epochen, denn es geht in erster Linie um hervorragende Inhalte. Dies setzt voraus, dass man seine Kunden sehr genau kennt und auch über die entsprechende Expertise verfügt.

In der Praxis wird dies erreicht, indem man die Suchmaschinenergebnisse sorgfältig analysiert und herausfindet, warum manche Webseiten in den ersten zehn Suchergebnissen erscheinen. Diese Unternehmen müssen die richtigen Erfolgsfaktoren nutzen: Sie haben sich auf einen bestimmten Inhalt fokussiert und die **Kundenbedürfnisse** exakt erfasst.

Für die Qualität von Inhalten gelten folgende **EAT-Prinzipien**:

- **E**xpertise (Fachwissen)
- **A**uthoritativeness (Expertenstatus)
- **T**rustworthiness (Vertrauenswürdigkeit)

In der Unternehmenspraxis geht es immer darum, ein Problem des Kunden schnell, zuverlässig und wirksam zu lösen. Daher sollten alle Texte darauf fokussiert sein, dieses wichtige Problem des Kunden in den Mittelpunkt zu stellen und Problemlösungsschritte anzubieten.

7.2 Onpage-SEO: Struktur der Webseite

Neben dem Inhalt einer Webseite ist auch die Struktur mitentscheidend für die Auffindbarkeit in Suchmaschinen wie Google.

Auch die **Navigation** (die **Informationsarchitektur**) ist wichtig:

- Sinnvolle Schlagwörter, Kategorien (Taxonomien) und Tags einsetzen: Zuvor sollte man für die Schlagwörter, Tags und Kategorien eine schlüssige Systematik entwickeln. Die Kategorien sollten so geordnet sein, dass es logisch strukturierte Ober- und Unterkategorien gibt, denen eindeutige Tags zugewiesen werden. Es sollte vermieden werden, spontan neue Tags zu kreieren, die außerhalb der definierten Schemata angesiedelt sind und sich möglicherweise überschneiden. Die einzelnen Kategorien sollten trennscharf sein und Überschneidungen und Ambivalenzen meiden.

- Alle Seiten sollten intern sinnvoll miteinander verlinkt sein: Es sollte keine Webseite geben, die nicht intern auf eine andere verweist, denn der Google-Crawler kann die einzelnen Seiten und die Navigationsstruktur über die internen Verlinkungen besser erfassen. Zwar hat die Suchmaschine noch die Möglichkeit, die Struktur über die Sitemap zu analysieren. Der eigentliche Stellenwert und die Relevanz eines Themas und dessen Kontext wird aber nur über die interne Linkstruktur gewonnen.
- Die Breadcrumb-Navigation nutzen: Der Begriff „Breadcrumb" (Brotkrümel) stammt aus dem Märchen „Hänsel und Gretel". Damit wird eine Leiste bezeichnet, die dem Nutzer als Wegweiser oder dynamische Navigationsleiste dient und es ihm ermöglicht, durch einen Klick auf die vorherige Seite oder Seiten, die noch weiter vorgelagert sind, zu wechseln.
- Die Klicktiefe sollte niedrig gehalten werden: Jede Seite einer Internetpräsenz sollte möglichst durch einen einzigen Klick (oder maximal zwei) über die Startseite erreichbar sein. Ein zu hohe Klicktiefe, bei der sich ein Besucher über ganze Kaskaden von Links zu einer Seite hangeln muss, beeinträchtigen das Ranking und das gesamte Erscheinungsbild. Bevor man eine Webseite anlegt, sollte man sich sorgfältig Gedanken über die Gesamtstruktur, den Aufbau, die Systematik und die Navigation machen. Eine Webseite sollte sich auf keinen Fall in ein undurchdringliches und verwinkeltes Labyrinth verwandeln, das aus zahlreichen Anbauten und Provisorien besteht.
- Thematische Schwerpunkte bilden: Die Webseite sollte so gegliedert werden, dass sich ein Abschnitt oder eine Seite auf ein spezifisches und eingegrenztes Thema bezieht, das ausführlicher und systematisch erörtert wird. Durch diese Fokussierung auf einzelne Themen und auf darauf bezogene Keywords steigt die Seite im Ranking. Diese Technik wird als Content-Siloing bezeichnet, da gleichsam abgegrenzte „Themensilos" angelegt werden.

Meta-Tags sind Angaben, die im HTML-Code der Internetseite verankert sind. Sie erscheinen teils beim Aufruf, teils bleiben sie im Hintergrund und sind nur für die Suchmaschine sichtbar. Es gibt bei den Metatags Aspekte, die unbedingt zu beachten sind:

- Die Internetadresse der Webseite sollte klar und lesbar sein. Unverständliche Abkürzungen und geheimnisvolle Zahlenfolgen führen sofort zur Abwertung. Google erwartet, dass der User der Internetadresse bereits eine sinnvolle Information entnehmen kann. *Eine Webseite, die sich mit Kaffeemaschinen befasst, sollte nicht „page3471.html" heißen, sondern „kaffeemaschinen.html".* Das Thema „optimierte URL" reicht jedoch noch weiter, da bereits bei der Beantragung von Domains bestimmte Kriterien berücksichtigt werden sollten. Eine Webseite, die als Landing Page fungiert oder in der Keywordanalyse vor allem längere Schlüsselbegriffe oder Keyphrases einsetzt, muss eine Domain nutzen, in der diese Begriffe enthalten sind.

- Der „Title" der Webseite muss verständlich sein und sich auf ein Hauptkeyword beziehen. Dieser Titletag, der maximal ca. 50 Zeichen umfasst, gibt an, was im Browser im Tab als Titelangabe erscheint. Es versteht sich von selbst, dass dort ein wichtiges Keyword auftauchen muss, das von der Suchmaschine erfasst wird und ein hohes Ranking verspricht. Wird die Eintragung des Titletags außer Acht gelassen, blendet der Tab nichts ein. Darüber hinaus sollte an dieser Stelle das Firmenlogo als Favicon (ein kleines Bild im Tab) hinzugefügt werden.
- Die richtige Einstellung der Informationen in den Meta-Robots ist unerlässlich (durch diese Einstellungen können Webseiten für das Crawling und die Indexierung freigegeben oder blockiert werden und spezielle Anweisungen erhalten).
- In den Meta-Tags gibt es noch einen eigenen Bereich, der von den Suchmaschinen erfasst wird: die Seitenbeschreibung (Meta-Description). Hier sollte man den Inhalt der Seite nach den Kriterien der Keywordanalyse zusammenfassen. Dies ist von primärer Bedeutung, da Google diese Zusammenfassung in den Suchergebnissen einbindet. Das Resümee sollte so prägnant wie möglich sein. Schon in den ersten Zeilen werden alle W-Fragen (wer, was, wann, warum, wie, womit usw.) beantwortet. Zwar gibt Google keine konkrete Länge vor, aber es ist üblich, nicht mehr als 150 Zeichen einzusetzen, da sonst die Suchmaschine den Text einfach abschneidet. Im Prinzip muss bereits im ersten Satz alles enthalten sein und alle relevanten Schlüsselwörter müssen erwähnt werden.
- Interne Verlinkungen haben eine große Bedeutung, da die Crawler durch die Analyse so die Navigationsstruktur der Webseite extrahieren und den Stellenwert der einzelnen Webseite im Gesamtkontext erfassen. Es gibt spezielle Plugins, die diese Aufgabe erleichtern und automatisiert eine Sitemap generieren, die bei Google Console als Hilfe für den Crawler hinzugefügt werden kann.

Google legt großen Wert auf ein hervorragendes Nutzererlebnis (User Experience). Insbesondere vor dem Hintergrund der zunehmenden Verwendung von mobilen Geräten hat die **Ladegeschwindigkeit** einen herausragenden Stellenwert eingenommen. Webseiten, die nur langsam aufgebaut werden, müssen mit erheblicher Abwertung im Ranking rechnen.

Eine Webseite, die zügig lädt, hat mehrere Vorteile:

- Die Nutzer sind zufriedener.
- Die Absprungrate ist geringer.
- Die Conversion Rate erhöht sich, d. h. die Chance, dass ein Kunde einen Kauf tätigt, steigt.
- Darüber hinaus werden Internetseiten, die schneller verfügbar sind, häufiger von Googles Suchmaschine auf eine Aktualisierung überprüft und können so in den Suchergebnissen schneller aufsteigen.

Es gibt zahllose Plugins, deren einzige Aufgaben darin besteht, die Ladegeschwindigkeit zu optimieren. Google bietet sogar eine eigene Seite an, mit deren Hilfe die PageSpeed gemessen werden kann. Inzwischen gehen Webmaster dazu über, auf Millisekunden zu achten und jeden noch so geringfügigen Geschwindigkeitsvorteil zu nutzen. Je schneller eine Seite sich aufbaut, umso größer ist die Chance, ein vorteilhaftes Ranking zu erreichen und einen der Spitzenplätze in der Suchmaschine zu belegen.

- In den meisten Fällen werden Bilder entsprechend skaliert und komprimiert, wobei eine starke Komprimierung bei einigen Bildformaten zu sichtbaren Qualitätsverlusten führt. Daher sollte man auf den Dateityp achten und nur solche Formate auswählen, die möglichst verlustfrei komprimiert werden können.
- Darüber hinaus können weitere Verbesserungen erzielt werden, wenn man ein passendes Theme bevorzugt, das für Ladegeschwindigkeiten optimiert ist. Aufgeblähte Layout-Themes mit JavaScript-Code und dilettantisch programmierten Abschnitten können jede Optimierung zunichtemachen. Daher sollte man ein schlankes, aber ansprechendes Theme bevorzugen, das den JavaScript- und CSS-Code auf ein Mindestmaß reduziert.
- Eine beliebte Technik ist das **Lazy Loading**, bei dem Webseiten erst beim Scrollen Zeile für Zeile zusammengesetzt werden (Spezialisten nennen diese Darstellung „Above the fold"). Der Nachteil dieses Verfahrens besteht darin, dass bei langsamen Internetverbindungen die Seite merkwürdig zu „ruckeln" beginnt, wodurch der Lesefluss negativ beeinträchtigt wird.

Optimierung der Ladegeschwindigkeit	
Komprimierung von Bildern	Lazy Loading
Content Delivery Network (CDN)	Auslagerung von Javascript
GZIP-Komprimierung	Cache Management
HTTP/2 oder HTTP/3	Optimierte Themes
Mobile Friendliness (AMP)	Auslagerung von CSS
PHP 7	weniger Plugins
Deaktivierung von Gravataren	Deaktivierung von Google Fonts
angemessene Bildgröße	besserer Hostingservice

Abbildung 47: Optimierung der Ladegeschwindigkeit

Jede Webseite sollte für den Besucher **sicher** sein. Insbesondere WordPress wird aufgrund seiner herausragenden Marktstellung und seiner weltweiten Verbreitung häufig zur permanenten Zielscheibe von Cyber-Attacken und Phishing-Versuchen. Daher müssen das System, die gespeicherten Themes und die Plugins fortlaufend aktualisiert werden. Schon die kleinste Nachlässigkeit kann verheerende und katastrophale

Folgen haben, da Google Webseiten, die Spam oder Malware verbreiten, sofort sanktioniert oder im schlimmsten Fall deindexiert und vollständig aus der Suchmaschine verbannt.

Eine Webseite, die sich über Monate und Jahre einen exzellenten Ruf erarbeitet hat, kann gleichsam über Nacht wegen eines gravierenden Sicherheitsvorfalls unwiderruflich im Nichts verschwinden, wenn die Webseite von Google deindexiert wird. Die Umsätze können danach dramatisch einbrechen und das Ende des Geschäftsmodells einläuten. Ein solcher Fauxpas lässt sich kaum noch beheben.

Sicherheitsaspekte	
SSL-Verschlüsselung	HTTP/2 oder HTTP/3
Zwei-Faktor-Authentifizierung	TOTP oder U2F
Security Content Policy	verschlüsselte Formulare
restriktive Rechtevergabe	Prefix bei PHP-Datenbanken
restriktive Rechte bei PHP	geringe Zahl an Login-Versuchen
kein Admin als Login	andere Login-Seite
stets aktuelles Theme	stets aktuelle Plugins
Firewall	Backups in der Cloud
kein Admin-Autor in Beiträgen	vorgeschaltetes CDN
automatisiertes Update	Passwortmanager nutzen

Abbildung 48: Sicherheitsaspekte im Digitalen Marketing

Daher sollten Sicherheitsaspekte niemals vernachlässigt werden. Auf Folgendes sollte man besonders achten:

- Die Seite muss zwingend über eine **HTTPS-Verschlüsselung** verfügen, da Google vor Seiten ohne eine solche Sicherheit im Browser eindringlich warnt, die Seite im Ranking sofort abstraft und auf die hinteren Seiten verbannt. Webseiten, die keine Verschlüsselung einsetzen, werden von der Suchmaschine als dubios und als ein erhebliches Sicherheitsrisiko angesehen. Auch Online-Formulare dürfen aufgrund des Datenschutzes nur über eine gesicherte Internetverbindung Daten versenden. Besonders bekannt ist die Initiative Let's Encrypt, die von der renommierten Electronic Frontier Foundation (EFF) ins Leben gerufen wurde. Let's Encrypt wird von sehr vielen Webseiten genutzt.
- Der Zugang zu gesicherten Bereichen sollte durch eine **Zwei-Faktor-Authentifizierung** abgesichert werden. Hier gibt es unterschiedliche Stufen und Grade der Sicherheit.

- Bei WordPress sollte man das **Login** mit Hilfe eines Plugins auf eine andere frei wählbare Unterseite umleiten. Als Login sollte nie „admin“ verwendet werden, da dies der Standardname für den Administrator ist (in den neuesten Versionen lässt WordPress dieses Login ohnehin nicht mehr zu). Vielmehr sollte man einen anderen, unverfänglichen Namen für den Administrator wählen. Bei Postings sollte niemals der wahre Name des Administrators auftauchen, sondern nur der Name oder das **Pseudonym** des Redakteurs oder des Autors, da sonst Angreifer bereits den Login-Namen kennen.
- **Passwörter** sollten grundsätzlich in einem Passwortmanager verwaltet werden. Diese Software verfügt über spezielle Schutzmechanismen, die ein Abgreifen der Daten über die Zwischenablage oder einen Keyboard-Logger verhindern. Darüber hinaus enthalten manche Passwortmanager zusätzliche Funktionen zur Prüfung der Passwortstärke, zur Erzeugung von längeren Passwörtern und Passphrases mit hoher Entropie, zur Zweifaktor-Authentifizierung und Datenbanken, die herausfinden, ob ein Passwort bereits kompromittiert wurde.
- Die **Zahl der Anmeldeversuche** sollte drastisch limitiert werden (**Brute-Force-Schutz**). Wenn beispielsweise fünfmal das Passwort falsch eingegeben wurde, sollte das Login mindestens für drei Stunden gesperrt werden. Manche versehen die Login-Seite auch mit einem Captcha oder einer zusätzlichen Sicherheitsabfrage.
- Man sollte möglichst wenig Themes in WordPress speichern. Auch wenn es inspirierend sein mag, mehrere Themes bereitzuhalten, stellt es ein erhebliches Risiko dar. Auch Themes, die nicht aktiviert wurden, können nämlich gravierende Sicherheitslücken aufweisen und zur Gefährdung der Seite beitragen. Da man ohnehin nur ein Theme aktivieren kann, macht die Speicherung von mehr als zwei Themes keinen Sinn.
- Plugins sollten sorgfältig und gewissenhaft ausgewählt werden. Dasselbe gilt für **Themes**: Auch hier sollte sichergestellt sein, dass die Entwickler regelmäßig und zeitnah eine Aktualisierung vornehmen und für Rückfragen stets erreichbar sind.
- Mithilfe eines Plugins oder eines Content-Delivery-Network sollte eine **Firewall** vorgeschaltet werden.
- WordPress sollte so eingestellt sein, dass automatisch für das Content-Management-System unverzüglich **Aktualisierungen** eingespielt werden.
- Man sollte den direkten Zugriff auf bestimmte PHP-Dateien verhindern, indem man Schreibrechte entfernt, und die Ausführung bösartiger Skripte (Cross-Site-Scripting) blockiert.
- **Nutzerrechte** an andere Nutzer (wie Redakteure, Autoren, Besucher) sollten nur sehr restriktiv vergeben werden, da sie ein Einfallstor für Schadsoftware sind.
- **Formulare und Kommentare** sollten besonders gesichert und mit einem umfassenden **Spamschutz** versehen sein.
- Die Webseite sollte in kurzen, regelmäßigen Intervallen über ein Plugin ein umfassendes **Backup** erstellen, da sonst bei einer Cyberattacke oder einem IT-Problem des Hosters alle Dateien verloren gehen könnten.

Ab dem Jahr 2020 führte Google die **Mobile-first-Indexierung** ein, bei der die Darstellung auf Smartphones als primärer Maßstab für das Suchmaschinen-Ranking gilt. Hintergrund dieser Maßnahme ist, dass die überwiegende Zahl der Nutzer inzwischen mobil surft. Daher müssen alle Webseiten auf einem Smartphone mobil nutzbar sein.

Der neue Google-Crawler steuert zuerst die mobile Version der Webseite an und untersucht, ob diese für Smartphone-Nutzer perfekt optimiert ist. Google wird in Zukunft Webseiten nur noch aus der Perspektive des mobilen Internets betrachten. Ob Google bereits die eigene Webseite auf die mobile Version überprüft hat, lässt sich anhand der **Google Search Console** überprüfen. Findet sich dort kein Vermerk, dass Google für das Crawling einen mobilen Bot einsetzt, dann könnte die Webseite fehlerhaft oder nicht an das „Mobile first" angepasst sein.

Google fordert für das Paradigma „Mobile first" Folgendes:

- Die Webseite muss für den Crawler zugänglich sein (die öffentlichen Seiten dürfen nicht mit „noindex" markiert sein).
- Die mobile Version und die Desktop-Variante müssen inhaltlich identisch oder für den jeweiligen Zugang optimiert sein, aber den gleichen Inhaltsumfang bieten. Das bedeutet: Es dürfen keine „Schmalspurversionen" für mobile Nutzer existieren, die dann auf die ausführlichere Desktopvariante verwiesen werden. Mobile Nutzer dürfen nicht durch ein eingeschränktes oder dürftiges Informationsangebot benachteiligt werden. Alle Inhalte, die in der Desktopversion vorliegen, müssen auch über den mobilen Zugriff verfügbar sein.
- Es wird vorausgesetzt, dass diese Inhalte und Medien für das Display eines Smartphones mit Hilfe eines **responsiven Designs** optimiert sind. Man darf also auch nicht einfach die Desktopvariante bei Smartphones anbieten. Stattdessen müssen die Ladegeschwindigkeit und andere Parameter (z.B. Formulare, Navigationen, Buttons, Navigationsleisten, Sidebars, Header und Footer) für beide Zugriffsarten gesondert optimiert sein und die beste User Experience bieten.

7.3 Offpage-SEO

Die Suchmaschinenoptimierung gliedert sich wie gesehen in zwei Hauptbereiche:

- **Onpage-SEO** befasst sich mit der Keywordanalyse, der Nutzerfreundlichkeit, der Content-Erstellung und der Strukturierung von Daten.
- **Offpage-SEO** betrachtet das Verhältnis der eigenen Webseite zu anderen und deren Position im Internet.

Eine der wichtigsten Maßnahmen im Rahmen der Offpage-SEO ist das **Linkbuilding**, das im Zweifelsfall über das Ansehen, den Nutzen und das Ranking einer Webseite entscheidet. Während es vor 15 Jahren noch genügte, möglichst zahlreiche **Backlinks** zu haben, werden heutzutage die **Qualität und Struktur** der Backlinks (das **Profil**) zum wichtigsten Kriterium, da Google zunehmend maschinelles Lernen einsetzt und die Qualität und den Aufbau der Backlinks sorgfältig analysiert.

Backlinks sind Verknüpfungen anderer Webseiten zur eigenen. Beim Traffic, der durch Verlinkungen entsteht, wird zwischen mehreren Kategorien unterschieden:

- Organic Traffic (durch Suchmaschinen generiert)
- Referral Traffic oder Verweis-Traffic (durch Verlinkungen auf anderen Seiten)
- Paid Traffic (durch Suchmaschinen- und Internetwerbung)

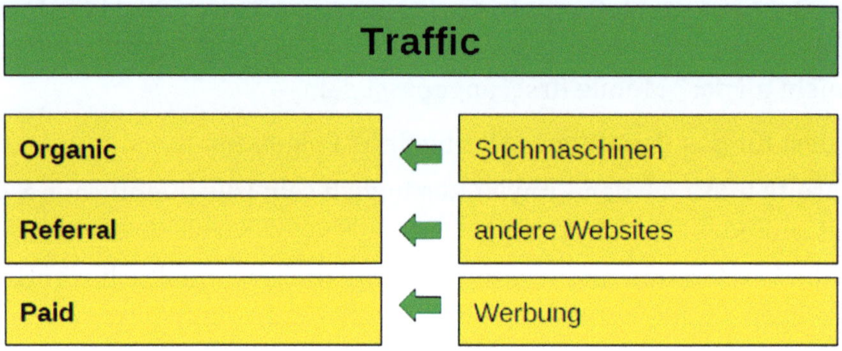

Abbildung 49: Traffic

Organic Traffic (Organischer Traffic) stammt von den Suchmaschinenergebnissen und wird vor allem in der Suchmaschinenoptimierung angestrebt. Beim organischen Traffic geht es darum,

- eine bessere **Platzierung** in der Suchmaschine zu erreichen. Durch dieses vorteilhafte Ranking ist es möglich, mehr Traffic für die Webseite zu generieren sowie
- durch **Rückverweise** von anderen Webseiten mehr Besucher anzulocken und
- die **Reputation** der Webseite zu stärken. Dies erfolgt, indem ein Webseitenbetreiber einen Link auf eine andere Webseite setzt. **Backlinks** sind wichtig und sollten systematisch und kontinuierlich aufgebaut werden.

In der Anfangsphase kann es problematisch sein, genügend Backlinks zu erhalten, da die Verlinkung ein allmählicher und eher langsamer Prozess ist. Daher setzen viele Webseiten zu Beginn **Suchmaschinenwerbung (Search Engine Advertising, SEA)** ein, um sich besser zu positionieren. Langfristig erweist sich aber der Einsatz von **Suchmaschinenoptimierung (Search Engine Optimization, SEO)** als nachhaltiger und zuverlässiger.

In den Anfängen des Internet galt die Devise: Je mehr Backlinks eine Webseite hat, desto bedeutsamer ist die Webseite. Googles ursprünglicher Algorithmus beruhte auf diesem Grundsatz, der die Berechnung für den Algorithmus vereinfachte.

Diese Praxis führte dazu, dass Links gekauft und manipuliert wurden. Im Laufe der Jahre hat Google das Instrumentarium immer mehr verfeinert und differenziert, so dass solche kruden Methoden heutzutage zur sofortigen Sanktionierung der Webseite und der gesamten Domain führen oder unter Umständen zum Ausschluss aus der Suchmaschine. Es ist für jeden Webseitenbetreiber unerlässlich, eine solche Degradierung zu vermeiden. Dies erfordert, dass man sich ohne Einschränkungen und pflichtgemäß an die Richtlinien hält, die Google für das Betreiben von Webseiten vorsieht. Schon die geringste Abweichung kann dazu führen, dass eine Sanktion verhängt wird.

Es gibt zahlreiche Möglichkeiten, um durch bestimmte Strategien, die nicht gegen die Richtlinien von Google verstoßen, den Linkaufbau zu verbessern und zu forcieren:

- Man sollte angesehene Kunden, Nutzer und Geschäftspartner um einen Link auf die Seite bitten. Links sollten stets im Haupttext verankert werden und nicht im Footer oder in der Sidebar erscheinen, da sie dort einen geringeren Stellenwert einnehmen.
- Es gilt, intensiv Social-Media-Kanäle wie X (ehemals Twitter), Facebook, Instagram, Xing, LinkedIn und weitere für die Kommunikation zu nutzen. Diese Links werden zwar automatisch auf „No follow“ gesetzt, zählen aber inoffiziell bei Google und erhöhen den Traffic auf der Webseite.
- Wer eine Webseite für Produkte oder Dienstleistungen oder einen Onlineshop betreibt, sollte einen Blog erstellen, der beispielsweise zusätzliche Informationen bereitstellt oder wichtige Tipps und Ratschläge gibt. Es ist heutzutage fast unerlässlich, neben der eigentlichen Corporate Webseite einen Blog zu etablieren und Videos und Podcasts zu veröffentlichen. Dies wird von den meisten Nutzern inzwischen erwartet. Blogs können dazu verwendet werden, um kostenlose eBooks, White Papers, Marktforschungsergebnisse oder zusätzliche Informationen bereitzustellen.
- Als Gastautor kann man auf renommierten Blogs Beiträge (Guest-Postings) schreiben oder Interviews geben. Das exzessive Veröffentlichen von Gastbeiträgen kann jedoch zu einer Abwertung führen, wenn die Suchmaschine dies als „Artikelmarketing“ missbilligt.
- Die Backlinks des Wettbewerbs sollten analysiert werden, und man sollte versuchen, von den relevantesten Webseiten ebenfalls Backlinks zu erhalten. Es ist empfehlenswert zu überprüfen, welche wichtigen Links auf der Webseite des wichtigsten Hauptwettbewerbers zu finden sind. Dann sollte man einen Kontakt zu den jeweils verknüpften Seiten herstellen und auf die eigenen Produkte und Dienstleistungen verweisen.
- Ebenso sinnvoll ist es, auf Webseiten strukturierte Daten und gehaltvolle Infografiken einzusetzen. Sehr häufig werden Infografiken, die einen schnellen Überblick über ein Fachgebiet ermöglichen, verlinkt und über X (ehemals Twitter) weltweit verbreitet. Auf X gibt es eigene Kanäle, die nur Infografiken und strukturierte Daten

sowie Statistiken unter einem entsprechenden Hashtag global veröffentlichen. Infografiken haben in den vergangenen Jahren erheblich an Popularität gewonnen. Sie dienen dazu, komplexe und verwickelte Sachverhalte anschaulich darzustellen.

- Man sollte Inhalte anbieten, die für Redaktionen hilfreich sind und daher von anderen Medien aufgegriffen werden. Neue Entwicklungen, Technologien, Messen, Fachtagungen und Events eignen sich für eine Berichterstattung. Es ist nützlich, ein Wiki, ein FAQ oder ein Glossar für Fachbegriffe zu erstellen. Insbesondere die FAQ-Seite sollte ausführlich sein, denn sie wird zunehmend in einem Frage-Antwort-Schema für die Voice-Search genutzt, die in Zukunft eine herausragende Stellung einnehmen wird. Unternehmen richten sich auf die Sprachsuche aus, da immer mehr User sie mit Smartphones und während der Autofahrt nutzen, um nach Informationen oder Produkten zu suchen.
- Außerdem ist es ratsam, kostenlose eBooks, Podcasts, Videos, Webinare, Tutorials, Vorlagen und Checklisten anzubieten. Man spricht in diesem Zusammenhang von Linkable Assets. Je mehr Inhalte eine Webseite bereithält, desto besser wird ihr Ranking in der Suchmaschine sein. Hierzu gehören die Erstellung von Tutorials, interessanten Videos und Podcasts sowie anderen Medien. Auch Checklisten erfreuen sich bei den Nutzern großer Beliebtheit.

Das **Linkbuilding** gestaltet sich als ein langfristiger Prozess, der viel Geduld und Ausdauer erfordert. Denn Google möchte eine natürliche, kontinuierliche Zunahme von Backlinks.

Grundlegende Zielsetzung ist es, möglichst viele qualitativ hochwertige Backlinks zu erhalten (**Reputationsmanagement**). Dabei müssen folgende Regeln beachtet werden:

- Die Backlinks müssen hochwertig sein und von **Trusted Domains** stammen.
- Das Linkbuilding muss stets **organisch** erfolgen und ein kontinuierliches, natürliches Wachstum vorweisen können. Das bedeutet: Eine völlig neue Webseite kann nach einer Woche nicht bereits 100 oder mehr Backlinks besitzen. Google wird sofort argwöhnisch die Webseite beobachten und sie im Zweifelsfall in den Suchergebnissen deutlich herunterstufen und zu den Verdächtigen zählen. Beim Linkbuilding gilt daher, dass der Aufbau der Links stetig und organisch erfolgen soll. Wer beim Aufbau einer Webseite Ungeduld zeigt und durch allerlei Finessen und Winkelzüge versucht, das Linkbuilding zu beschleunigen, wird scheitern, da Google mittlerweile maschinelles Lernen einsetzt und auch sorgfältig getarnte und ausgeklügelte Überkreuz-Verlinkungen schnell aufdeckt und ohne jede Nachsicht sanktioniert. Es ist somit empfehlenswert langsam, aber beständig vorzugehen. Links sollten nach ihrer Qualität und ihrer Reputation gesammelt werden.
- Für eine neu gegründete Webseite sind in der ersten Woche eher 2 bis 3 Backlinks normal. Auch in der Folgezeit dürfen Backlinks nur allmählich zunehmen. Größere Sprünge und wilde Schwankungen sollte man beim Linkbuilding vermeiden, da sie ein Linkprofil umgehend in ein verdächtiges Zwielicht rücken, das Google notorisch misstrauisch werden lässt.

- Die gängigen Tricks, die früher weitverbreitet waren, sollte man unter allen Umständen vermeiden:
- Früher wurde der Linktausch mit Unternehmen aus der gleichen Branche oder Blogs empfohlen. Aufgrund der künstlichen Intelligenz kann Google solche Aktionen sofort erkennen. Es ist folglich sinnvoll, wenn man unbedingt einen Linktausch machen möchte, einen Linktausch über verschiedene Drittpartner vorzunehmen, die unverdächtig sind. Doch auch hier besteht die ernsthafte Gefahr, dass Google den Zusammenhang und das Tauschgeschäft über verschlungene Umwege sofort durchschaut.
- Grundsätzlich sollte man niemals Links kaufen oder mieten. Seriöse Unternehmen und Blogs werden solche Praktiken von Vornherein kategorisch zurückweisen, da sie den Linkgeber in Verruf bringen können. Dasselbe gilt für andere Methoden wie beispielsweise die Rezension kostenlos erhaltener Produkte oder die auffällige Verlinkung zu einem Sponsor. Solche Gefälligkeiten bewegen sich in einer immer mehr verpönten Grauzone, die die Grenze zwischen Werbung und Public Relations auf der einen Seite und ein um Objektivität bemühtes Content-Marketing auf der anderen Seite unkenntlich zu machen versucht.
- Link-Farmen führen fast immer zu einer Penalty. Google prüft zudem, in welchem Umfeld („Bad Neighborhood") eine Webseite angesiedelt ist. Eine Bad Neighborhood besteht aus einer Vielzahl übel beleumundeter Webseiten, die durch die Verbreitung von Malware (wie Trojanern, Viren und Würmern) und anderen dubiosen Inhalten auffallen. Außerdem gilt: Ein Blog, der zu mehreren Branchen gleichzeitig verlinkt, ohne einen entsprechenden High-Quality-Content aufzuweisen, wird degradiert oder mit einer Penalty versehen.
- Ebenso fragwürdig ist die Nutzung von kostenlosen oder kommerziellen Adresseinträgen bei privaten Anbietern, von Blognetzwerken, Social-Bookmarking-Diensten und die Einbindung von Artikelverzeichnissen, die mehr einem Datenfriedhof gleichen. Nachdem immer mehr „Anfänger" solche Artikelverzeichnisse, Presseportale und Internetkataloge als vermeintlich hilfreiche und lohnende Backlinkquelle eingesetzt haben, ist die Qualität dieser Kataloge und Register drastisch geschwunden. Seit dem Penguin Update misstraut Google diesen Verzeichnissen, die häufig aus Gefälligkeitslinks bestehen.
- Noch verheerender sind wahllose Foreneinträge, bei denen in einer mehrzeiligen und grafisch gehypten Signatur auf die eigene Webseite verwiesen wird, oder das unentwegte Spammen von Blogkommentaren. Häufig wird eine Signatur verwendet, die äußerst ausführlich das jeweilige Unternehmen und dessen Produkte anpreist. Google ist dazu übergegangen, diese Art von Backlinks weitgehend zu ignorieren, oder die entsprechende Domain zu deindexieren oder zumindest auf die hinteren Seiten ins Nirgendwo des Internets zu verbannen.
- Die Erstellung eines privaten Blog-Networks, das die eigene Webseite promoten soll, ist ebenfalls verpönt. Dabei werden verschiedene Blogs mit unterschiedlichen

Domains erstellt, die auf die eigentliche Webseite verlinken (so genannte Satellitenseiten). Dieses Verfahren ist aufwändig, da die Blogs einzigartige Texte haben müssen, um nicht als Duplicate Content stigmatisiert zu werden. Google erkennt jedoch sehr schnell, dass die Blogs zusammenhängen und wertet die Webseite, auf die sie verweisen, ab.

Das Backlinkprofil sollte aktiv gemanagt und aktualisiert werden. Beispielsweise ist es möglich, auf Google Alert einen speziellen Alarm einstellen, so dass man unmittelbar benachrichtigt wird, wenn das eigene Unternehmen oder der Blog erwähnt wird. Man sollte regelmäßig überprüfen, ob die vorhandenen Links noch aktiv sind. Sogenannte „Broken Links" führen bei Google zu einer Abwertung. Auch hier ermöglicht ein Plugin eine kontinuierliche Prüfung, ob bestehende Links noch aktuell sind.

7.4 Spezielle SEO: Google Verticals

Was bei der Suchmaschinenoptimierung häufiger außer Acht gelassen wird, sind die zahlreichen Spezialsuchmaschinen, die Google anbietet.

Hierzu gehören beispielsweise die

- Bild-,
- Event-,
- Videosuche,
- die Suche in Google Maps, und
- Google Shopping,

die als Google Verticals bezeichnet werden.

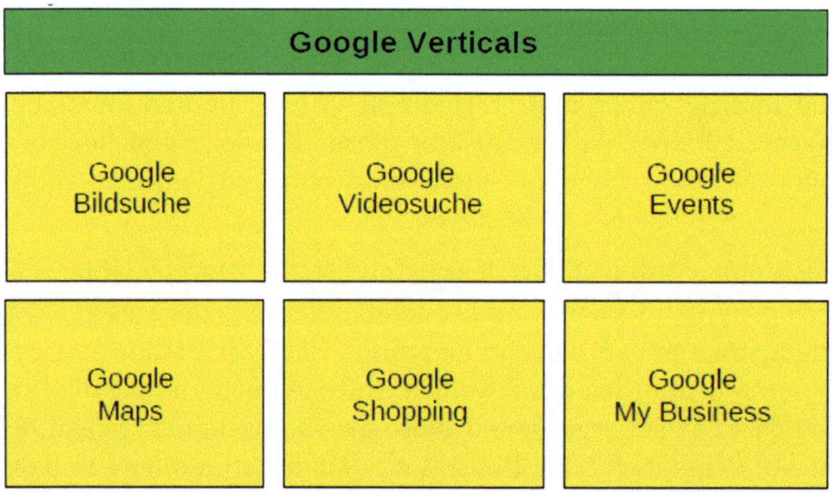

Abbildung 50: Google Verticals

Die Optimierung der Darstellung in **Google Maps** ist ein eigener Bereich der Suchmaschinenoptimierung, der unter dem Begriff „**Local SEO**" zusammengefasst wird.

Bei Google ist es beispielsweise möglich, Öffnungszeiten, Speisekarten, Telefonnummern, Adressen und Ansprechpartner speziell für Google Maps zu hinterlegen. Auch in diesem Bereich sollte man die Optimierung keineswegs vernachlässigen.

So sollten geänderte Öffnungszeiten oder Telefonnummern oder E-Mail-Adressen stets aktuell gehalten werden. Durch die Angabe der Internetadresse der Webseite bekommt man direkt einen wertvollen Backlink von Google, den man sich sonst mühsam erarbeiten müsste.

Die Beschreibung des Unternehmens sollte informativ sein. Man sollte Bilder verwenden, um z. B. Büroräume, Mitarbeiter, Ansprechpartner, das Restaurant, die Innenausstattung des Ladens oder das Gebäude darzustellen. Da Google Maps eines der am meisten genutzten Instrumente ist, hat die Local SEO eine herausragende Bedeutung insbesondere für Autofahrer und Reisende.

Folgende Informationen sollten über **Google Unternehmensprofil** (ehemals Google My Business) platziert werden:

- Öffnungszeiten, Adresse und Kontaktdaten
- eine ausführliche Unternehmensbeschreibung
- Bilder der Büroräume, der Ansprechpartner, der Geschäftsleitung, des Gebäudes
- Produkte und Dienstleistungen
- seriöse Bewertungen von zufriedenen Kunden
- Testimonials und Reviews
- Videos
- direkte Buchungsoption (Buchungs-Button)

Nicht wenige Unternehmen vernachlässigen diese Daten. Die Local SEO hat in den vergangenen Jahren immer mehr an Bedeutung gewonnen, deshalb ist eine intensive Pflege und Aktualisierung in diesem Bereich ein entscheidender Erfolgsfaktor, der den Stellenwert und die Kundenzufriedenheit erheblich beeinflusst.

7.5 Voice-Search

Voice-Search verbreitet sich insbesondere in der Heimautomatisierung und bei der Nutzung von Internetdiensten während der Autofahrt. Affiliate-Marketing-Inhalte, Webseiten und Blogs werden so optimiert, dass sie leicht und verständlich durch

- Amazons Alexa,
- Siri,
- Cortana,

- Google Home und
- Google Assistant

wiedergegeben werden können.

Eine Voice-Search-Optimierung muss Inhalte vorwiegend in **Dialogform** (Q&A) präsentieren und einem schlüssigen und leicht verständlichen **Frage-Antwort-Schema** folgen, das die am häufigsten gestellten Fragen und Probleme umfasst. Alltagssprachmuster sind ebenso wichtig wie eine sorgfältige Keywordanalyse, die bei der Voice-Search eine noch größere Bedeutung hat, da es wegen des Suchmaschinen-Rankings entscheidend ist, die maßgeblichen Schlüsselbegriffe in den Texten und FAQs zu platzieren.

Bislang dominiert bei der Sprachsuche noch das **Recherchieren von Informationen**, wie beispielsweise Zugverbindungen, Wetter und Wissensfragen. Doch immer mehr werden **intelligente Lautsprecher (Smart Speaker)** und digitale Sprachassistenten dazu benutzt, um

- Kalenderfunktionen aufzurufen,
- Notizen zu erstellen,
- einen Countdown zu aktivieren,
- zu telefonieren,
- Wegbeschreibungen anzufordern, und
- Onlineshopping zu betreiben. **Voice Commerce** bezeichnet hierbei den unmittelbaren oder mittelbaren Kauf von Produkten oder Dienstleistungen über Sprachassistenten.

Zu den informationellen Suchintentionen kommen nun transaktionale (beispielsweise Einkäufe). Vor allem während des Autofahrens wird die Voice-Search zu einem relevanten **Kommunikationskanal**.

7.6 Prüfungstipps

Welchen Prüfungstipp kann ich aus diesem Abschnitt ziehen?

In Prüfungen wird häufig gefordert, ■ Onpage-SEO und Offpage-SEO zu differenzieren ■ Hauptkeywords von Nebenkeywords zu unterscheiden ■ Local SEO und dessen Relevanz zu erläutern ■ Unique Content, Duplicate Content und Thin Content zu differenzieren ■ Lazy Loading zu erklären ■ die Relevanz der Ladegeschwindigkeit einer Webseite vor dem Hintergrund der Suchmaschinenoptimierung zu beschreiben ■ Voice Search zu erläutern.

Schritt 8: Organische Aufmerksamkeit: E-Mail-Marketing, App-Marketing und KI-Marketing

Lernhinweise

Was erwartet mich in diesem Kapitel?

Dieses Kapitel befasst sich mit E-Mail-Marketing, White Paper, App-Marketing und KI-Marketing zur Steigerung der organischen Auffindbarkeit, Sichtbarkeit und Reichweite eines Unternehmens.

Welche Schlagwörter lerne ich kennen?

■ E-Mail-Marketing ■ Direktmarketing ■ Direktwerbung ■ Dialogmarketing ■ Permission-Marketing ■ Newsletter ■ E-Book ■ Blog-Marketing ■ Above the Fold ■ Call-to-Action ■ White Paper ■ App-Marketing ■ KI-Marketing ■ Large Language Model Optimization ■ Large Language Model Advertising ■ Markenautorität ■ KI-optimierte Content-Gestaltung

Wofür benötige ich dieses Wissen?

E-Mail-Marketing, White Paper, App-Marketing und KI-Marketing sind zentrale Bausteine einer ganzheitlichen Strategie im digitalen Marketing. Das Verständnis dafür hilft, Prioritäten klar zu setzen, Roadmaps zu definieren, Budgets zielgenau zu steuern und somit Ressourcen effizient einzusetzen.

Die Lernfragen zu diesem Kapitel finden Sie unter:

https://narr.kwaest.io/s/1432

8.1 E-Mail-Marketing

Ein wichtiger Bestandteil des digitalen Marketings ist das **E-Mail-Marketing**, das als zusätzlicher Kanal fungiert. Mit geringem Aufwand kann eine E-Mail zahllose Kunden erreichen und Informationen verteilen. E-Mail erweist sich als kostengünstig und überall verfügbar, daher bietet sich dieser Kommunikationsweg als Instrument des digitalen Marketings und des **Direktmarketings** jederzeit an.

Beim Direktmarketing unterscheidet man zwischen

- **Direktwerbung** (die sich eher einseitig an den Empfänger von E-Mails richtet) und
- **Dialogmarketing** (bei dem eine Interaktion angestrebt wird).

Das E-Mail-Marketing wird auch als Permission Marketing bezeichnet, da das Einverständnis des Empfängers erforderlich ist.

In den vergangenen Jahren ist das E-Mail-Marketing in Verruf geraten. Der allgegenwärtige Spam, der die Postfächer tagein, tagaus überflutet, hat dem E-Mail-Marketing erheblich geschadet. Daher sollte man bei der Anwendung von E-Mail-Werbung sehr sorgfältig alle rechtlichen Rahmenbedingungen und Datenschutzbestimmungen beachten.

E-Mail-Marketing eignet sich speziell für Blogs, die in Form von Newslettern zusätzliche Informationen verbreiten möchten und eine höhere Kundenbindung anstreben. Auch Online-Shops profitieren von der Möglichkeit, informative Newsletter an Bestandskunden zu versenden.

Wer einen Newsletter erstellen will, benötigt eine längere Empfängerliste. Es ist stets darauf zu achten, dass ein ausdrückliches Einverständnis vorliegt. Denn die Kunden sind sensibilisiert für Datenschutzverletzungen, und die Hürden für das E-Mail-Marketing sind sehr hoch. Schon die geringste Missachtung der entsprechenden Bestimmungen kann drastische Folgen für das Unternehmen haben.

Angesichts des stets steigenden Spam-Aufkommens sollte das E-Mail-Marketing nur mit äußerster Sorgfalt und unter Beachtung aller rechtlichen Bestimmungen eingesetzt werden.

Jedes Anmeldeformular in der Europäischen Union muss das Double-Opt-in-Verfahren berücksichtigen. Vor allem im Blog-Marketing werden Newsletter häufig verwendet. Sie dienen als wichtiger Bestandteil der E-Mail-Werbung. Um mehr Interessenten zu gewinnen, werden kostenlose E-Books verteilt. Um ein kostenloses E-Book oder einen anderen Vorteil zu erhalten, müssen sich die Interessenten per E-Mail registrieren.

Das E-Mail-Marketing sollte stets berücksichtigen, dass solche Newsletter den Interessenten **hochwertige Informationen** bieten sollten. Newsletter, die rein werblich sind, werden sehr schnell auf Ablehnung stoßen. Bei der Gestaltung und Konzeption eines Newsletters ist es von entscheidender Bedeutung, dass man sich Gedanken über die richtige **Zielgruppe** macht.

Alle Newsletter enthalten charakteristische Strukturelemente, die bei der Konzeption berücksichtigt werden sollten.

- Ein Newsletter beginnt in der Regel mit einer Einführung, die in der Fachsprache als „**Above the Fold**" bezeichnet wird. Dieser Terminus stammt ursprünglich aus dem klassischen Marketing und der Printwerbung. Damit meint man jeden Inhalt, der dem Leser sofort ins Auge springt, wie beispielsweise eine Aufmerksamkeit weckende Schlagzeile.
- Jeder Newsletter enthält außerdem eine **Call-to-Action** (**CTA**). Durch diese unmittelbare Handlungsaufforderung soll der Leser zu einer Aktion bewegt werden, beispielsweise durch Sätze wie „hier klicken", „hier Gutschein herunterladen" oder „hier kostenloses E-Book downloaden".
- Der Newsletter sollte ein ansprechendes Layout aufweisen und klar strukturiert sein, damit der Leser den Inhalt unmittelbar erfassen kann. Man sollte mehrere

Farben einsetzen und Hervorhebungen, die den Lesefluss erleichtern.

- Der Zeitpunkt des Versands sollte umsichtig geplant werden, da er auf das Marketing und den Erfolg einer Kampagne einen entscheidenden Einfluss hat. Beispielsweise ist es in der Praxis eine allgemeine Erfahrung, dass der Montag ein ungünstiger Zeitpunkt ist, denn am ersten Tag der Woche sind die meisten Privat- und Geschäftskunden damit beschäftigt, Aufgaben zu erledigen, die sich über das Wochenende angestaut haben. Ein wesentlich besserer Wochentag ist der Dienstag oder der Mittwoch. Als ungünstig hat sich der Freitag erwiesen, da an diesem Tag bereits viele in das Wochenende wollen und abgelenkt sind. Auch die perfekte Uhrzeit hängt von dem jeweiligen Kunden oder der Branche ab. So wäre es weniger empfehlenswert, um 10 Uhr eine Zeitungsredaktion zu kontaktieren. In den meisten Industriebranchen gilt der späte Vormittag als ein günstiger Zeitpunkt, da dann bereits die wesentlichen Aufgaben erledigt wurden, die vom Vortag auf der Agenda standen. Ein Tabu sind der späte Nachmittag und der Abend, da die meisten Menschen um diese Uhrzeit bereits müde sind oder sich auf den Feierabend freuen.
- Eine besondere Sorgfalt sollte man auf den Betreff und den Absender verwenden. Nur seriöse E-Mail-Adressen eignen sich für das Dialogmarketing und für einen Newsletter. Daher sollte jedes Unternehmen eine eigene Domain und ein entsprechendes Branding vorweisen können. Eine eigene Domain, die das Unternehmen repräsentiert, ist unerlässlich. Zudem sollte die Domain seriös und angesehen sein und möglicherweise ein für das Marketing wichtiges Keyword enthalten.
- Der Empfänger des Newsletters sollte mit dem richtigen Namen angesprochen werden. Darüber hinaus sollte man sich ausführlich Gedanken über die Formulierung des Betreffs machen. Unseriöse Formulierungen werden bereits von den Filtern der E-Mail-Anbieter erkannt und als Spam markiert und ausgesondert. Daher ist ein aussagekräftiger Betreff von herausragender strategischer Bedeutung. Der Text sollte klar und prägnant zum Ausdruck bringen, womit sich die E-Mail befasst.
- Die Nachricht sollte nicht zu lange, aber auch nicht zu kurz sein. Eine Call-to-Action ist unerlässlich, um den Empfänger zu einer Handlung zu veranlassen. Da eine Großzahl von E-Mails unterwegs auf mobilen Geräten gelesen wird, ist ein responsives Design eine selbstverständliche Voraussetzung, um die Darstellung für Tablets und Smartphones zu optimieren.
- Jeder Newsletter sollte präzise auf die jeweilige Zielgruppe zugeschnitten sein und deren Interessen und Anforderungen widerspiegeln. Mithilfe von Links, aber auch von Tracking-Pixeln ist es einfach, ein umfassendes Controlling durchzuführen. Durch diese Links ist es möglich, herauszufinden, wie viele der E-Mails aufgerufen und gelesen wurden. Darüber hinaus können in Newslettern Social-Media-Buttons integriert werden.

Durch das Tracking können verschiedene Kennzahlen berechnet werden. Hierzu gehören z.B. die Öffnungsrate, Klickrate, Abmelderate und die Konversionsrate, die angibt, wie viele der E-Mails zu einer konkreten Handlung, beispielsweise einer Registrierung oder einem Kauf, geführt haben.

8.2 White Paper

Ein **White Paper** ist ein Instrument der Öffentlichkeitsarbeit, das einen umfassenden Überblick über ein Produkt oder eine Dienstleistung bietet. Typischerweise umfasst ein White Paper zwischen 6 und maximal 30 Seiten und zeichnet sich durch einen sachlichen und objektiven Stil aus. Zu den Inhalten zählen unter anderem Forschungsergebnisse, Anwenderberichte, Produkt- und Technologiebeschreibungen, verschiedene Studien, Prognosen, Fallstudien, Best-Practice-Beispiele, Marktforschungsergebnisse und Strategieanalysen. Im Kontext dieses Formats spricht man auch von Educational Marketing.

Insbesondere im IT-Sektor und im B2B-Marketing sind White Papers weit verbreitet. White Papers beinhalten häufig technische Funktionsbeschreibungen, Case Studies und weitere für Kunden relevante Informationen. Im Marketing werden sie als sogenannter Hero-Content eingestuft und zeichnen sich durch eine neutrale und sachliche Sprache aus, die Inhalte systematisch und faktenbasiert vermittelt, wobei werbliche Formulierungen in der Regel vermieden werden. Ziel eines White Papers ist es, Kunden objektiv zu informieren, ihnen einen hohen Mehrwert zu bieten und dadurch die Bindung an das Unternehmen zu stärken.

Hauptsächlich dienen sie der Lead-Generierung, indem sie darauf abzielen, bestimmte Handlungen beim Kunden anzustoßen, beispielsweise einen Kauf, eine Registrierung, eine Anmeldung zum Newsletter oder andere Interaktionen. Darüber hinaus unterstützen White Papers das Branding sowie sowohl die Onpage- als auch Offpage-SEO und tragen somit dazu bei, die Sichtbarkeit in Suchmaschinen zu verbessern und eine Spitzenpositionierung zu erreichen.

Damit White Papers eine bessere Position im Suchmaschinen-Ranking erreichen, sollten folgende Aspekte berücksichtigt werden:

- keine zu großen PDF-Dateien
- eine aussagekräftige und prägnante Meta-Description (die Google als Textauszug für die Snippets verwendet, die unterhalb des Suchergebnisses als Erläuterung erscheinen)
- relevanter und sich selbsterklärender Dateiname (also keine Bezeichnung wie „w3487732jnq4.pdf")
- funktionierende Links im PDF
- bibliographische Angaben, welche die Archivierung in Bibliotheken erleichtern.

Da das White Paper hauptsächlich im B2B-Marketing eingesetzt wird, liegt der Fokus auf den Anliegen und Fragen von Geschäftskunden. Die Zielgruppe wird durch eine Buyer-Persona-Analyse bestimmt. Der Text ist darauf ausgelegt, alle relevanten Aspekte eines technischen Produkts oder einer Dienstleistung informativ und verständlich darzustellen. Anschaulichkeit, Transparenz und eine klare Gliederung sind typische Merkmale eines White Papers.

Die Argumentation im White Paper erfolgt sachlich und objektiv; es werden die jeweiligen Herausforderungen und Fragestellungen der Zielgruppe angesprochen.

Die Struktur eines White Papers sieht häufig so aus:

- Cover (ansprechend, themenrelevant, Berücksichtigung des Corporate Designs)
- Inhaltsverzeichnis
- Executive Summary oder Abstract (optional auch in englischer Sprache)
- Einführung
- Hauptteil (Beschreibung der Problemstellung, Analyse und Lösungsansätze)
- Zusammenfassung
- Anhänge (z. B. Daten, Statistiken, Diagramme, Unternehmensporträt)

Für die systematische Verbreitung des White Papers können verschiedene Kanäle genutzt werden, darunter die eigene Webseite, E-Mail-Newsletter, Social Media wie z. B. LinkedIn mit hochwertigem fachlichem Inhalt, unternehmensinterne Blogs, Fachforen und Pressemitteilungen. Häufig wird beim kostenlosen Download von der Unternehmenswebseite die Angabe der E-Mail-Adresse verlangt, wodurch eine gezielte Adressenliste interessierter Kunden entsteht.

8.3 App-Marketing

> **App-Marketing** umfasst alle sowohl strategischen als auch operativen Maßnahmen, die darauf ausgerichtet sind, die Bekanntheit mobiler Applikationen (Apps) sowie deren Nutzungsintensität sowie Nutzungsfrequenz qualitativ als auch quantitativ zu fördern.

App-Marketing umfasst hierbei sowohl

- die **Gewinnung (Akquise) neuer Nutzer** (User Acquisition)

als auch

- die **Bindung bestehender Nutzer** (User Retention).

Insbesondere im Lebensmitteleinzelhandel und im Non-Food-Handel hat sich das App-Marketing in den vergangenen Jahren als zentrales Marketinginstrument im Rahmen des digitalen Marketings etabliert. *Praxisbeispiele wie die Lidl Plus- sowie Kaufland-App zeigen typische Merkmale des App-Marketings auf:*

- **Exklusive Angebote für registrierte Nutzer:** Digitale Coupons oder Cashback-Aktionen, die ausschließlich registrierten Nutzern zugänglich sind.
- **Crossmediale Werbung und Omni Channeling:** Werbeaktionen (Promotions) zugunsten der App sowie deren exklusiven Angebote über klassische (analoge) Kanäle wie beispielsweise Handzettel, Plakatwerbung und TV-Spots als auch digitale Kanäle wie Social Media Posts oder E-Mail Newsletter.

- **Integrierte Zusatzfunktionen:** Zusätzliche Funktionalitäten können beispielsweise eine digitale Kundenkarte, die integrierte Zahlungsabwicklung und die Bereitstellung eines digitalen Kassenbons umfassen.

Das App-Marketing bringt vielfältige Vorteile für den App-Anbieter mit sich. Diese umfassen beispielsweise

- *Interaktion* und *Direkter Kommunikationskanal:* Unmittelbarer Zugang zu den Nutzern ohne Abhängigkeitsverhältnis gegenüber den Plattformen Dritter wie beispielsweise TikTok, Instagram und Facebook.
- *Kundenbindung:* Regelmäßige Interaktionen über personalisierte Angebote, Gamification-Elemente und exklusive Aktionen.
- *Messbarkeit:* Sehr gute Quantifizierbarkeit des Erfolgs des App-Marketings durch unterschiedliche Kennzahlen (KPIs) wie beispielsweise Nutzungshäufigkeit, Nutzungsdauer, Öffnungsraten der Push-Benachrichtigungen, App-Coupon-Einlösungen und Warenkorbinhalt.

Das App-Marketing bringt neben den vielfältigen Vorteilen jedoch für den App-Anbieter auch einige Herausforderungen mit sich. Diese umfassen beispielsweise

- D*ownload-Hürde:* Die App muss vielfältige Vorteile für den Nutzer mit sich bringen, damit eine Registrierung erfolgt.
- *Nutzungs-Hürde:* Die App muss vielfältige Vorteile für den Nutzer mit sich bringen, damit eine regelmäßige Nutzung der App erfolgt. Insbesondere eine Intensivierung der Nutzung setzt ein umfassendes, durchdachtes und ganzheitliches (holistisches) App-Marketing-Konzept mit vielseitigen Benefits für den Nutzer voraus.
- *Rechtliche Aspekte:* Sämtliche rechtlichen Aspekte sowie Anforderungen wie Datenschutz müssen zu jeder Zeit beachtet werden.
- *Technische Wartung und Sicherheit:* Es bedarf kontinuierlichen Sicherheits-Updates der App sowie Funktionsoptimierungen.

Das App-Marketing verbindet klassische (analoge) Werbemaßnahmen wie beispielsweise Print-Handzettel mit Methodiken des digitalen Marketings. Dies ermöglicht beispielsweise auch die Erstellung und Durchführung hybrider Kampagnen im Rahmen des Omni-Channel-Managements, die Kunden sowohl offline als auch online ansprechen.

8.4 KI-Marketing

> **KI-Marketing** umfasst sämtliche Maßnahmen, die auf die Auffindbarkeit des eigenen Unternehmens und Angebots in Modelle der Künstlichen Intelligenz (KI) hinwirken.

KI-Marketing ist somit unmittelbar vergleichbar mit den beiden Ausprägungsformen des **SEM** (Search Engine Marketing):

- **SEO:** Search Engine Optimization
- **SEA:** Search Engine Advertising

Analog zu diesen beiden Kategorien der Auffindbarkeit in Suchmaschinen zeigen sich diese Ausprägungsformen auch für das KI-Marketing:

- **LLMO: Large Language Model Optimization: unbezahlte Platzierung** (organisch) in KI-basierten Antwortsystemen
- **LLMA: Large Language Model Advertising: bezahlte Platzierung** in KI-basierten Antwortsystemen. In der heutigen Zeit weist LLMA jedoch eine geringe Relevanz auf.

klassisch	KI-Äquivalent	Bedeutung
SEO	LLMO	unbezahlte Platzierung
SEA	LLMA	bezahlte Platzierung

Somit besteht das zentrale Ziel des KI-Marketings, ebenfalls analog zu SEO und SEA, darin, **Sichtbarkeit** und **Präsenz** im relevanten digitalen Informationsraum zu sichern: Nicht nur in Form von

- **Suchergebnissen** innerhalb klassischer Suchmaschinen, sondern auch
- in den **Antwortstrukturen** generativer KI-Systeme.

Das Ziel besteht darin, dass ein KI-gestützter Assistent, etwa ChatGPT, Gemini, Perplexity, die eigene Marke empfiehlt, nennt oder als Beispiel anführt, wenn Nutzer Fragen zu einem relevanten Thema stellen.

Dieses Vorgehen ähnelt dem klassischen Prinzip der Suchmaschinenoptimierung (SEO), bei dem Unternehmen ihre Inhalte so gestalten, dass sie möglichst weit oben in den Trefferlisten von Google erscheinen. Der entscheidende Unterschied liegt jedoch darin, dass bei der Optimierung für KI nicht mehr nur um eine Platzierung in einer Suchergebnisliste gekämpft wird, sondern um eine prominente Erwähnung innerhalb der von der KI generierten, zusammenhängenden Antwort.

Ein anschauliches Beispiel verdeutlicht den Unterschied: Fragt ein Nutzer eine klassische Suchmaschine nach „den besten Zelten für eine Himalaya-Expedition", so erscheinen zahlreiche Links zu Testberichten oder Händlern. Fragt derselbe Nutzer hingegen einen KI-Chatbot, so erhält er eine in ganzen Sätzen formulierte Antwort, in der möglicherweise nur drei oder vier Marken konkret genannt werden. Wer es schafft, in diesem knappen, hochverdichteten Empfehlungskontext aufzutauchen, sichert sich einen besonderen Wettbewerbsvorteil.

Generative KI-Systeme basieren auf riesigen Datenmengen, aus denen sie mit Hilfe neuronaler Netze sprachliche Muster, Zusammenhänge und Strukturen lernen. Sie sind in der Lage, völlig neue Inhalte zu formulieren, indem sie Gelerntes kreativ kombinieren und in einem neuen Kontext wiedergeben. Während klassische Suchmaschinen in erster Linie auf bereits existierende Webseiten verweisen, liefern generative KI-Systeme vollständige Antworten in natürlicher Sprache.

Diese Antworten wirken auf viele Nutzer besonders glaubwürdig, weil sie aus einem Fließtext bestehen, der nicht wie eine Werbung aussieht und oft den Anschein objektiver Neutralität erweckt. Für Unternehmen bedeutet das: Wenn es gelingt, die eigenen Produkte und Marken in die von KI bevorzugt genutzten Datenquellen einzubringen und dadurch in den generierten Antworten präsent zu sein, entsteht ein hohes Potenzial zur Markenbildung und Absatzsteigerung. Die Relevanz dieses Ansatzes liegt darin, dass KI-Empfehlungen nicht nur informieren, sondern in vielen Fällen direkt das Kauf- oder Entscheidungsverhalten beeinflussen.

Das gezielte Platzieren von Unternehmen, Produkten und Marken in KI-Ergebnissen bietet mehrere strategische **Chancen**:

- Unternehmen, die frühzeitig auf diesen neuen Kommunikationskanal setzen, sichern sich einen Vorsprung gegenüber Wettbewerbern, die noch auf traditionelle Suchmaschinenoptimierung fokussiert sind. Die Glaubwürdigkeit einer Empfehlung steigt, wenn sie in einem neutral wirkenden KI-Text erfolgt, da Nutzerinnen und Nutzer diese nicht unmittelbar als Werbung wahrnehmen.
- Gleichzeitig ermöglicht diese Form des Marketings eine sehr präzise Positionierung: Marken und Produkte können gezielt bei spezifischen Fragen oder Themenfeldern präsent sein, die genau zur eigenen Produktstrategie passen.
- Ein weiterer Vorteil besteht in der potenziell langen Sichtbarkeit. Wenn eine Marke einmal in die relevanten Datenquellen und damit indirekt in das „Wissensuniversum" einer KI aufgenommen wurde, kann sie über lange Zeit hinweg in den Antworten erscheinen. Dies verschafft Unternehmen eine Art First-Mover-Effekt: Wer früh optimiert, prägt die KI-Ergebnisse möglicherweise für Jahre.

Trotz der Chancen birgt diese Form des Marketings auch **Risiken**:

- Unternehmen haben keine direkte Kontrolle darüber, ob eine KI ihre Marke nennt. Änderungen in den zugrunde liegenden Trainingsdaten oder Algorithmen können die Sichtbarkeit von heute auf morgen verringern.
- Zudem bleibt oft unklar, welche Quellen die KI genau nutzt, da die Anbieter hier nur begrenzt Transparenz bieten.
- Ein weiteres Risiko liegt im möglichen Reputationsschaden, wenn die Marke in einem unpassenden oder falschen Kontext erwähnt wird. So könnte beispielsweise ein KI-System eine Marke in Verbindung mit einer veralteten oder falschen Produktinformation nennen.
- Hinzu kommen ethische und rechtliche Fragen. Manche Nutzerinnen und Nutzer könnten den Versuch, gezielt KI-Ergebnisse zu beeinflussen, als manipulativen Eingriff in eine vermeintlich neutrale Informationsquelle werten. Unternehmen müssen daher sehr sorgfältig abwägen, welche der folgenden Maßnahmen sie ergreifen, und auf transparente, inhaltlich fundierte Weise vorgehen.

Um in den Antworten generativer KI-Systeme aufzutauchen, müssen Unternehmen ihre Kommunikationsstrategie gezielt an die Funktionsweise dieser Systeme anpassen.

- Ein wichtiger Ansatz ist die **KI-optimierte Content-Gestaltung**. Dabei werden Texte, Bilder und andere Inhalte so aufbereitet, dass sie für KI-Modelle besonders leicht auffindbar und verwertbar sind. Dazu gehören klare und eindeutige Formulierungen, die wiederholt den Markennamen und die relevanten Produktbezüge enthalten.

  Wenn ein Hersteller von E-Bikes beispielsweise ausführliche Fachartikel zu Themen wie „E-Bike-Akkupflege im Winter" veröffentlicht, kann er darin die eigenen Produkte als Beispiel nennen. Werden solche Inhalte von seriösen Quellen aufgegriffen, steigt die Wahrscheinlichkeit, dass die Marke in KI-Antworten auftaucht.

- Ein zweiter wichtiger Ansatz ist die gezielte **Präsenz in vertrauenswürdigen Quellen**. Generative KI-Systeme nutzen oft Inhalte von Fachportalen, Nachrichtenmedien, Branchenverzeichnissen oder öffentlich zugänglichen Datenbanken wie Wikipedia. Wenn ein Unternehmen dort mit hochwertigen, faktenbasierten Informationen vertreten ist, erhöht dies die Chance auf eine spätere Nennung in KI-Ergebnissen erheblich.

  Eine Hotelkette, die auf führenden Reiseportalen und in Nachhaltigkeits-Rankings sichtbar ist, kann so in KI-Antworten als Beispiel für umweltfreundliche Hotels erscheinen.

- Darüber hinaus kann auch die **direkte Kooperation** mit KI-Anbietern eine Rolle spielen. Manche KI-Assistenten integrieren gezielt Partnerinhalte oder erlauben Produktplatzierungen innerhalb ihrer Empfehlungen.

  Ein Lebensmittelhersteller, der mit einem KI-basierten Rezept-Assistenten zusammenarbeitet, könnte so erreichen, dass seine Produkte bevorzugt in Rezeptvorschlägen erscheinen.

- Schließlich ist der Aufbau von **Markenautorität** entscheidend. KI-Systeme neigen dazu, Marken zu nennen, die als führend, maßgeblich oder vertrauenswürdig gelten. Dies erfordert kontinuierliche Investitionen in hochwertige Studien, Whitepaper, Fachvorträge und andere Formate, die in der Öffentlichkeit und in den von KI genutzten Datenquellen Aufmerksamkeit erzeugen.

  Ein Softwareunternehmen, das regelmäßig fundierte Branchenanalysen veröffentlicht, hat so bessere Chancen, in KI-Antworten als „führender Anbieter" erwähnt zu werden.

- Begleitend dazu empfiehlt es sich, die eigene Sichtbarkeit in KI-Systemen aktiv zu überwachen. Unternehmen können regelmäßig Testfragen an KI-Assistenten stellen, um festzustellen, ob und in welchem Kontext ihre Marke erwähnt wird.

  Ein Getränkehersteller könnte beispielsweise monatlich prüfen, ob er in Antworten zu „beliebtesten Energy-Drinks in Deutschland" auftaucht und die Content-Strategie entsprechend anpassen.

KI-Marketing wird in mehr und mehr Branchen eine wichtige Rolle spielen, wie die folgenden Beispiele zeigen:

- *In der Tourismusbranche könnte ein Reiseveranstalter gezielt dafür sorgen, dass er in KI-Antworten zu den besten Städtereisen im Frühling auftaucht, indem er hochwertige Artikel, Fotos und Erfahrungsberichte zu ausgewählten Reisezielen veröffentlicht und diese in großen Reiseportalen platziert.*
- *Eine Bank könnte durch die Veröffentlichung von Studien und Ratgebertexten erreichen, dass sie in KI-Chatbots als günstige Anbieterin von Gründerkrediten genannt wird.*
- *Ein Schokoladenhersteller könnte durch gezielte Content-Kooperationen sicherstellen, dass seine Produkte in KI-generierten Rezeptvorschlägen für Valentinstag-Desserts erscheinen.*
- *Eine Apothekenkette könnte durch fundierte Gesundheitsratgeber und Fachartikel erreichen, dass sie in KI-Antworten zu Beratungsthemen wie „Hilfsmittel bei Heuschnupfen" auftaucht.*

KI-Marketing in Form der gezielten Platzierung in den Antworten generativer KI-Systeme ist der nächste Evolutionsschritt nach der klassischen Suchmaschinenoptimierung. Während es früher darum ging, eine gute Position in den Ergebnislisten von Google zu erreichen, geht es heute darum, Teil der generierten Antwort einer KI zu werden. Wer es schafft, in diesem neuen Umfeld präsent zu sein, verbindet Sichtbarkeit mit einer hohen Glaubwürdigkeit und hat die Chance, den Informationsraum der KI langfristig zu prägen.

Der Schlüssel zum Erfolg liegt in der Kombination aus hochwertigen, KI-freundlichen Inhalten, einer starken Markenreputation und einer gezielten Präsenz in den für KI relevanten Datenquellen. Gleichzeitig ist ein sensibler Umgang mit ethischen und rechtlichen Fragen erforderlich, um das Vertrauen der Nutzerinnen und Nutzer nicht zu gefährden.

Der Weg zu einer dauerhaften und wirksamen Präsenz in den Antworten generativer KI-Systeme lässt sich in fünf aufeinanderfolgende Phasen gliedern. Jede dieser Phasen baut auf der vorherigen auf und sollte mit Sorgfalt, strategischem Blick und der nötigen Konsequenz umgesetzt werden.

- In der **ersten Phase** steht die Analyse im Vordergrund. Unternehmen müssen zunächst verstehen, wie generative KI-Systeme in ihrem spezifischen Marktumfeld arbeiten und welche Informationsquellen sie nutzen. Dazu gehört es, regelmäßig Testfragen an verschiedene KI-Modelle zu stellen und systematisch zu dokumentieren, ob und wie die eigene Marke erwähnt wird. Ebenso sollten die relevanten Mitbewerber erfasst und untersucht werden, in welchen Kontexten diese in KI-Antworten vorkommen. Diese Bestandsaufnahme bildet die Grundlage für alle weiteren Schritte.
- Die **zweite Phase** ist die inhaltliche Positionierung. Hier gilt es, die eigenen Botschaften, Themenfelder und Kernkompetenzen so zu definieren, dass sie für die Zielgruppen wie auch für KI-Systeme gleichermaßen attraktiv und relevant sind. Inhalte sollten klar strukturiert sein, eindeutige Produkt- und Markennennungen

enthalten und einen echten Mehrwert bieten. Dabei ist es wichtig, Themen zu wählen, die in der Branche eine hohe Relevanz besitzen und gleichzeitig noch nicht vollständig von Wettbewerbern besetzt sind.

- In der **dritten Phase** beginnt die gezielte Content-Produktion und -Distribution. Unternehmen erstellen hochwertige Inhalte – etwa Fachartikel, Studien, Blogbeiträge, Infografiken oder Videos – und platzieren diese in den Quellen, die generative KI-Systeme mit hoher Wahrscheinlichkeit nutzen. Das können Fachportale, Branchenverzeichnisse, renommierte Nachrichtenmedien oder öffentlich zugängliche Wissensplattformen sein. Ziel ist es, die Marke an den Stellen sichtbar zu machen, die später in das „Wissensgedächtnis" der KI einfließen.
- Die **vierte Phase** besteht in der aktiven Autoritätsbildung. KI-Systeme neigen dazu, Marken zu bevorzugen, die als führend oder vertrauenswürdig wahrgenommen werden. Diese Wahrnehmung entsteht nicht allein durch die Menge an Inhalten, sondern auch durch deren Qualität, Glaubwürdigkeit und die Reputation der Quelle. Unternehmen sollten daher auf glaubwürdige Belege setzen, etwa durch wissenschaftlich fundierte Whitepaper, die Teilnahme an Fachkonferenzen oder die Kooperation mit anerkannten Branchenexperten.
- In der **fünften Phase** folgt schließlich die kontinuierliche Optimierung. Die Sichtbarkeit in KI-Ergebnissen ist kein einmaliger Erfolg, sondern erfordert laufende Anpassungen. Algorithmen ändern sich, neue KI-Anbieter treten auf den Markt, und die genutzten Datenquellen können sich verschieben. Regelmäßige Überprüfungen und Testfragen helfen, diese Veränderungen frühzeitig zu erkennen. Werden dabei Lücken oder Rückgänge in der Sichtbarkeit festgestellt, können gezielte Maßnahmen ergriffen werden – etwa durch neue Inhalte, aktualisierte Informationen oder eine Ausweitung der Themenpalette.

Wer diese fünf Phasen durchläuft, schafft nicht nur die Voraussetzungen für eine stabile Präsenz in KI-Ergebnissen, sondern verankert die eigenen Produkte und Marken auch langfristig im digitalen Informationsraum. Damit wird KI-Marketing zu einem nachhaltigen Bestandteil der Kommunikationsstrategie, der weit über kurzfristige Kampagnenerfolge hinausgeht.

Der Bereich KI-Marketing befindet sich aktuell noch in einer sehr frühen Phase. Daher existieren momentan zahlreiche Begriffe, für die bisher kein allgemeiner Konsens besteht:

- GEO: Generative Engine Optimization
- GEA: Generative Engine Advertising

sowie

- LLMO: Large Language Model Optimization
- LLMA: Large Language Model Advertising

sowie

- LLM SEO: Large Language Model (Search) Optimization

- LLM SEA: Large Language Model (Search) Advertising

sowie

- AI SEO: Artificial Intelligence Search Optimization
- AI SEA: Artificial Intelligence Search Advertising

sowie

- AEO: Answer Engine Optimization
- AEA: Answer Engine Advertising

sowie

- AIO (alternativ: AI Optimization): Artificial Intelligence Optimization
- AIA (alternativ: AI Advertising): Artificial Intelligence Advertising

sowie

- AISO: AI Search Optimization
- AISA: AI Search Advertising

sowie

- GAIO: Generative AI Optimization
- GAIA: Generative AI Advertising

Somit ergibt sich, anschließend an die obig aufgeführte Liste, eine erweiterte Variante:

klassisch	KI-Äquivalente	Bedeutung
SEO	GEO / LLMO / LLM SEO / AI SEO / AEO / AIO / AISO / GAIO	unbezahlte Platzierung
SEA	GEA / LLMA / LLM SEA / AI SEA / AEA / AIA / AISA / GAIA	bezahlte Platzierung

Neben diesen Begrifflichkeiten existieren auch noch einige weitere experimentelle oder weniger verbreitete Begriffe wie

- AIMe: AI Marketing Engagement
- AIVM: Artificial Intelligence Visibility Marketing
- DCO: Dialogue Content Optimization
- MAP: Model Aware Promotion
- GPT Marketing
- LLMXO: Largue Language Model Experience Optimization

KI-Marketing unterliegt somit aktuell einer hohen Dynamik und begrifflichen Fluidität. Viele der oben aufgeführten Begrifflichkeiten werden beispielsweise in Fachartikeln oder auf Konferenzen verwendet, allerdings häufig mit mindestens leicht unterschiedlichen Bedeutungen. Auch sind die Differenzierungen zwischen den einzelnen Begrifflichkeiten bisher unscharf und teilweise inkonsistent. Analog zur frühen Phase von SEO und SEA wird sich die Terminologie im Bereich KI-Marketing vermutlich erst im Laufe der nächsten Jahre durch Branchenstandards und Plattformrichtlinien stabilisieren und harmonisieren.

8.5 Prüfungstipps

Welchen Prüfungstipp kann ich aus diesem Abschnitt ziehen?

In Prüfungen wird häufig gefordert, ■ Direktwerbung und Dialogmarketing zu differenzieren ■ Permission Marketing zu erläutern ■ die Einsatzbereiche sowie Struktur eines White Papers zu erklären ■ App-Marketing zu definieren ■ KI-Marketing zu beschreiben ■ Large Language Model Optimization und Large Language Model Advertising zu unterscheiden ■ die Relevanz von KI-optimierter Content-Gestaltung zu erläutern.

Schritt 9: Organische Aufmerksamkeit: Social Media Marketing

Lernhinweise

Was erwartet mich in diesem Kapitel?

Dieses Kapitel bietet einen systematischen Überblick über die wichtigsten Social-Media-Kanäle im digitalen Marketing. Hierbei werden unter anderem die zentralen Erfolgskennzahlen (KPIs) zur Messung des Erfolgs wie Watchtime, Engagement Rate sowie Click Through Rate erläutert.

Welche Schlagwörter lerne ich kennen?

■ Social Media Marketing (SMM) ■ Marketingkonzeption ■ Reichweite ■ Content-Erstellung ■ Podcasts ■ Interaktivität ■ Social-Media-Postings ■ Veröffentlichungsfrequenz ■ Hashtags ■ Likes ■ Shares ■ Kommentare ■ Reposts ■ Retweets ■ Streuverluste ■ Watchtime ■ Engagement Rate ■ Youtube-Analytics ■ Channel Performance ■ Video Views ■ Average View Duration ■ Zuschauerbindung (Audience Retention) ■ Click Through Rate ■ Infokarten ■ Playlists ■ Time in Playlist ■ Unique Viewers ■ Abonnenten ■ YouTube ■ Facebook ■ Instagram ■ X (ehemals Twitter) ■ TikTok ■ LinkedIn ■ Employee Generated Content

Wofür benötige ich dieses Wissen?

Um Social Media im digitalen Marketing zielgerichtet einzusetzen, reicht es nicht aus, nur Inhalte zu posten. Vielmehr ist ein tiefgreifendes Verständnis der Zielgruppen, Social-Media-Kanäle sowie Content-Typologien und Erfolgskennzahlen erforderlich.

Die Lernfragen zu diesem Kapitel finden Sie unter:

https://narr.kwaest.io/s/1433

Das **Social-Media-Marketing (SMM)** spielt heutzutage eine immer größere Rolle, da es für die Kommunikation eines Unternehmens von herausragender Bedeutung ist und etliche Möglichkeiten eröffnet, neue Kunden und Interessenten zu gewinnen. Deshalb sollte das Social-Media-Marketing integraler Bestandteil einer umfassenden **Marketingkonzeption** sein. Ein großer Vorteil dieses Ansatzes besteht darin, dass das Unternehmen das Branding systematisch verbessern kann und die Option hat, neue Kundensegmente zu erschließen, die bisher unzugänglich waren. Insofern sollte man das Social-Media-Marketing im Rahmen der Marketingstrategie niemals unterschätzen.

Innerhalb des Themenbereichs Social-Media-Marketing lassen sich die unterschiedlichen Kanäle kategorisieren:

- allgemeine Netzwerke
  - Facebook
- Messenger-Dienste (Instant-Messaging)
  - WhatsApp
  - Telegram
  - Signal
- Bild-/(Kurz)Video-Plattformen
  - TikTok
  - Instagram
  - Snapchat
  - YouTube
- Livestreaming-Plattformen
  - Twitch
  - Youtube Live
- Business-Netzwerke
  - LinkedIn (Marktführer)
  - Xing (deutlicher Relevanzverlust innerhalb der letzten Jahre)
- Mikroblogging und Diskussionsforen
  - X (ehemals Twitter)
  - Reddit
- Creator-Plattformen und Social-Payment-Services
  - Patreon
- Communities
  - Skool
- Gaming- und Community-Plattformen
  - Discord
  - Twitch

Das Social-Media-Marketing ist ein wichtiger Aspekt für die **Reichweite**, denn durch die Nutzung verschiedener Social-Media-Kanäle wie TikTok, Facebook, X (ehemals Twitter), Instagram, LinkedIn und Pinterest können viele unterschiedliche Menschen weltweit angesprochen werden.

Wie bei jeder Marketingkampagne sollte in der ersten Phase des Social-Media-Marketings eine aussagekräftige, anschauliche und realitätsnahe **Buyer-Persona** erstellt werden, um die **Zielgruppe** exakt zu definieren und deren Eigenschaften und Einstellungen festzuhalten.

Die jeweilige Plattform sollte sorgfältig ausgewählt werden, da sich unterschiedliche Altersgruppen und Zielgruppen auf den sozialen Plattformen bewegen. Während die jüngere Generation Plattformen wie Tiktok und Snapchat bevorzugt, sind ältere Zielgruppen primär auf Facebook präsent.

Wer langfristig auf Social-Media-Kanälen Erfolge erzielen möchte, sollte hochwertige Inhalte generieren, die auf die jeweilige Zielgruppe zugeschnitten sind und deren Interessen widerspiegeln. Daher ist es besonders wichtig die **Content-Erstellung** in den Mittelpunkt aller Bemühungen zu rücken.

Neben klassischen Texten, die Produkte und Dienstleistungen unterhaltsam veranschaulichen und deren Vorzüge darstellen, sollte man **multimediale Inhalte** mit einbeziehen und auf diese Weise die jüngere Generation ansprechen. Hierzu gehören **instruktive und unterhaltsame Videos**, die die Produktpalette des Unternehmens einem jüngeren Publikum näherbringen. Darüber hinaus sollten Social Media genutzt werden, um mit anderen **Ausdrucksformen** wie beispielsweise **Podcasts** zu experimentieren.

Im Vordergrund bei der Erstellung von Content für Social Media ist es wichtig, den Grundsatz der **Interaktivität** zu beherzigen. Denn die Nutzer möchten mit dem Unternehmen in Kontakt treten und kommunizieren, indem sie Fragen stellen oder Kommentare veröffentlichen.

Die Betreuung eines Social-Media-Kanals setzt voraus, dass das Unternehmen über genügend **Personal** und **Expertise** verfügt. Denn nichts ist unverzeihlicher als eine Facebookseite oder ein Kanal bei X (ehemals Twitter), der nicht fortlaufend kuratiert wird. Es ist heutzutage eine Selbstverständlichkeit, dass Anfragen unmittelbar beantwortet und Kommentare auch sofort kommentiert werden.

Kundenorientierung zeigt sich in den Social Media darin, dass Nutzer ernst genommen werden und dass ihre Fragen, Bedürfnisse und Interessen stets beachtet werden. Vor allem sollte der Zeitpunkt und die **Veröffentlichungsfrequenz** der jeweiligen **Social-Media-Postings** berücksichtigt werden.

Auch bei der Auswahl eines **Hashtags** etwa bei LinkedIn oder X (ehemals Twitter) sollte man große **Sorgfalt** walten lassen, da die Wahl des richtigen Hashtags darüber entscheidet, welchen Anklang ein Posting findet. Je stärker die Social-Media-Kanäle für die Marketingkampagne des Unternehmens optimiert wurden, desto größer ist die Wahrscheinlichkeit, dass eine beträchtliche Reichweite und eine große **Resonanz** bei den Nutzern erreicht wird. Dies manifestiert sich vor allem in der Zahl der Social Signals und der Mentions, die den Erfolg einer Social-Media-Kampagne widerspiegeln. **Likes, Shares, Kommentare und Reposts** sowie **Retweets** sind wichtige Anzeichen für den Erfolg einer Strategie.

9.1 YouTube-Marketing

> YouTube-Marketing meint die Nutzung der Social-Media-Plattform YouTube als Marketingkanal.

Bei der Nutzung von **YouTube** gibt es verschiedene lukrative **Monetarisierungsmöglichkeiten**, die auf die jeweilige Zielgruppe und das Thema abgestimmt werden können. Die **Reichweite** ist für den langfristigen Erfolg eines YouTube-Kanals von entscheidender Bedeutung. Es gibt noch weitere Monetarisierungsoptionen, die man auf jeden Fall nutzen sollte, wenn man eine bestimmte Zielgruppe auf einem YouTube-Kanal ansprechen und erreichen möchte. Hierzu gehören spezialisierte Themengebiete, die sich an eine eng definierte Zielgruppe richten.

Die **Profitabilität** solcher YouTube-Kanäle und Nischenthemen ergibt sich vor allem daraus, dass bestimmte Unternehmen diese Zielgruppe auf den herkömmlichen Wegen nur schwer erreichen können, was überdurchschnittliche Marketingkosten nach sich zieht. Daher ist es für solche Unternehmen äußerst attraktiv, sich eines solchen YouTube-Kanals zu bedienen, um diese Kunden mit bestimmten vorgegebenen Merkmalen ohne **Streuverluste** zu erreichen.

Aus dieser Ausgangssituation ergeben sich dann einzigartige Monetarisierungsmöglichkeiten bei der Schaltung von Werbung. Die Qualität eines solchen YouTube-Kanals mit einer Fokussierung auf ein Nischenthema ist von herausragender Bedeutung. Denn je genauer die entsprechende Zielgruppe erreicht werden kann, desto interessanter werden die **Verdienstmöglichkeiten**. Dies ist vor allem dann der Fall, wenn das **Nischenthema** eine **zahlungskräftige Zielgruppe** adressiert, die sich durch ein besonders ausgeprägtes Interesse auszeichnet und eine hohe Motivation aufweist.

Inhalte, die den Interessenten einen **bezifferbaren Mehrwert** bieten, sind besonders lukrativ. Für diese Fälle hat YouTube eine weitere Option eingeführt: Die Fans und Interessenten können den Creator durch eigene Zahlungen unterstützen und so die finanzielle Basis eines Kanals sichern. Hierbei wird ein vergleichbares Modell verfolgt wie bei dem **Social-Payment-Service-Anbieter Patreon**, der vor allem bei **Podcastern, Bloggern und Vloggern** auf größere Resonanz stößt. Durch dieses Verfahren soll die Beziehung zu den Unterstützern des Kanals verstärkt und intensiviert werden. Hierfür sieht YouTube eine mögliche **Kanalmitgliedschaft** vor, bei der die Unterstützer und Fans des YouTubers eine monatlich festgelegte Summe entrichten.

YouTuber sollten jedoch die Möglichkeit einer Kanalmitgliedschaft behutsam einsetzen. Es ist nämlich wichtig, dass echte **Zusatzleistungen** und ein spürbarer und erkennbarer **Mehrwert** geboten werden, um die Abonnenten für ein **kostenpflichtiges Abo** zu begeistern. Hierzu gehört beispielsweise

- ein privilegierter Zugang zum Creator,
- eine Vorabveröffentlichung von wichtigen Videos,
- der Zugang zu einer Webseite,
- hochwertige Dienstleistungen, und
- wertvolle Informationen zu dem jeweiligen Themenbereich.

Eine Kanalmitgliedschaft sollte nicht leichtfertig angelegt werden, denn die Unterstützer erwarten nützliche Dienstleistungen, die sich auch für sie auszahlen und einen tatsächlichen Nutzwert beinhalten. Es genügt also nicht, ein paar kleinere Gefälligkeiten und eher symbolische Services anzubieten, mit denen niemand etwas anfangen kann, sondern es müssen Leistungen sein, die sich für die Nutzer auch auszahlen und sie voranbringen.

Sofern diese Voraussetzungen erfüllt sind, wird es durch ein **Bezahl-Abo** möglich, hochwertige Inhalte auf YouTube zu publizieren.

Die Vorzüge einer solchen **exklusiven Mitgliedschaft** bestehen darin, dass die Abonnenten schneller Zugang zu neuen Inhalten und Aktualisierungen erhalten und intensiver mit dem YouTuber kommunizieren können.

Eine weitere Methode, die die Vermarktung von Videoinhalten verbessert, ist der **Super Chat**, bei dem die Unterstützer und Abonnenten über den Chat mit dem Creator unmittelbar kommunizieren können. Der Vorteil eines Super Chats gegenüber den bereits vorhandenen Kommunikationswegen besteht darin, dass die jeweiligen Chat-Nachrichten farblich und an **prominenter Stelle** des Verlaufs hervorgehoben werden und so mehr Beachtung finden. Durch diese Markierung ergibt sich eine wesentlich größere Reichweite für die Kommentatoren. Ein ähnliches Konzept verfolgt YouTube mit den „**Super Likes**", die an prominenter Stelle platziert werden. Darüber hinaus existieren „**Super Thanks**". Bei einem Super Thank wird der Applaus an der entsprechenden Stelle des Videos mit klatschenden Händen eingeblendet.

Zu den klassischen Monetarisierungsmöglichkeiten gehören weiterhin die **Werbeanzeigen**, die vor dem Video, während des Films und danach platziert werden können. Darüber hinaus gibt es noch die Option, diese Werbeanzeigen überspringbar zu machen, so dass die Zuschauer durch einen Klick den Werbespot vorzeitig beenden können. Die Verdienstmöglichkeiten durch solche Werbeschaltungen hängen von der Reichweite des jeweiligen Kanals ab und werden anhand des **CPM** gemessen. Für die genaue Berechnung ist jedoch bei YouTube die „**Watchtime**" entscheidend, bei der gemessen wird, wie lange Videos von den Zuschauern angesehen werden. Nur wer eine ausreichende Watchtime vorweisen kann, erhält von YouTube einen privilegierten Status, der mit höheren Vergütungen verknüpft ist. Dieser Status wird als „**Google Preferred**" bezeichnet.

Inwieweit ein YouTube-Kanal für Werbetreibende lukrativ ist, hängt davon ab, welches Nischenthema der Creator gewählt hat. Bei einigen exotischen und eher abwegigen Nischenthemen kommt es nämlich entscheidend darauf an, ob sie sich monetarisieren lassen. Aber selbst bei mehr oder minder kuriosen Themen ergeben sich oft ungeahnte Möglichkeiten, wenn die Klientel zahlungskräftig und hochmotiviert ist. Vor allem bei sehr eng definierten Nischenthemen muss die jeweilige Zielgruppe über hohe Einkommen und ein großes Engagement verfügen, damit ein solcher Kanal in finanzieller Hinsicht rentabel wird.

Bei den Hauptkategorien zählen Themen wie Beauty, Kosmetik, Lebensgestaltung und Geld zu den besonders attraktiven Inhalten, zumal Versicherungen und Finanzdienstleistungen hohe Provisionen bieten. Diese Regel gilt allerdings nur dann, wenn hochwertige, qualitativ anspruchsvolle Videoinhalte generiert werden, die sich durch eine professionelle Aufnahmetechnik auszeichnen. Für die Aufbereitung solcher Spezialthemen benötigt man häufig eine längere Zeit und ein hochwertiges Equipment, um die Videos entsprechend aufzubereiten. Der **Creator** sollte auch moderne **Schnitttechniken** beherrschen und mit der neuesten Software vertraut sein.

Die Produktionskosten sind bei solch professionellen Videos entsprechend hoch und erfordern eine teure **Ausstattung**. Daher sollte man bereits vorher kalkulieren, welche Ausgaben erforderlich sind und inwiefern diese Kosten sich wieder amortisieren.

Insbesondere bei Kooperationen sollte man sich informieren, welche Preise am Markt üblich sind.

YouTube-Analytics sind für die erfolgreiche Nutzung von YouTube von maßgeblicher Bedeutung. Daher sollte sich jeder Creator mit den wichtigsten **Kennzahlen** in diesem Bereich vertraut machen und sie für die weitere Differenzierung der **Marketingstrategie (Channel Performance)** sinnvoll nutzen. Es ist wichtig, die bedeutendsten Kennzahlen genau zu studieren und eine sorgfältige Zielgruppenanalyse durchzuführen.

Eine wichtige Standardkennzahl im Rahmen der YouTube Analytics sind die **Video Views**, die angeben, wie lange die Wiedergabezeit für ein Video ist. Diese stellt einen maßgeblichen Ranking-Faktor dar, der die Positionierung des Videos in den Suchmaschinen maßgeblich beeinflusst. Die Länge der Videowiedergabezeit bestimmt die Popularität des jeweiligen Videos und die Bereitschaft, es weiterzuempfehlen. Popularität und Video Views korrelieren daher eindeutig. Um die Channel Performance zu verbessern, ist eine lange Wiedergabezeit von primärer Bedeutung. Diese Kennzahl wird als **Channel Watchtime** bezeichnet.

Durch einen akribischen Vergleich der Channel Watchtime kann eruiert werden, welches Video auf den oberen Rängen platziert wird und welche Videos weniger **Resonanz** bei den Zuschauern finden.

Mit Hilfe einer sorgfältigen Analyse kann der Creator herausfinden, welche Themen besondere Beachtung finden und welche Art der Darstellung beim Publikum besonders ankommt. Daher sollte jeder Creator darauf bedacht sein, die Topvideos, die im Ranking weit oben platziert sind, besonders sorgfältig hinsichtlich der Themenwahl, der didaktischen und methodischen Aufbereitung und der Aufnahmetechnik zu analysieren. Es sollte herausgefunden werden, welche Inhalte bei den Usern auf große Resonanz stoßen und besonders beliebt sind. Die Channel Performance ist abhängig davon, inwiefern die Video Views und die Channel Watchtime erhöht werden konnten.

Eine weitere Kennzahl ist die **Average View Duration**. Diese Kenngröße gibt an, wie lange sich die Zuschauer einzelne Videos angesehen haben bzw. durchschnittlich betrachtet haben. Der Maßstab für die Popularität eines Videos besteht folglich darin, ob die Interessenten bereit waren, sich das Video in vollständiger Länge anzusehen. Wenn die Wiedergabedauer lediglich kurz ist, dann bedeutet dies, dass die Zuschauer das Video bereits nach wenigen Minuten oder Sekunden abgebrochen haben, weil es ihren Erwartungen oder Interessen nicht gerecht wurde. Es ist folglich wichtig, diese Kennzahl sorgfältig zu analysieren, da sie entscheidenden Aufschluss darüber gibt, ob ein Thema interessant war und ob es ansprechend aufbereitet wurde. Eine hohe durchschnittliche Wiedergabezeit beeinflusst auch die gesamte Wiedergabezeit und somit die Channel Watchtime. Wer die Channel Performance nachhaltig steigern möchte, sollte darauf achten, dass die Average View Duration steigt. Das bedeutet:

Das Video muss so spannend strukturiert und gestaltet sein, dass die Zuschauer bereit sind, es in voller Länge anzusehen.

Eine große Bedeutung hat die **Zuschauerbindung** oder **Audience Retention**, die es ermöglicht, dass Interessenten langfristig dem Kanal treu bleiben. Um dies zu erreichen ist ein genauer Fokus auf die Zielgruppe unerlässlich, so dass die Themenplatzierung für einen stetigen Strom an neuen und loyalen Abonnenten sorgt. Hierbei ist es vor allem relevant, genau zu untersuchen, an welchen Stellen Videos abgebrochen werden und woran es liegen könnte. Ursachen sind beispielsweise eine nicht zielgruppengerechte Themenauswahl und eine falsche Akzentuierung einzelner Teilgebiete. Denkbar ist aber auch eine unzulängliche didaktische und methodische Aufbereitung der Contents, eine unprofessionelle Aufnahmetechnik und Präsentation.

Daher ist es wichtig, genau herauszufinden, ob die Themenwahl einseitig ist und nicht der Zielgruppe gerecht wird oder ob das Thema technisch schlecht aufbereitet wurde und in didaktischer Hinsicht schwer verständlich ist. Dann sollte überprüft werden, ob die Inhalte verständlich und zuschauergerecht vermittelt werden und wie die Aufnahme- und Schnitttechnik optimiert werden kann. Die Verbesserung der Channel Performance erfordert eine akribische Analyse und eine Bewertung, welche Themengebiete in den Vordergrund gerückt werden sollten.

Es ist empfehlenswert, sich intensiv mit den einzelnen Bereichen auseinanderzusetzen und auch Zeit in die didaktische und methodische Aufbereitung der Inhalte zu investieren. Insbesondere komplexe Sachthemen erfordern eine detaillierte Strukturierung der Inhalte. Wenn Themen langweilig aufbereitet werden, wird die Zuschauerbindung sehr schnell sinken. Um ein Gespür für die Gestaltung eines Videos zu bekommen, sollte man auch die Videos anderer erfolgreicher Creators zum Vergleich heranziehen und ermitteln, welche Faktoren für den Erfolg eines Videos ausschlaggebend sind.

In diesem Zusammenhang spricht man von einer **relativen Zuschauerbindung**; denn durch den Vergleich mit anderen Videos kann herausgefunden werden, welche Inhalte besonders großes Interesse finden und welche Darstellung die Zuschauer motiviert, sich das Video in voller Länge anzusehen. Ein mögliches Kriterium ist beispielsweise, herauszufinden, welche Videos länger als 30 Sekunden rezipiert werden.

Werden Videos vorzeitig abgebrochen werden, so kann dies daran liegen, dass das Thema verfehlt wurde, dass die Themenaufbereitung unzulänglich war oder dass die technische Darstellung (schlechte Tonqualität, häufige Schnitte, falsche Perspektiven) nicht ansprechend war. Auch die didaktische Aufbereitung spielt eine herausragende Rolle. Diese setzt auch voraus, dass die Dramaturgie des Videos spannend ist und sich an den Zuschauer richtet und dessen Erwartungen erfüllt. Besonders aufschlussreich ist es auch, wenn Zuschauer ein Video noch einmal ansehen oder zurückspulen, um sich bestimmte Inhalte, Sequenzen oder Abschnitte noch einmal zu vergegenwärtigen.

Durch die neue und hilfreiche Möglichkeit bei YouTube, Videos in thematisch gegliederte Abschnitte mit Überschriften zu unterteilen, haben die Zuschauer mehr Möglichkeiten, sich speziell eine bestimmte Sequenz anzusehen. Daher sollte diese Funktion von allen Creators aktiv genutzt werden, da sie für das Publikum besonders nützlich ist, um spezifische Inhalte gezielt auszuwählen. Die Abfolge der Abschnitte wird unterhalb des Videos präsentiert, wobei die einzelnen Kapitel des Videos mit eigenen Überschriften und Abschnittsmarkierungen hervorgehoben sind.

Das Video sollte bereits bei der Planung in einzelne thematische Segmente untergliedert und mit entsprechenden Überschriften überschrieben werden. Dies setzt voraus, dass sich der jeweilige YouTuber intensiv in das jeweilige Themengebiet vertieft hat und in der Lage ist, das Thema so zu strukturieren und zu untergliedern, dass sich ein logischer und sinnvoller Aufbau in verschiedene Sequenzen ergibt.

Bei der Analyse sollten die verschiedenen Passagen des Videos sorgfältig analysiert werden und inwiefern diese von den Zuschauern wiederholt angesehen wurden. In diesem Kontext unterscheidet man

- die absolute Zuschauerbindung (gibt an, welche Resonanz eine bestimmte Sequenz in dem Video findet), und
- die relative Zuschauerbindung (ermittelt, wie erfolgreich das eigene Video gegenüber anderen ähnlich gelagerten Videos anderer Creators ist).

Insbesondere bei Themen, die komplex sind und sehr komprimiert aufbereitet wurden, kann es häufig vorkommen, dass die Zuschauer eine bestimmte Passage wiederholt ansehen und zurückspulen. Dieses Verhalten sollte beachtet werden, denn es deutet darauf hin, dass in dieser Passage qualitativ hochwertige oder schwer zu verstehende Inhalte vermittelt wurden.

Solche Aspekte sollten in einem zusätzlichen Video ausführlicher mit Hilfe von Präsentationen behandelt werden, da dieses Thema anscheinend großes Interesse geweckt hat. Wenn also eine Passage einen speziellen Aspekt enthält, der für die Zuschauer eine große Relevanz besitzt, dann sollte dieses Unterthema in einem eigenen Video ausführlich erörtert werden. Es ist wichtig, Präsentationstechniken zu nutzen, die dem Zuschauer den Zugang zu einem komplexen und vielschichtigen Inhalt erleichtern.

Ein weiteres wichtiges Kriterium für den Erfolg eines YouTube-Kanals ist das **Engagement**, das sich in den Kommentaren und den Likes und Dislikes manifestiert. Es sollte darauf geachtet werden, dass ein Video möglichst viele Kommentare erhält, die zur weiteren Verbreitung des Inhalts beitragen. Eine Analyse der einzelnen Kommentare ist für den Erfolg eines Videos unerlässlich. Man sollte die einzelnen Texte lesen und sich vergewissern, welche Aspekte von den Zuschauern positiv oder negativ beurteilt werden.

Auch die Anzahl der Likes und Dislikes lässt interessante Rückschlüsse zu. Ein Feedback, wie es in den Kommentaren gegeben wird, sollte niemals unterschätzt werden.

Häufig sind die Zuschauer selbst Experten in dem jeweiligen Themengebiet und können deshalb wertvolle Hinweise für die Themengestaltung, die Strukturierung, die didaktische Aufbereitung und die methodische Darstellung und weiterführende Informationen geben. Es ist ratsam, jeden Kommentar sorgfältig zu lesen und auch die Ratschläge, die von den Zuschauern erteilt werden, zu beherzigen.

Darüber hinaus kann durch das Lob oder die Kritik beurteilt werden, wie erfolgreich ein YouTube-Kanal ist und was getan werden muss, um die Channel Performance weiter zu verbessern. Zusätzlich kann die Zahl der Shares herangezogen werden, um später herauszufinden, inwiefern ein Thema für die Zuschauer von großer Bedeutung ist. Es ist nämlich so, dass Zuschauer Videoinhalte nur dann teilen, wenn sie diese persönlich für wertvoll und hilfreich halten. Durch die Likes und Dislikes kann ermittelt werden, welche Themen für die Zielgruppe besonders relevant sind und auf großen Zuspruch stoßen.

Durch eine Analyse der Kommentare kann auch herausgefunden werden, welche Inhalte die Zuschauer besonders faszinieren, welche Einstellungen und Vorkenntnisse sie haben, welche Erfahrungen sie bereits gemacht haben und was sie besonders bevorzugen. Daher ist jeder Kommentar ein wertvoller Beitrag und ein entscheidendes Feedback für die Verbesserung des YouTube-Kanals.

Die **Click Through Rate** gibt an, wie viele Zuschauer auf den Thumbnail des Creators geklickt haben. Im Dashboard von YouTube lässt sich diese Information unter „Reach" abrufen. Zu Beginn ist die Click Through Rate meistens höher, denn neue Videos werden von YouTube auf der Startseite für alle präsentiert, wodurch sich die Zugriffszahlen automatisch erhöhen. Im Laufe der Zeit flacht diese Kurve ab, sodass es dann darauf ankommt, dass der Creator sich optimal präsentiert und den Anfangserfolg aufrechterhält. Um die Click Through Rate angemessen im Gesamtkontext einordnen zu können, ist es erforderlich, bei der Analyse auch die Wiedergabedauer und die Durchschnittsrate der Wiedergabe genauer zu betrachten. Maßgeblich für den Erfolg eines Videos ist auch die Absprungrate.

Wenn Zuschauer das Video bereits nach wenigen Sekunden unterbrechen und andere Videos suchen, dann deutet dieses Verhalten darauf hin, dass der Inhalt möglicherweise für die Zielgruppe nicht besonders relevant oder dass die didaktische Aufbereitung des Videomaterials ungenügend ist. Man sollte besonders auf die Qualität und die professionelle Aufnahmetechnik achten, um bei der jeweiligen Zielgruppe einen langanhaltenden Erfolg erzielen zu können.

Unter **Infokarten** versteht man spezielle Bereiche, die während des Videos eingeblendet werden und einen Link zu weiteren Filmen des YouTubers enthalten. Durch die Klickrate bei neuen Infokarten kann man feststellen, ob das behandelte Thema für die Zielgruppe wichtig ist und ob sie bereit ist, sich zusätzliche Videos zu diesem Themenbereich anzusehen. Solche Infokarten sind bedeutsam, wenn ein breiteres Publikum erreicht werden soll. Denn durch das Klicken auf solche Infokarten kann auch ein Abo abgeschlossen werden.

Eine umfassende Analyse der Klickraten kann helfen herauszufinden, welche speziellen Themen von großem Interesse sind und ob die Zuschauer bereit sind, sich ein weiteres Video anzusehen.

Durch Infokarten kann der Traffic erheblich erhöht. Infokarten sind ein ausgezeichnetes Instrument, um den Traffic zu vergrößern, die Kundenbindung zu verbessern und das Interesse von möglichst neuen Zuschauern zu wecken. Der Youtuber sollte sich im Vorhinein Gedanken machen, wann es sinnvoll ist, im Rahmen einer Videosequenz eine Infokarte oder mehrere Infokarten einzublenden. Darüber hinaus sollte man sich überlegen, an welcher Stelle eine Infokarte erscheinen soll. Die Information sollte nämlich nicht das Geschehen verdecken, sondern für die Zuschauer an einer geeigneten Stelle deutlich sichtbar sein.

Eine wichtige Funktion haben auch die **Playlists**, da sie es dem Zuschauer erleichtern, bestimmte Inhalte für den späteren Abruf vorzumerken und zusammenzufassen. Zuschauern wird es dadurch ermöglicht, Inhalte schneller aufzufinden und zu sammeln. Durch die aktive und systematische Nutzung von Playlists können Zuschauer stärker an den Channel gebunden werden. Durch die Playlist können sich Zuschauer außerdem ihre eigenen Themenschwerpunkte zusammenstellen und so schneller auf die Inhalte zugreifen.

Für Playlists gibt es im Rahmen der YouTube-Analytics spezielle Kennzahlen. So kann beispielsweise ermittelt werden, wie viele Videos über die Playlist aufgerufen werden. Diese Kennzahl wird als **Views per Playlist Start** bezeichnet. Aus diesem Grund spielt die **Dauer der Wiedergabe über die Playlist** eine wichtige Rolle. Diese Kennzahl wird als **Average Time in Playlist** bezeichnet.

Durch die Anzahl der Videos, die innerhalb einer Playlist aufgerufen werden, lässt sich feststellen, wie relevant das jeweilige Video für die Zuschauer ist. Denn nicht alle Videos, die innerhalb einer Playlist aufgeführt sind, werden gleichermaßen aufgerufen. Vielmehr ist es so, dass die Zuschauer einzelne Videos bevorzugen, was an der Rangfolge liegen kann. Es ist in der Praxis eher selten und unwahrscheinlich, dass ein Zuschauer eine vollständige Playlist abspielt. Darüber hinaus ist es wichtig herauszufinden, wie lange die **Wiedergabezeit einer Playlist** ist. Das lässt auch Rückschlüsse darauf zu, wie sorgfältig und akribisch die Videos in der Liste gesammelt, kuratiert und angeordnet wurden.

Die durchschnittliche Wiedergabezeit einer Playlist bezieht sich also darauf, wie viel Zeit die Zuschauer der Playlist widmen. Um eine höhere Attraktivität zu erzielen, ist es notwendig, genau zu ermitteln, welche Videos in der Playlist bevorzugt gesehen werden und wie lange die Dauer ist, die die Zuschauer dem Inhalt oder der gesamten Playlist widmen. Wenn man herausfindet, welche Inhalte besonders wichtig sind oder in welcher Reihenfolge sie angeordnet werden sollen, kann eine Playlist zusätzlich optimiert werden und so zu einer höheren Zuschauerbindung und einer größeren Reichweite beitragen.

Manchmal ist es sinnvoll, relevante Videos an den Anfang einer Playlist zu stellen und weniger relevante an das Ende zu rücken. Auch die Reihenfolge der Videos spielt eine Rolle, da die didaktische Aufbereitung des Themas eine bestimmte Sequenz erfordern kann, damit die Inhalte leichter zugänglich werden. So ist es beispielsweise denkbar, dass Grundlagenthemen am Anfang der Sequenz abgespielt werden, während spezielle Fragen oder Vertiefungen in der Mitte angesiedelt werden. Am Ende finden sich dann Spezialfragen, die nur wenige Zuschauer interessieren und daher an das Ende der Playlist angefügt werden.

Eine wichtige Kennzahl sind die **Unique Viewers**. Darunter versteht man die Anzahl der Zuschauer, die die Videos tatsächlich angesehen haben, wobei Mehrfachbesucher ausgeklammert werden. So kann eindeutig ermittelt werden, wie erfolgreich der Videokanal ist. Durch diese Kennzahl lässt sich herausfinden, wie viele Besucher der Channel tatsächlich hat, denn dadurch, dass Mehrfachbesucher ausgeklammert werden, wird eruiert, wie viele tatsächliche Interessenten ein Kanal hat. Wenn beispielsweise die Zahl der Abonnenten wesentlich höher liegt als die Zahl der einzigartigen Zuschauer, dann deutet das darauf hin, dass der Kanal zwar möglicherweise auf großes Interesse stößt, da viele Abonnenten erreicht werden konnten, aber dass in der Praxis die Videos selten angesehen werden.

Dann sollte man sich überlegen, wie man die Qualität der Inhalte erheblich verbessern kann oder ob die didaktische Aufbereitung eine weitere Optimierung erfordert. Eine große Zahl von Abonnenten und eine geringe Zahl von Unique Viewers deutet darauf hin, dass das Thema zwar Anklang bei den Zuschauern findet und der Interessent bereit ist, den Kanal zu abonnieren, aber dass die Inhalte oder die professionelle Darstellung und die didaktische Aufbereitung nicht überzeugen. Es wurde zwar ein interessantes und wichtiges Thema gefunden, die Contents konnten aber durch die Art der Darstellung und durch die Inhalte nicht wirklich überzeugen. Deshalb sollte der Creater sich darauf fokussieren, den Content weiter zu verbessern und die methodische Darstellung zu optimieren.

Zusätzlich kann herausgefunden, wie viele einzigartige Aufrufe (**Average Impression of Unique Viewer**) es gab. Auf diese Weise ist sehr viel klarer zu ermitteln, ob die Inhalte für die Zuschauer relevant sind und sie interessieren. YouTube gestattet die Auswertung weiterer Daten wie beispielsweise des Alters, des Geschlechts und des Standorts, soweit dies datenschutzrechtlich zulässig ist. Aufgrund solch spezifischer Daten kann die zielgruppenspezifische Marketingstrategie weiter verbessert, und es können einzelne Segmente angesprochen werden. Die Videos sollten anhand einer idealtypischen Persona auf die jeweilige Zielgruppe fokussiert sein, sodass Streuverluste möglichst vermieden werden.

Für jeden YouTuber ist es von herausragender Bedeutung, möglichst viele **Abonnenten** zu gewinnen, die exakt zur Zielgruppe des YouTube Kanals passen. Es sollten hierbei möglichst viele aktive Abonnenten erreicht werden.

Hier gilt die Grundregel: Je mehr (aktive) Abonnenten ein Kanal hat, desto größer ist auch der weitere Zuwachs an Abonnenten (beispielsweise infolge von Netzwerkeffekten). Der Massenmarkt folgt typischerweise insbesondere YouTube Kanälen, die bereits über viele Abonnenten sowie Zuschauer verfügen. Für Anfänger ist es schwierig, auf Anhieb hohe Abonnentenzahlen zu erreichen.

Jeder YouTuber sollte sich bemühen, die Abonnenten zu überzeugen, denn sie sind bereits an dem Thema interessierte und daher potenzielle Zuschauer, die auch hohe Werbeeinnahmen bescheren. Der Fokus der Marketingstrategie soll darauf liegen, bereits vorhandene Abonnenten zu aktiven Zuschauern zu machen. Eine hohe Anzahl von Abonnenten bedeutet, dass eine hohe Wiedergabezeit erreicht wird, die sich vorteilhaft auf die Positionierung bei YouTube auswirkt. Durch hohe Abonnentenzahlen werden auch die Klickraten gesteigert.

Für eine umfassende Analyse der Zielgruppe ist es wichtig, die Zugriffsquellen (**Traffic Source Types**) genauer zu betrachten. Das bedeutet: Man sollte genau eruieren, woher die Abonnenten und Zuschauer kommen, die sich die Videos ansehen. Dies kann beispielsweise über die Startseite erfolgen, wenn erstmals Videos erstellt wurden und diese von YouTube auf der Startseite platziert werden. Es ist aber auch denkbar, dass hohe Zugriffszahlen oder Shares zustande kommen, die von Social Media wie X (ehemals Twitter), TikTok, Instagram, Facebook und weiteren Social Media Kanälen herrühren.

Je nach Zugriffsquelle sind unterschiedliche Marketingstrategien erforderlich, um eine weitere Optimierung zu erreichen. Beispielsweise deuten große Zahlen, die über Social Media generiert werden, darauf hin, dass der Auftritt in den Social-Media-Kanälen wie X, TikTok, Instagram und Facebook besonders gelungen ist und dass durch diese Quelle große Abonnenten- und/oder Zuschauerzahlen erreicht werden können. Der Fokus sollte dann darauf liegen, den Social-Media-Auftritt noch weiter zu optimieren. Auch eine hohe Zahl von Shares oder Empfehlungen durch Zuschauer deuten darauf hin, dass die Videoinhalte für die Zielgruppe relevant und interessant sind und dass die Zuschauer oder Abonnenten bereit sind, diesen hochwertigen Content weiterzuempfehlen. Überdurchschnittliche Empfehlungszahlen geben einen Hinweis darauf, dass hochwertige, qualitativ interessante Inhalte angeboten werden, die über eine sehr gute didaktische Aufbereitung und eine professionelle Aufnahmetechnik verfügen.

Wie bei allen Marketingstrategien sollten die Suchbegriffe und die Keywords weiter optimiert werden, sodass die angepeilte Zielgruppe leichter erreicht werden kann. SEO spielt also in diesem Zusammenhang eine kaum zu unterschätzende Rolle. Es ist daher ratsam, dass relevante primäre und sekundäre Keywords ermittelt werden, die man dann auch in den Metadaten der Videos verwenden kann, um eine bessere Positionierung in den relevanten Suchmaschinen zu erreichen. Dies gilt nicht nur für die Metadaten des Videos, sondern auch für die genaue Formulierung des Titels eines Videos. Der Titel sollte auf jeden Fall mehrere Hauptkeywords enthalten, die für die jeweilige Zielgruppe relevant sind.

9.2 Facebook-Marketing

> **Facebook-Marketing** meint die Nutzung der Social-Media-Plattform Facebook als Marketingkanal.

Facebook hat das Marketing grundsätzlich verändert, denn diese Plattform ermöglicht es, eine noch präzisere und relevantere Eingrenzung der Zielgruppe vorzunehmen. Facebook kennt die Interessen, Hobbys, Daten und Berufe von Millionen Menschen und kann daher sehr genau Werbung platzieren. Mit Hilfe von Facebook kann man Menschen an einem bestimmten Ort, mit einer spezifischen Bildung und einem vorgegebenen Einkommen ansprechen.

Die Marketingstrategie bei Facebook weist daher Besonderheiten auf. Folgende Schritte sind entscheidend:

- Zuerst sollte man die Zielgruppe definieren und die soziodemografischen und psychografischen Merkmale exakt festlegen.
- Weitere statistische Merkmale wie beispielsweise der Bildungsabschluss, das Einkommen, der Wohnort, der Beziehungsstatus und bestimmte Interessen sollten exakt vorgegeben werden.
- Man kann einzelne Aktivitäten mit einbeziehen, wie beispielsweise die Häufigkeit von Käufen oder ob der potenzielle Kunde sich bereits für das Produkt oder die Dienstleistung interessiert. Besonders lukrativ ist es, sich auf einzelne Interessengebiete zu spezialisieren. Mit Facebook ist es möglich, Interessen zielgenau zu bestimmen.

Es ist außerdem empfehlenswert, eine eigene Unternehmenswebsite auf Facebook anzulegen, denn dadurch erreicht man Nutzer, die sich für die Produkte und Dienstleistungen interessieren. Wichtig ist es, regelmäßig Beiträge und Fotos sowie Events zu posten. Denn nichts fällt mehr auf als eine Unternehmenswebsite auf Facebook, auf der zu wenige Postings und Nachrichten erscheinen. Das erweckt bei dem potenziellen Kunden den verhängnisvollen Eindruck, dass die Marketingaktivitäten in den Social-Media-Kanälen nicht besonders ernst genommen werden und ihnen kein herausragender Stellenwert beigemessen wird.

Man sollte die Postings auf Facebook durch Videos, die die Produkte und Dienstleistungen vorstellen, ergänzen. Darüber hinaus sollte man Infografiken hinzufügen und weitere Informationen, die für die Kunden von Nutzen sein könnten.

Ein weiterer Marketing-Aspekt ist die Erstellung einer eigenen Facebook-Gruppe, die für direkte Interaktionen und den persönlichen Austausch mit Kunden und potenziellen Interessenten sorgt.

Facebook bietet für das Marketing diverse Anzeigenformate. Hierzu gehören beispielsweise

- Foto Ads,
- Videos,

- Stories,
- Messenger Ads (die für das Smartphone optimiert sind), und
- weitere Formate wie Slideshows, Karussells, Collection Ads, Playable Ads, In Stream Video Ads sowie Instant Experiences.

Bei Facebook sind zwei verschiedene Buchungsarten möglich: Man legt ein Budget fest, das die Obergrenze darstellt. Darüber hinaus kann man die Reichweite und die Frequenz, mit der eine Werbung eingeblendet wird, festlegen. Daraus ergibt sich dann der jeweilige Preis. Für Videos gibt es noch eine spezielle Buchungsart, die sich Targeting Rating Points nennt.

9.3 Instagram-Marketing

Instagram-Marketing ist die Nutzung der Social-Media-Plattform Instagram als Marketingkanal.

Instagram ist eine visuell geprägte Plattform, die sich seit ihrer Gründung zu einem der wichtigsten sozialen Netzwerke entwickelt hat. Mit weltweit rund zwei Milliarden Nutzern ist sie nicht nur ein Ort für private Bild- und Videoteilung, sondern auch ein zentraler Kanal für Unternehmens-, Produkt- und Markenkommunikation. Unternehmen können über Instagram ohne Werbebudget Reichweite aufbauen, Zielgruppen binden und Markenidentität sichtbar machen. Die Stärke von Instagram liegt in seiner visuellen Erzählweise: Bilder, kurze Videos und Stories transportieren Emotionen besonders intensiv und erlauben es Marken, Nähe und Inspiration zu vermitteln.

Ein erfolgreiches Instagram-Profil lebt von einer klaren visuellen Linie. Farben, Bildsprache und Tonalität sollten aufeinander abgestimmt sein, damit der Auftritt professionell wirkt und Wiedererkennung erzeugt. Followerinnen und Follower erwarten, dass ein Unternehmensprofil in sich stimmig ist und die Marke in ästhetisch ansprechender Weise repräsentiert. Authentizität ist dabei genauso wichtig wie Perfektion: Professionelle Bilder können mit spontanen Schnappschüssen kombiniert werden, solange der Gesamteindruck zur Marke passt.

Eine nachhaltige Modemarke z. B. nutzt Instagram, um ihre Kollektion in minimalistischen, hellen Bildwelten zu präsentieren. Jede Aufnahme fügt sich in ein stimmiges Raster, sodass beim Scrollen durch den Feed sofort ein einheitlicher Eindruck entsteht. So wird nicht nur Mode gezeigt, sondern auch eine bestimmte Lebenshaltung vermittelt.

Ein zentraler Bestandteil des organischen Instagram-Marketings sind Stories (Geschichten) und Reels (Kurzvideo). Stories verschwinden nach 24 Stunden und eignen sich daher besonders für spontane Einblicke, Produktneuheiten oder Blicke hinter die Kulissen. Reels hingegen sind kurze, kreative Videos, die vom Algorithmus stark bevorzugt werden und eine hohe Chance haben, auch außerhalb der eigenen Follower-Community Reichweite zu erzielen. Unternehmen, die Trends und Musikformate kreativ aufgreifen, erhöhen ihre Sichtbarkeit erheblich.

Ein Bio-Supermarkt zeigt beispielsweise in Reels (Kurzvideos), wie einfache Mahlzeiten mit regionalen Produkten gekocht werden können. Die Videos greifen aktuelle Musiktrends auf und kombinieren Rezepte mit schnellen Schnitten und sympathischen Kommentaren. Die Community reagiert mit Nachfragen und Nachkochen, wodurch die Reichweite organisch wächst.

Instagram ist nicht nur ein Schaufenster, sondern ein Interaktionsraum. Wer organische Aufmerksamkeit erzeugen will, muss mit der Community in Kontakt treten. Dazu gehört, Kommentare zu beantworten, auf Nachrichten einzugehen und auch unter den Beiträgen anderer relevante Marken oder Influencer aktiv zu sein. Funktionen wie Umfragen, Quizfragen oder Abstimmungen in Stories laden zusätzlich zur direkten Beteiligung ein und erhöhen die Bindung.

Ein Hotel z. B. nutzt die Story-Funktion, um seine Follower über die Namensgebung einer neuen Bar abstimmen zu lassen. Gäste fühlen sich dadurch in Entscheidungsprozesse einbezogen, und die organische Reichweite steigt, weil die Abstimmung vielfach geteilt wird.

Ein wichtiger Hebel für organische Sichtbarkeit sind Hashtags und Geotags. Hashtags verknüpfen Beiträge mit bestimmten Themenfeldern und machen sie auffindbar, während Geotags die Sichtbarkeit in einem lokalen Kontext erhöhen. Viele Unternehmen regen zudem ihre Kundschaft an, eigene Fotos mit markenspezifischen Hashtags zu veröffentlichen, die dann wiederum im Unternehmensprofil geteilt werden können. Dieser User Generated Content ist glaubwürdig und erweitert die Reichweite, da er die Netzwerke der Kunden einbezieht.

Ein Fitnessstudio z. B. ermutigt Mitglieder, Trainingsfotos unter dem Hashtag #TrainWithUs zu posten. Die besten Beiträge werden auf der Unternehmensseite vorgestellt. Dadurch entsteht nicht nur authentischer Content, sondern auch eine enge Community-Bindung.

Die Chancen des organischen Instagram-Marketings liegen in der Möglichkeit, eine emotionale und visuell attraktive Markenwelt zu schaffen, die zugleich Nähe und Interaktivität vermittelt. Besonders für Lifestyle-, Konsum- und Tourismusbranchen ist Instagram ein starker Hebel, um Inspiration und Identifikation zu erzeugen.

Die Herausforderungen liegen allerdings im hohen Wettbewerb um Aufmerksamkeit. Täglich erscheinen Millionen von Bildern und Videos, und nur Inhalte, die wirklich kreativ, ästhetisch und authentisch sind, stechen hervor. Zudem verlangt Instagram nach einem hohen Maß an Regelmäßigkeit: Profile, die nur sporadisch Inhalte veröffentlichen, verlieren schnell an Sichtbarkeit. Auch die Anpassung an wechselnde Formate – von Fotos über Stories bis hin zu Reels – erfordert Flexibilität und Experimentierfreude.

Organisches Instagram-Marketing lebt von visueller Qualität, kreativen Kurzvideos und aktivem Community-Dialog. Ein konsistenter Auftritt vermittelt Markenidentität, Stories und Reels sorgen für Dynamik, und die direkte Einbindung der Community verstärkt die Reichweite. Wer Instagram nicht nur als digitale Werbefläche, sondern als interaktive Bühne versteht, kann auch ohne Budget eine starke Präsenz aufbauen und eine enge Beziehung zu seiner Zielgruppe entwickeln.

9.4 X-Marketing

X-Marketing (ehemals Twitter-Marketing) ist die Nutzung der Social-Media-Plattform X (ehemals Twitter) als Marketingkanal.

Die Plattform X ist ein soziales Netzwerk, das sich durch seine Kürze und Schnelligkeit auszeichnet. Inhalte werden hier in Form kurzer Textnachrichten (Posts) veröffentlicht und können mit Bildern, Videos oder Links angereichert werden. Für Unternehmen bietet X die Möglichkeit, in Echtzeit an Diskussionen teilzunehmen, Trends zu kommentieren und Fachinformationen zu verbreiten. Im Unterschied zu Netzwerken wie LinkedIn oder TikTok liegt die Stärke von X vor allem in der schnellen Verbreitung von Nachrichten und in der Möglichkeit, Teil öffentlicher Debatten zu sein.

Erfolgreiches organisches Marketing auf X hängt stark von Aktualität ab. Beiträge, die sich auf aktuelle Ereignisse, Branchentrends oder politische und wirtschaftliche Entwicklungen beziehen, haben deutlich höhere Chancen auf Sichtbarkeit. Das liegt am Algorithmus, der vor allem Inhalte bevorzugt, die häufig geteilt, kommentiert oder geliked werden. Unternehmen, die schnell auf relevante Ereignisse reagieren, können so eine hohe Reichweite erzielen und ihre Expertise unter Beweis stellen.

Eine Bank z. B. reagiert auf die Veröffentlichung neuer Zinssätze mit einer kurzen Einschätzung und einem Link zu einer tiefergehenden Analyse auf ihrer Webseite. Nutzer schätzen die schnelle, prägnante Information und nehmen das Institut als kompetenten Gesprächspartner wahr.

X ist weniger ein reiner Sendekanal, sondern stark dialogorientiert. Sichtbarkeit entsteht nicht nur durch eigene Posts, sondern vor allem durch die Interaktion mit anderen: Antworten auf Kommentare, Diskussionen mit Branchenakteuren und das Teilen relevanter Beiträge anderer erhöhen die organische Reichweite. Unternehmen, die auf X erfolgreich sind, beteiligen sich aktiv am Gespräch und zeigen Präsenz, anstatt nur Informationen zu senden.

Ein Hersteller von Softwarelösungen beteiligt sich beispielsweise an einer Diskussion über Künstliche Intelligenz, die von Fachjournalisten angestoßen wurde. Durch prägnante und gut begründete Antworten gewinnt das Unternehmen neue Follower und wird als fachlich relevante Stimme wahrgenommen.

Ein besonderes Merkmal von X ist die Verwendung von Hashtags, mit denen Beiträge thematisch verknüpft werden. Über Hashtags können Unternehmen in größere Diskussionen eintreten und ihre Sichtbarkeit erhöhen. Wenn ein Thema „trendet", also besonders stark diskutiert wird, besteht die Chance, dass ein passender Beitrag eines Unternehmens sehr hohe Reichweiten erzielt. Dabei ist Fingerspitzengefühl gefragt: Hashtags sollten nur dann verwendet werden, wenn sie inhaltlich wirklich zum Unternehmen passen, sonst wirkt die Teilnahme künstlich oder opportunistisch.

Ein Sportartikelhersteller z. B. beteiligt sich an einem trendenden Hashtag während der Fußball-Weltmeisterschaft, indem er ein kurzes Video veröffentlicht, das den Slogan

„Train like a Champion" mit aktuellen Spielszenen verbindet. Das sorgt für Aufmerksamkeit und bringt die Marke in einen global diskutierten Kontext.

Die Chancen organischen Marketings auf X liegen vor allem in der schnellen Reichweite, der Möglichkeit, Teil von Trends und Debatten zu sein, und in der Positionierung als kompetente Stimme in bestimmten Themenfeldern. Unternehmen können mit wenig Aufwand eine kontinuierliche Präsenz aufbauen und sich als relevante Informationsquelle etablieren.

Die Herausforderungen liegen jedoch ebenfalls in der Dynamik der Plattform: Inhalte haben oft nur eine sehr kurze Lebensdauer und verschwinden schnell im Strom der Beiträge. Unternehmen müssen deshalb regelmäßig aktiv sein und in Echtzeit reagieren, um sichtbar zu bleiben. Hinzu kommt, dass die Kommunikationskultur auf X häufig polarisiert ist. Wer sich ungeschickt äußert oder an den falschen Diskussionen beteiligt, riskiert negative Reaktionen und Imageschäden. Außerdem hat das schlechte Image des Unternehmensinhabers von X in letzter Zeit Unternehmen veranlasst, ihre Marketingmaßnahmen auf X einzustellen.

Organisches Marketing auf X lebt von Aktualität, Prägnanz und Dialog. Erfolgreich sind Unternehmen, die schnell auf Trends reagieren, relevante Hashtags nutzen, Diskussionen führen und dabei eine klare Stimme zeigen. In einer Welt, die immer stärker von Echtzeitkommunikation geprägt ist, kann X für Marken eine wertvolle Plattform sein, vorausgesetzt, sie sind bereit, kontinuierlich präsent zu sein und sich aktiv am Gespräch zu beteiligen.

9.5 TikTok-Marketing

TikTok-Marketing meint die Nutzung von TikTok als Marketingkanal.

TikTok hat sich in den letzten Jahren von einer Plattform für kurze Unterhaltungsvideos zu einem zentralen sozialen Netzwerk mit enormer Reichweite entwickelt. Gerade die jüngeren Zielgruppen nutzen TikTok nicht nur zur Unterhaltung, sondern zunehmend auch zur Information und Inspiration. Für Unternehmen eröffnet dies die Möglichkeit, organische Aufmerksamkeit aufzubauen, ohne Werbeanzeigen zu schalten. Entscheidend ist dabei die besondere Funktionsweise des TikTok-Algorithmus: Inhalte werden nicht primär an Follower ausgespielt, sondern anhand ihrer Attraktivität und Interaktionsraten im „For You Feed" verbreitet. Das bedeutet, dass auch kleine oder neue Accounts mit kreativen Inhalten schnell große Reichweiten erzielen können.

Erfolgreiches organisches TikTok-Marketing lebt von kurzen, authentischen und visuell ansprechenden Videos. Professionell produzierte Werbeclips sind weniger gefragt als spontane, kreative Beiträge, die Trends aufgreifen, Humor nutzen oder Einblicke hinter die Kulissen geben. Unternehmen, die sich auf die Sprache und Kultur der Plattform einlassen, können mit vergleichsweise einfachen Mitteln große Resonanz erzeugen. Wichtig ist, dass Videos sofort in den ersten Sekunden fesseln, einen klaren Spannungsbogen haben und häufig auch auf Musik oder trendende Sounds setzen.

Eine Bäckerei filmt beispielsweise in kurzen Clips, wie Croissants aus dem Ofen kommen, wie Teig geknetet wird oder wie Mitarbeiter besondere Kuchen verzieren. Solche Videos wirken authentisch, sind leicht verständlich und erzielen hohe Interaktionsraten, weil sie gleichzeitig Appetit und Neugier wecken.

TikTok eignet sich hervorragend für Storytelling in kleinen Episoden. Unternehmen können ihre Produkte oder Dienstleistungen in kreative Geschichten einbetten, anstatt sie frontal zu bewerben. Durch fortlaufende Serien oder wiederkehrende Formate entsteht Wiedererkennungswert, und die Community wird animiert, regelmäßig zurückzukehren.

Ein Reisebüro z. B. veröffentlicht kurze Clips, in denen Mitarbeiter „Geheimtipps" für Reiseziele geben – von der schönsten Aussicht auf Kreta bis zum besten Streetfood in Bangkok. Durch die persönliche Empfehlung entsteht Nähe, und die Marke wird als vertrauenswürdige Expertin für Urlaub wahrgenommen.

Ein zentraler Erfolgsfaktor auf TikTok ist die Teilnahme an Trends. Das können virale Musikstücke, Tanzchallenges, humorvolle Memes oder bestimmte Videoformate sein. Unternehmen, die diese Trends kreativ für ihre Inhalte anpassen, signalisieren Nähe zur Plattformkultur und steigern ihre Sichtbarkeit. Gleichzeitig ist der direkte Dialog wichtig: Kommentare beantworten, auf Fragen reagieren und mit anderen Videos interagieren schafft ein Gefühl von Gemeinschaft.

Ein Autohersteller z. B. greift einen beliebten Soundtrend auf und zeigt in einem Video, wie verschiedene Fahrzeugmodelle passend zur Musik eingeblendet werden. Das wirkt spielerisch, zeigt aber gleichzeitig Vielfalt und Designstärke. In den Kommentaren geht der Hersteller auf Fragen zu Ausstattung und Technik ein und stärkt so zusätzlich das Markenimage.

Die Chancen organischen TikTok-Marketings liegen klar in der schnellen Reichweite und der Möglichkeit, mit vergleichsweise geringen Produktionskosten große Zielgruppen zu erreichen. Die Herausforderung besteht darin, Inhalte zu schaffen, die sowohl zum Unternehmen als auch zur Plattformkultur passen. Allzu werbliche Beiträge stoßen auf Ablehnung und werden vom Algorithmus kaum weiterverbreitet. Unternehmen müssen deshalb lernen, locker, kreativ und manchmal auch humorvoll zu kommunizieren, ohne an Glaubwürdigkeit zu verlieren.

TikTok-Marketing mit organischer Aufmerksamkeit erfordert eine andere Denkweise als klassische Kommunikationskanäle: Inhalte müssen authentisch, kurzweilig und trendnah sein. Wer den Mut hat, hinter die Kulissen blicken zu lassen und die eigene Marke in einer kreativen Form zu präsentieren, kann auch ohne Werbebudget große Sichtbarkeit erzielen und eine nachhaltige Community entwickeln.

9.6 LinkedIn-Marketing

LinkedIn-Marketing meint die Nutzung von LinkedIn als Marketingkanal.

LinkedIn bietet Unternehmen eine besonders wirkungsvolle Möglichkeit, organische Aufmerksamkeit zu erzeugen. Gemeint ist damit die Reichweite, die ein Unternehmen durch eigene Aktivitäten und Inhalte erzielt, ohne dafür direkt Werbebudget einzusetzen.

Der zentrale Vorteil von LinkedIn liegt in seiner klaren beruflichen Ausrichtung: Nutzer bewegen sich in einem professionellen Kontext, in dem Fachthemen, Karrierefragen und unternehmerische Entwicklungen im Vordergrund stehen. Dadurch hat organische Kommunikation auf LinkedIn einen seriösen Charakter und kann gezielt für Markenbildung, Expertisevermittlung und den Aufbau von Beziehungen genutzt werden.

Der erste Schritt für eine organische Präsenz ist eine vollständig gepflegte **Unternehmensseite auf LinkedIn**. Sie dient als digitale Visitenkarte und sollte neben den grundlegenden Informationen auch klare Aussagen über die Werte, die Ziele und die Kompetenzen des Unternehmens enthalten. Regelmäßige Beiträge auf dieser Seite zeigen Aktualität und Fachwissen. Besonders erfolgreich sind Inhalte, die Mehrwert für die Zielgruppe bieten, etwa Branchenanalysen, Einblicke in Produktentwicklungen oder Erfahrungsberichte aus Projekten.

Ein mittelständisches Unternehmen z. B. veröffentlicht auf seiner Unternehmensseite regelmäßig kurze Fallberichte über erfolgreich abgeschlossene Projekte, bei denen innovative Pumpensysteme in der chemischen Industrie zum Einsatz kamen. Diese Beiträge machen deutlich, wie das Unternehmen seine technischen Lösungen in der Praxis einsetzt, und stärken so die Wahrnehmung als kompetenter Partner.

LinkedIn eignet sich besonders für die Positionierung als Vordenker in einer Branche (Thought Leader). Wenn Unternehmen über ihre Kanäle kontinuierlich fundierte Einschätzungen zu Trends oder Regulierungen geben, entsteht Vertrauen bei der Zielgruppe. Solche Inhalte müssen nicht immer lang und komplex sein. Oft reicht eine klare Positionierung in einem kurzen Beitrag oder ein prägnanter Kommentar zu einer aktuellen Entwicklung.

Ein Krankenhausverband z. B. nutzt LinkedIn, um Stellungnahmen zu neuen gesundheitspolitischen Reformen zu veröffentlichen. Indem diese Einschätzungen verständlich und praxisnah formuliert sind, werden sie nicht nur von Fachleuten, sondern auch von Journalistinnen und Journalisten aufgegriffen. Dadurch entsteht zusätzliche Sichtbarkeit für die Organisation.

Ein weiterer zentraler Aspekt organischer Aufmerksamkeit ist der aktive Austausch mit der Community. Unternehmen sollten nicht nur Inhalte veröffentlichen, sondern auch auf Kommentare eingehen, Fragen beantworten und sich in Diskussionen einbringen. Auch das Kommentieren und Teilen von Beiträgen anderer relevanter Akteure trägt dazu bei, dass ein Unternehmen sichtbar wird und sich in den Dialog einer Branche einfügt.

Ein Reiseveranstalter reagiert beispielsweise regelmäßig auf Beiträge von Destinationen, Partnerhotels oder Tourismusverbänden, kommentiert Trends wie nachhaltiges Reisen und teilt Erfahrungsberichte von Gästen. Dadurch entsteht der Eindruck, dass das Unternehmen nicht nur Reisen verkauft, sondern aktiv an der Weiterentwicklung der Branche mitwirkt.

Besonders stark wirkt organische Aufmerksamkeit, wenn Mitarbeiter in die Kommunikation einbezogen werden. Dieser **Employee Generated Content** (analog zum User Generated Content) entsteht, wenn Angestellte auf ihren persönlichen Profilen Einblicke in ihren Arbeitsalltag, ihre Erfahrungen oder ihre Erfolge teilen. Da solche Beiträge von realen Personen stammen, wirken sie besonders authentisch und werden oft stärker beachtet als Beiträge der Unternehmensseite. Zudem verfügen Mitarbeiter über eigene Netzwerke, die sich von den Followern des Unternehmens unterscheiden und dadurch zusätzliche Reichweite erschließen. Damit dieser Effekt entsteht, ist es wichtig, Mitarbeiter zu ermutigen und zu befähigen. Unternehmen können dafür kleine Content-Kits zur Verfügung stellen, in denen Bilder, Zahlen oder Vorlagen enthalten sind, die individuell angepasst werden dürfen. Noch wichtiger ist aber die Schaffung einer Kultur, in der Mitarbeiter stolz sind, über ihre Arbeit zu berichten, und dabei kreative Freiheiten genießen.

In einem Softwareunternehmen z. B. veröffentlichen Entwickler regelmäßig persönliche Beiträge, in denen sie ihre Erfahrungen aus Projekten schildern oder einen Blick hinter die Kulissen des Arbeitsalltags geben. Eine Mitarbeiterin zeigt etwa, wie ein neues Feature in Teamarbeit entstanden ist, und verknüpft dies mit seinem Stolz, Teil eines innovativen Unternehmens zu sein. Solche Beiträge erzielen hohe Reichweiten, weil sie sowohl Kollegen als auch potenzielle Bewerber ansprechen.

Eine Designerin eines Modeunternehmens postet auf ihrem eigenen Profil Fotos von ersten Skizzen und erklärt, wie daraus in Zusammenarbeit mit der Produktion ein fertiges Kleidungsstück entsteht. Ihre persönliche Begeisterung wirkt ansteckend und trägt dazu bei, dass Followerinnen und Follower nicht nur die Marke, sondern auch die Menschen dahinter kennenlernen.

Organisches LinkedIn-Marketing lebt von Authentizität, Fachwissen und dem aktiven Dialog. Die Unternehmensseite ist die formale Grundlage, Thought Leadership stärkt die Glaubwürdigkeit, und der Austausch mit der Community fördert Sichtbarkeit. Der stärkste Hebel liegt jedoch oft in den Menschen, die hinter dem Unternehmen stehen: Employee Generated Content erweitert Reichweiten, wirkt glaubwürdig und verleiht einer Marke ein menschliches Gesicht.

9.7 Prüfungstipps

Welchen Prüfungstipp kann ich aus diesem Abschnitt ziehen?

In Prüfungen wird häufig gefordert, ■ die unterschiedlichen Social-Media-Kanäle zu kategorisieren und zu unterscheiden ■ die Erfolgskennzahlen im Social-Media-Marketing zu vergleichen und zu erläutern ■ YouTube-, Facebook-, Instagram-, X-, TikTok- und LinkedIn-Marketing zu beschreiben.

Schritt 10: Aufmerksamkeit dank Partnern

Lernhinweise

Was erwartet mich in diesem Kapitel?

In diesem Kapitel werden die Methoden und Ansätze der Suchmaschinenwerbung (SEA: Search-Engine-Advertising) im Detail erläutert.

Welche Schlagwörter lerne ich kennen?

■ Suchmaschinenwerbung (SEA) ■ Paid Traffic ■ Organic Traffic ■ Real-Time-Bidding ■ Tausend-Kontakt-Preis (TKP) ■ Targeting ■ Bannerwerbung ■ Affiliate-Marketing ■ Partnerprogramm-Marketing ■ Retail Media ■ Influencer-Marketing

Wofür benötige ich dieses Wissen?

Für ein ganzheitliches Verständnis des digitalen Marketings ist Wissen zu Suchmaschinenwerbung essenziell. Die nachfolgenden Instrumente eint, dass das marketingtreibende Unternehmen Aufmerksamkeit und Reichweite von Partnern (Dritten) gegen Bezahlung nutzt.

Die Lernfragen zu diesem Kapitel finden Sie unter:

https://narr.kwaest.io/s/1434

Die nachfolgenden Instrumente haben gemeinsam, dass das marketingtreibende Unternehmen hier die Aufmerksamkeit und Reichweite von Partnern (Dritten) nutzt und dafür bezahlt.

10.1 Suchmaschinenwerbung

Bei der **Suchmaschinenwerbung (SEA: Search-Engine-Advertising)** geht es darum, durch gezielte Werbeanzeigen den Paid Traffic für die eigene Seite und die Konversionsrate (Conversion Rate) zu erhöhen. Das Suchmaschinenmarketing (SEM) wird folglich grundsätzlich in zwei Hauptkategorien untergliedert:

- Suchmaschinenoptimierung: SEO (Search Engine Optimization)
- Suchmaschinenwerbung: SEA (Search-Engine-Advertising)

Entsprechend erfolgt eine Differenzierung zwischen:

- Paid Traffic (durch Suchmaschinenwerbung)
- Organic Traffic (durch Suchmaschinenoptimierung)

Die Suchmaschinenwerbung ist eines der wichtigsten Geschäftsfelder vieler Suchmaschinen wie beispielsweise Google. Die Internetwerbung hat in den vergangenen Jahrzehnten einen immer größeren Stellenwert erlangt. Inzwischen lassen sich jedoch rückläufige Tendenzen beobachten. Immer mehr Nutzer im Internet verwenden Adblocker, die systematisch das Erscheinen von Werbeanzeigen verhindern.

Ob eine Suchmaschine eine Werbung einblendet, hängt von einem ausgeklügelten Auktionsverfahren (Real-Time-Bidding) ab, bei dem die Werbeanzeige, die den höchsten Preis erzielt, präsentiert wird. Jedoch werden noch weitere Determinanten mit einbezogen.

Ob eine Werbeanzeige veröffentlicht wird, hängt beispielsweise vom Ad-Rank ab. Dieser Wert wird von zwei Faktoren beeinflusst:

- dem maximalen Anzeigenpreis, den das Unternehmen zu bieten bereit ist (also den Cost per Click)
- dem Qualitätsfaktor

Der Qualitätsfaktor wird von Google intern berechnet und orientiert sich unter anderem daran, wie oft das Unternehmen bereits Werbeanzeigen geschaltet hat und welchen Erfolg diese hatten. Insofern ist nur der Preis vom Unternehmen beeinflussbar, aber nicht der Qualitätsfaktor, den Google zusätzlich in die Bewertung mit einfließen lässt.

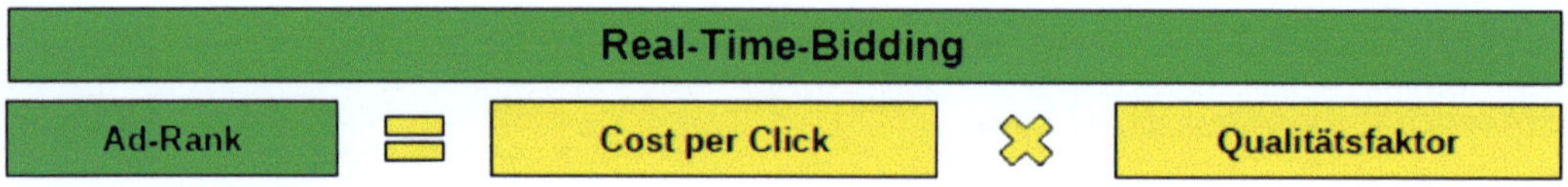

Abbildung 51: Real-Time-Bidding

Die Kunden müssen bereits sehr genau wissen, welche Zielgruppe durch die Werbung angesprochen werden soll. Der ursprünglich eingeplante Preis kann sich im Verlauf des Auktionsverfahrens erheblich verändern und variieren. Daher ist es erforderlich, dass der Werbetreibende bereits vor dem Beginn des Real-Time-Bidding, das in Bruchteilen von Sekunden abläuft, ein angemessenes Monats- oder Wochenbudget festlegt. Sonst könnte der Etat erheblich überschritten werden.

Darüber hinaus muss der Kunde angeben, in welcher Frequenz die Werbung erscheinen soll. Für die Abrechnung ist der Tausend-Kontakt-Preis (TKP) oder auch, je nach Abrechnungsmethode, der Cost per Click maßgeblich. Für das Realtime-Advertising wird ein Preis verlangt, der sich auf 1.000 Werbeeinblendungen bezieht.

Werbeinteressenten können ihre Werbeanzeigen nicht nur auf Googles Suchmaschine platzieren, sondern auch auf einzelnen Webseiten oder Blogs, die zum Werbenetzwerk gehören. Hier scheint die Werbung meist als Banner (Display-Ads).

Wer Werbung schalten möchte, muss einige Keywords definieren, die zu dem jeweiligen Thema gehören. Wie teuer eine Werbeeinblendung ist, hängt von dem Stellenwert und der Bedeutung dieser Keywords ab. Wörter, die besonders lukrativ für Verkäufe sind und von einer hoher Wettbewerbsintensität geprägt sind, erweisen sich als teuer.

Der Preis eines Keywords hängt von folgenden Faktoren ab:

- Wettbewerb um ein Keyword (Cost per Click)
- Positionierung der Werbung (Google Suchmaschine, Blogs, Webseite)
- Höhe der Gebote in der aktuellen Auktion

Google berücksichtigt bei der Platzierung noch etliche weitere Faktoren. Beispielsweise wird geprüft, wie relevant die Zielseite für das Thema und die Keywords ist, welche Qualität und welchen Informationsgehalt die Zielseite hat und welche Erfolge der Werbetreibende mit seinen Anzeigen in der Vergangenheit hatte (dies geht aus dem Google-Konto des Kunden hervor).

Google ermöglicht die Schaltung einer Werbeanzeige in drei Bereichen:

- Google Suchmaschine (abgegrenzt von den organischen Suchergebnissen)
- Display-Netzwerk (Textanzeigen, Banner, Videos)
- Google Shopping (mit direkter Verknüpfung zu Onlineshops)

Im Display-Netzwerk sind Webseiten und Blogs, die sich für Google Ads angemeldet haben. Die Betreiber der Seiten erhalten für jeden Klick auf eine Werbeanzeige einen bestimmten Betrag als Provision.

Suchmaschinenwerbung bietet einige Vorteile für Unternehmen:

- Neu gegründete Unternehmen, Webseiten und Blogs können ziemlich schnell Traffic erzeugen und werden sichtbar. Es benötigt keine lange Anlaufzeit, um neue Kunden und Besucher zu gewinnen.
- Erfolge werden in kurzer Zeit erzielt. Der Paid Traffic trägt dazu bei, dass die Webseite schnell an Popularität gewinnt.
- Das Budget kann flexibel eingesetzt und den veränderten Bedingungen angepasst werden.
- Durch moderne Suchmaschinenwerbung können exakt einzelne Zielgruppen definiert und angesprochen werden.

Doch die Suchmaschinenwerbung ist auch mit einigen Nachteilen verbunden:

- Suchmaschinenoptimierung ist nachhaltiger, denn sobald die SEA eingestellt wird, verliert die eigene Webseite sofort an Traffic und büßt deutlich an Sichtbarkeit ein.
- Wer langfristig eine Webseite oder einen Blog etablieren möchte, muss Suchmaschinenoptimierung praktizieren (nur dadurch wird die Positionierung langfristig verbessert). Suchmaschinenwerbung hingegen erfordert ständig neue Werbeanzeigen und ein angemessenes Budget.

- Wenn man die falschen Keywords auswählt oder die Kundenzielgruppe nicht genau eingrenzt und auf teure Schlüsselbegriffe setzt, können die Kosten für die Werbung erheblich ausufern und das eingeplante Budget drastisch überschreiten.
- Aufgrund der Auktion werden rasch hohe Beträge erreicht, wenn man keine sinnvolle Beschränkung vornimmt.

Die Suchmaschinenwerbung wird nicht nur bei neu erstellten Webseiten eingesetzt, sondern sogar häufiger bei bereits bestehenden Seiten. Auf diesen können anspruchsvolle und informative Inhalte beworben werden, um eine höhere Reichweite und Verbreitung zu erzielen. Dieses Vorgehen wird als Content-Advertising bezeichnet.

Für die Einblendung von Werbung ist das Targeting von herausragender Bedeutung.

> Unter **Targeting** versteht man die Ausrichtung von Werbung auf eine bestimmte vorher definierte Zielgruppe.

Es gibt verschiedene Methoden des Targetings. Beispielsweise steht im Zentrum des **Content-Targetings** (auch **Contextual Targeting**) die Optimierung von Inhalten oder multimedialen Inhalten für eine bestimmte Zielgruppe. Dabei werden unterschiedliche Schlüsselbegriffe verwendet, die das Interesse der Nutzer wecken sollen. Ähnlich verfährt das **semantische Targeting** und das **Keyword-Targeting**, das sich auf die Auswahl von bestimmten Schlüsselbegriffen fokussiert.

Darüber hinaus ist das **technische Targeting** weit verbreitet, das die Daten des Browsers analysiert und entsprechend berücksichtigt (beispielsweise welches Betriebssystem der jeweilige Nutzer verwendet oder welchen Browser er bevorzugt). Ein weiterer Aspekt ist das **Geotargeting**, das die Marketingmaßnahmen auf bestimmte geografische Regionen oder Länder ausrichtet.

Beim **Behavioral Targeting** wird die Werbung über das Nutzerverhalten bestimmt. Dabei werden Daten über den jeweiligen Nutzer gesammelt, beispielsweise kann Google das Nutzerverhalten anhand von Suchanfragen ermitteln. Mit Hilfe dieser Methode ist es möglich, passgenaue Werbung zu schalten, die auf eine Zielgruppe oder ein Individuum zugeschnitten ist.

Das Behavioral Targeting gewinnt immer mehr an Bedeutung, da es gestattet, das Verhalten von potenziellen Kunden anhand des bisherigen Verhaltens vorherzusagen und dementsprechend für das Leadmanagement zu nutzen. In diese Kategorie fällt das **Retargeting**, bei dem der Nutzer beim Aufsuchen einer neuen Webseite bereits Werbeanzeigen eingeblendet bekommt, die seinen Werten und Interessen entsprechen. Der Nutzer wird gleichsam seitenübergreifend durch das Internet verfolgt.

10.2 Bannerwerbung

Bei **Bannerwerbung** handelt es sich um Grafiken oder Animationsdateien, die meist in der oberen Hälfte einer Webseite platziert werden.

Technisch werden Werbebanner entweder als Bilddateien im GIF- oder JPEG-Format realisiert oder früher sehr weit verbreitet als Flash-Format.

Die **Bannerwerbung** (auch als **Display-Advertising** bezeichnet) hat im Verlauf der letzten Jahre immer mehr an Bedeutung verloren, da sie von den Nutzern als störend empfunden wird. Mittlerweile haben andere multimediale Formate wie Videos und Podcasts an Bedeutung gewonnen. Bannerwerbung gilt bei vielen Nutzern als aufdringlich, deshalb werden Blocker eingesetzt, die verhindern, dass Bannerwerbung auf der Webseite erscheint. Einige Werbebanner können sogar bösartig sein (Malvertising) und Trojaner und andere Schädlinge verbreiten.

Die meiste Bannerwerbung folgt dem Prinzip der Partnerprogramme, die von verschiedenen Affiliate-Netzwerken angeboten werden. Die Banner werden über das Publisher-Netzwerk veröffentlicht. Bei jedem Klick auf ein solches Banner erhält der Betreiber der Webseite eine Provision.

Bannerwerbung war einst die große Innovation in der Anfangszeit des Internets, denn sie ermöglicht umfangreiche Controlling-Maßnahmen. So können die genauen Kosten durch das Cost-per-Click-Modell erfasst werden. Darüber hinaus gibt es neben dieser Abrechnungsmethode, bei der für einen Klick ein bestimmter Betrag an den Webseiteninhaber gezahlt wird, die Cost-per-Lead-Abrechnung, bei der als Grundlage eine bestimmte Transaktion des Besuchers dient, wie beispielsweise ein Kauf, eine Newsletter-Anmeldung oder eine Registrierung.

Als wichtige Kennzahl zur Messung des Erfolgs wird die Click-Through-Rate verwendet, die angibt, wie häufig Nutzer ein Banner angeklickt und eine Handlung ausgeführt haben. Hierbei führt der User eine bestimmte Aktion aus, beispielsweise eine Registrierung.

Werbebanner waren in der Vergangenheit häufig animiert, was von nicht wenigen Nutzern als Zumutung wahrgenommen wurde, da die Banner den Lesefluss beeinträchtigten.

Wichtige Kennzahlen in der Bannerwerbung sind insbesondere:

- Cost per ...Click, ...Lead, ...Sale, ...Order, ...Action, ...Mille (TKP)
- Anzahl der Werbeeinblendungen (Ad-Impressions)
- Click-Through-Rate (CTR): Klicks in Relation zur Gesamtzahl der Impressionen und
- Conversion-Rate

Die Cost per Click gibt an, wie viel ein Klick auf dem Werbebanner für den Werbetreibenden kostet. Es gibt Werbeanzeigen, bei denen ein Klick lediglich ein paar Cent kostet, während andere (beispielsweise bei Finanzthemen) eine Cost per Click von mehreren Euro erreichen und so dem Webseitenbetreiber eine stattliche Provision bescheren. Für die Abrechnung von Werbeanzeigen wird alternativ der Tausend-Kontakt-Preis (TKP) verwendet, der angibt, wie viel der Werbetreibende für 1.000 Einblendungen des Banners entrichten muss.

Es wurden bereits etliche Formate für Werbebanner entwickelt, aber bei den Agenturen haben sich sehr schnell bestimmte Standards etabliert:

- statische Banner
- animierte Banner (animierte GIFs)
- HTML-Banner (mit differenzierten Formatierungsmerkmalen und Gliederungen wie Auswahlmenüs, Pull-Down-Menüs, realisiert durch HTML5)
- Bild-Text-Kombinationen
- Microsites (Nano-Site-Banner): eine gesamte Webseite als Banner
- Pixel-Banner: mosaikartige Webseiten, die aus verschiedenen Bannern bestehen

Darüber hinaus gibt es noch verschiedene **Sonderformen**:

- Popup-Banner
- Scroll-Banner
- Flying Banner
- In-Page-Ads

Für Banner ist es wichtig, dass sie den Ansprüchen des responsiven Designs gerecht werden und so auch auf Smartphones und Tablets dargestellt werden können (Cross Device). Diese Voraussetzungen erfüllen die meisten HTML-Banner. Statische Banner, die sich nicht an die Displaygröße anpassen, werden auf mobilen Geräten häufig schlechter präsentiert.

Beim Einsatz von Werbebannern unterscheidet man zwischen

- einer automatisierten Werbeschaltung (Programmatic Advertising) und
- dem **Retargeting**, bei dem Werbung für Nutzer auf anderen Seiten platziert wird, die bereits ein Werbebanner angeklickt haben. Die Interessen der Besucher werden festgehalten. Sobald der Besucher eine andere Webseite aufsucht, können dort Werbeanzeigen eingeblendet werden, die diesen Interessen entsprechen. Der Nutzer wird über mehrere Seiten durch das Internet verfolgt und identifiziert. Das Retargeting möchte den Erfolg des Marketings dadurch sicherstellen, dass es Werbung unabhängig von der jeweiligen Seite immer wieder platziert. Auf diese Weise wird die Sichtbarkeit und die Reichweite einer Marke erhöht und das Branding und die Brand Awareness gestärkt. Retargeting-Kampagnen sind nicht nur bei Google möglich, sondern beispielsweise auch bei Facebook und LinkedIn.

10.3 Affiliate-Marketing

Das **Affiliate-Marketing** besteht aus Partnerprogrammen, bei denen

- ein Anbieter (Advertiser, Merchant)
- den Partnern (Publisher, Affiliates)

eine Provision anbietet, wenn derjenige das Produkt oder die Dienstleistung auf der eigenen Webseite oder auf andere Weise online (digital) anbietet und Werbung dafür macht.

In den meisten Fällen werden Links auf der eigenen Webseite platziert, die zu dem Anbieter des Produkts führen. Der Link enthält eine spezielle Kennzeichnung (Publisher-ID), die den Affiliate identifiziert. Sehr häufig kommen Cookies zum Einsatz, die je nach Anbieter mehrere Stunden oder auch 30 oder mehr Tage gültig sein können. Wenn Kunden beim Händler etwas bestellen, erhält der Affiliate eine Provisionszahlung. Bisweilen können allerdings Probleme auftreten, wenn Nutzer die Cookies beim Schließen des Browsers automatisch löschen lassen oder wenn im Browser mehrere miteinander konkurrierende Affiliate-Cookies vorhanden sind.

Der Vorteil des Affiliate-Marketings für den Advertiser besteht darin, dass er für den Vertrieb keine zusätzlichen Kosten aufwenden muss. Denn der Affiliate übernimmt für ihn die vielfältigen Vertriebsaktivitäten. Der Werbepartner kann beispielsweise ein Werbebanner auf der Webseite veröffentlichen. Häufiger sind aber Textlinks, die zwischen den Zeilen oder am Rand erscheinen. Da sie unauffälliger und weniger aufdringlich sind, werden sie von den meisten Affiliates bevorzugt. Sie lassen sich relativ geschickt in einen Text oder zwischen zwei Abschnitten einfügen. Affiliate-Links sollten aber immer als solche gekennzeichnet werden. Viele Publisher verwenden einen Sternchen und erklären dann in der zugeordneten Fußnote, dass es sich um einen Affiliate-Link handelt.

Das Affiliate-Marketing, das auch als **Partnerprogramm-Marketing** bezeichnet wird, ist in den vergangenen Jahren immer populärer geworden, da es hilft,

- Kosten effizient zu reduzieren und
- die Reichweite beträchtlich zu erhöhen und zu verbessern.

Der Merchant muss sich keine Gedanken machen, wie ein Produkt oder ein Service verkauft werden soll. Durch attraktive Geschäftsmodelle im Affiliate-Marketing kann der Merchant eine Vielzahl von Publishern damit beauftragen, das eigene Produkt oder die eigene Dienstleistung anzupreisen.

Grundsätzlich wird unterschieden zwischen Partnerprogrammen,

- die von den Unternehmen selbst initiiert und verwaltet werden (**Inhouse-Partnerprogramm**) und
- **Partnerprogrammen**, deren Organisation und Verwaltung von **Affiliate-Netzwerken** durchgeführt wird.

Abbildung 52: Affiliate-Marketing

In Deutschland und im Ausland gibt es sehr große und bedeutsame Affiliate-Netzwerke, die Tausende von Unternehmen betreuen und für sie

- die gesamte Abwicklung,
- das Account-Management,
- das Tracking,
- die Beratung der Affiliates,
- das Reporting und
- die Vergütung übernehmen.

In der Regel zahlt der Advertiser die Gebühren, die prozentual zu jedem Verkauf berechnet werden. Sehr bekannte Partnerprogramme sind auch jene von Amazon und dem Versandhaus Otto, die sich großer Beliebtheit erfreuen.

Etliche Partnerprogramme sehen eine Auszahlungsgrenze vor, d. h. der Werbepartner muss einen Mindestbetrag (beispielsweise 20 oder 50 Euro) verdient haben, ehe der Advertiser den Betrag überweist.

Bei den meisten Partnerprogrammen liegen die Provisionen zwischen 1 und 15 Prozent. Einige Anbieter, vor allem im Dienstleistungsbereich, offerieren Provisionen, die über 40 Prozent betragen können. Gelegentlich werden Festbeträge für jeden Verkauf bezahlt.

Bei der Auswahl sollte man aber stets die Seriosität des Affiliate-Programms und die Höhe der Stornoquote, die einen Eindruck vom Erfolg des Programms vermittelt, gründlich prüfen.

Pay per Click kommt selten vor, da eine Provision bereits anfällt, wenn der Kunde auf einen Link klickt. Für den Merchant ist oft nicht nachvollziehbar, ob dieses Verfahren wirklich zu höherem Traffic auf der eigenen Unternehmenswebsite führt.

Beim **Pay per Lead** ist hingegen die Überprüfung eindeutiger: Der Kunde muss entweder ein Onlineformular ausfüllen, einen Antrag stellen (beispielsweise bei Versicherungen) oder eine Registrierung vornehmen.

Bei **Pay per Sale** hingegen erfolgt die Vergütung nur, wenn der Kauf vollständig abgeschlossen wird. Selbst dann können wegen des Widerrufsrechts noch einige Wochen verstreichen, ehe die Auszahlung erfolgt.

Der Ansatz **Pay per Lead** kommt vor allem bei Dienstleistungen und Produkten zum Tragen, die längerfristig bezogen werden und mit Bestandsprovisionen verknüpft sind. Besonders weit verbreitet ist dieses Konzept bei Finanzdienstleistungen und Versicherungen. In diesem Zusammenhang spricht man bei einem Abschluss von **Lifetime-Vergütungen**, da die Provision an den Publisher nicht nur einmalig, sondern regelmäßig entrichtet wird, zumindest so lange, wie der Vertrag nicht gekündigt wird.

Bei der **Airtime-Vergütung** erhält der Affiliate eine Provision, die dem Umfang der Nutzung einer Dienstleistung entspricht. Sehr häufig kommt dies bei Telekommunikationsunternehmen, bisweilen aber auch bei Softwareunternehmen vor, die Software as a Service (SaaS) oder Cloud-Computing als ein Geschäftsmodell haben.

Das Affiliate-Marketing ist mit einigen Vorteilen für die Unternehmen (Merchants, Advertiser) verbunden:

- Niedrige Kosten für den Vertrieb (es müssen vor allem Werbemittel zur Verfügung gestellt werden). Somit reicht ein geringfügiges Marketingbudget grundsätzlich aus.
- Qualitativ hochwertiger organischer Traffic entsteht.
- Große Reichweite (zahlreiche Webseiten und Blogs machen Werbung für das Produkt) und breite Diversifikation.
- Geringe Streuverluste und viele Zielgruppen sind genau erreichbar (beispielsweise durch themenspezifische Blogs und das große Engagement der Publisher, die das Thema möglicherweise als Hobby haben).
- Nischenwebsites fungieren als Microinfluencer.
- Die Provision wird nur entrichtet, wenn der Kunde kauft (Pay per Sale) oder sich zumindest anmeldet oder eine andere Aktion ausführt (Pay per Lead). Wenn die Publisher schlechte Ergebnisse erzielen, ist dies für das Unternehmen unerheblich. Eine Kampagne bei einer Werbeagentur hingegen, die erfolglos bleibt, verursacht hohe Kosten und bedingt enorme Streuverluste.
- Das Unternehmen kann das Potenzial, das Marketing-Fachwissen, die Erfahrung und die Spezialisierung von Hunderten oder gar Tausenden von Affiliates nutzen,

die sich intensiv und umfassend in ein Thema eingearbeitet haben. Einige Blogs befassen sich intensiv mit manchen Themen und verfügen über eine weit überdurchschnittliche Expertise.

- Unternehmen jeder Größenklasse können sofort und mit vernachlässigbaren Kosten in das Affiliate-Marketing einsteigen und Provisionen verdienen. Auch Klein- und mittelständische Unternehmen profitieren von der einfachen und schnellen Umsetzung und von der Unterstützung und den Tutorials der Affiliate-Netzwerke.
- Das Unternehmen geht nahezu kein Risiko ein und spart Geld und Zeit für umfangreiche Marketingmaßnahmen.
- Das Unternehmen kann global expandieren, da es problemlos möglich ist, das Affiliate-Marketing auf das Ausland auszudehnen.
- Durch die Auswertungen und Reportings der Affiliates hat das Unternehmen einen detaillierten Einblick in das Marktpotenzial der eigenen Produkte und Dienstleistungen.
- Eine Verbesserung des Brandings und der Markenbekanntheit (Brand-Awareness) wird kontinuierlich erreicht.
- Die Webseite des Unternehmens wird durch die zahlreichen Follow-Backlinks der Werbepartner im Suchmaschinen-Ranking drastisch verbessert und kann sich auf den Spitzenpositionen der Suchmaschinenergebnisse platzieren.

Die Vorteile für Publisher sind:

- Es ist nicht notwendig, ein eigenes Produkt oder eine eigene Dienstleistung zu entwickeln. Der Publisher (der Werbepartner) benötigt keine Lagerräume, muss keine Abrechnungen vornehmen und keine Produkte bestellen.
- Sehr erfolgreiche Affiliates können vom Marketing leben oder zumindest ein attraktives und beständiges Nebeneinkommen erzielen.
- Die Kosten sind niedrig, da nur eine Webseite benötigt wird (oder die Anmeldung bei verschiedenen Social Media). Im schlimmsten Fall verdient man Provisionen erst nach langer Zeit. Aber die monatlichen Kosten für das Hosting, die Webseite und andere Services liegen häufig im niedrigen zweistelligen Bereich.
- Das Modell lässt sich innerhalb kürzester Zeit (in wenigen Tagen) auch für Anfänger umsetzen.
- Die Einkommensmöglichkeiten können skaliert werden. Eine erfolgreiche Affiliate-Marketing-Webseite erzeugt ein Einkommen rund um die Uhr und ohne dass der Publisher ständig etwas tun muss. Der Publisher erzielt folglich langfristig ein passives Einkommen. Permanente Aktualisierungen der Webseite sind notwendig.

Die meisten Publisher entscheiden sich für eine eigene Webseite oder einen spezialisierten Blog. Auf einem Blog sind folgende Contentformen möglich:

Contentformen für das Affiliate-Marketing	
Produktbeschreibungen	Produktvergleiche
Bestsellerlisten	Reviews, Testimonials
Tutorials	Ratgeber
How-to-Texte	Erfahrungsberichte
Promotioncodes, Coupons	Bilder, Infografiken, strukturierte Daten
Videos, Livestreams	Newsletter, RSS-Feeds

Abbildung 53: Contentformen für das Affiliate-Marketing

Doch es gibt auch andere Formen, um Links zu platzieren. Jedoch sind einige dieser Praktiken äußerst umstritten und werden kontrovers beurteilt. So ist es beispielsweise möglich, Affiliate-Links auf Facebook oder auf Twitter zu posten. Auch Instagram oder Pinterest bieten sich an, solange nur gelegentlich Links publiziert werden.

Darüber hinaus kommt es häufig vor, dass Affiliate-Links in den Kommentaren von Blogs auftauchen oder in größeren Foren, indem ausführliche Erläuterungen und der eigentliche Link in der Signatur platziert werden. Viele Betreiber stufen diese aufdringliche Vorgehensweise als **Spam** ein, und auch viele Advertiser lehnen solche Geschäftspraktiken entschieden ab, da sie dem Unternehmen schaden und die Reputation beeinträchtigen. Insbesondere in Foren reagieren die Nutzer verärgert.

10.4 Retail Media

> **Retail Media** ist eine moderne Form des digitalen Marketings, bei der Handelsbetriebe die Aufmerksamkeit ihrer Nutzer monetarisieren.

Analog zu einer Social Media Plattform bündelt der Händler die aus den Nutzerströmen sowie deren Aufmerksamkeit resultierende Reichweite und vermarktet diese. In einer einfachen Konstellation geschieht dies in Form von digitalen Werbeanzeigen in Onlineshops (Kurz gesagt: Der Handel wird zur Werbefläche).

Grundlegend lassen sich zwei Ausprägungsformen differenzieren:

- Retail Media im stationären Handel
- Retail Media im Onlinehandel (E-Commerce)

Traditionell liegt die primäre Wertschöpfungsaktivität des **Handels im funktionellen Sinne** (Funktionenorientierter Ansatz der Handelsbetriebslehre) im Abbau räumlicher, zeitlicher, qualitativer und quantitativer Spannungen. Dies umfasst unter anderem die Beschaffung sowie den Absatz von Handelswaren ohne wesentliche Be- und Verarbeitung durch den Handelsbetrieb und somit beispielsweise den Einkauf, die Lagerung und die Präsentation dieser Güter.

Retail Media stellt für die Wertschöpfung des Handels hierbei einen zentralen Paradigmenwechsel und eine Business Model Innovation (Geschäftsmodellinnovation) dar. Händler monetarisieren, zusätzlich zu ihrer Handelstätigkeit, auch die Aufmerksamkeit der

- Nutzer des Online-Shops bzw. digitalen Marktplatzes im E-Commerce
- Besucher der Filiale im stationären Handel.

In der heutigen Informationsgesellschaft und Aufmerksamkeitsökonomie stellt die Aufmerksamkeit von Nutzern eine knappe Ressource dar, die wie ein ökonomisches Gut behandelt werden kann. Konsumenten sind heutzutage von einem Überangebot von Inhalten, Angeboten und Kommunikationsreizen umgeben (Informationsüberfluss: Information Overload). Aufmerksamkeit wird somit zu einem hochprofitablen immateriellen Asset. Handelsbetriebe verfügen seit jeher über diese Aufmerksamkeit, ohne diese jedoch, abseits der primären Wertschöpfungsaktivität, zu monetarisieren. Im Kontext von Retail Media bedeutet dies, dass Handelsbetriebe genau diese Aufmerksamkeit nicht mehr ausschließlich für den Absatz

- eigener Handelswaren (z.B. im eigenen Onlineshop) oder
- Handelswaren Dritter (z.B. durch die Bereitstellung einer digitalen Plattform) nutzen, sondern Aufmerksamkeit als eigenständiges, monetarisierbares Gut betrachten, unabhängig davon, ob Waren verkauft werden oder nicht.

Der Handel entwickelt sich im Kontext von Retail Media funktional zu einer Social-Media-Plattform, vergleichbar mit TikTok, Instagram und Facebook. Der zentrale Unterschied liegt hierbei darin, dass die Interaktion nicht primär über Inhalte, sondern unmittelbar über den Kaufkontext erfolgt. Im Kontext von Retail Media zeigen sich somit einige Parallelen zu Social Media:

- Rohstoff „Aufmerksamkeit" als zentrales Asset: Beide Modelle, Retail Media als auch Social Media, generieren Wert, indem sie Aufmerksamkeit auf unterschiedlichste Art und Weise monetarisieren.
- Monetarisierung durch Werbeflächen: Sowohl Social Media Netzwerke als auch Retail Media Anbieter bieten eine häufig kostenpflichtige Werbefläche für Werbetreibende.
- Personalisierung und Individualisierung: Retail Media ermöglicht, analog zu Social Media, eine präzise Adressierung der gewünschten Zielgruppe(n) als Werbetreibender. Beispielsweise könnten Werbetreibende definieren, dass eine definierte Werbekampagne ausschließlich Nutzern eines Apple-Geräts oder eines bestimmten Browsers ausgespielt wird.
- Community und Nutzergewinnung als Voraussetzung der Aufmerksamkeit: Im Bereich Social Media wird die Community-Wirkung primär über Inhalt (Content) und Interaktion erzeugt. Im Bereich Retail Media hingegen erfolgt diese beispielsweise über das Einkaufserlebnis oder Sortiment. In beiden Fällen jedoch stellt die initiale Nutzergewinnung erst die Voraussetzung für die Entfaltung der Community-Wirkung dar.

Ein Retail Media Manager arbeitet somit in vielerlei Hinsicht ähnlich wie ein Social Media Manager. Zentrale Aufgaben sind beispielsweise die

- Planung von Kampagnen,
- Definition der Werbebudgets,
- Definition sowie gewünschte Adressierung der Zielgruppe(n) und
- Messung des Erfolges der Retail Media Maßnahmen.

Der zentrale Unterschied liegt hierbei im Kontext:

- Der Social Media Manager orchestriert Inhalte in Social Media Kanälen, um Reichweite und Engagement (Aufmerksamkeit) zu erzielen.
- Der Retail Media Manager hingegen nutzt handelsbezogene Werkzeuge (Onlineshop oder Verkaufsfläche im stationären Handel), um Reichweite und Engagement (Aufmerksamkeit) zu erzielen.

10.5 Influencer-Marketing

> **Influencer Marketing** bezeichnet die planvolle Zusammenarbeit von Unternehmen mit profilscharfen Einzelpersonen oder Redaktionen auf sozialen Plattformen, die über eine eigene, engagierte Community verfügen und deren Empfehlungen als glaubwürdig wahrgenommen werden.

Es handelt sich um bezahlte Aufmerksamkeit, weil das Unternehmen Reichweite, Inhalte oder Zugriff auf eine Zielgruppe gegen Honorar oder erfolgsabhängige Vergütung einkauft. Die Bandbreite der Kooperationen reicht von einzelnen gesponserten Posts über mehrteilige Content-Serien bis hin zu langfristigen Markenbotschafter-Programmen, oft kombiniert mit Rechten zur Weiterverwendung der Creator-Inhalte in den eigenen Kanälen oder in Paid-Ads.

Üblich sind Einteilungen nach Reichweite und Einfluss: Nano-Creators (oft unter 10.000 Follower) und Micro-Creators (ca. 10.000–100.000) punkten mit Nähe und hoher Interaktionsrate; Mid- und Macro-Creators (ca. 100.000–1 Mio.) bringen skalierbare Reichweite; Mega-Creators und prominente Persönlichkeiten eignen sich für Massenaufmerksamkeit, erfordern aber besonders sorgfältiges Marken- und Risiko-Management.

Eine neue Limonadenmarke z. B. bucht zehn Micro-Creators aus den Segmenten Food, Fitness und Lifestyle. Jeder Creator erzählt in einem kurzen Video eine persönliche Verwendungsszene – nach dem Workout, beim Picknick oder im Büro. Die Posts sind als Werbung gekennzeichnet, verlinken zum Händlerfinder und erzeugen innerhalb von zwei Wochen spürbaren Abverkauf in urbanen Regionen.

Influencer Marketing kann entlang des gesamten Funnels eingesetzt werden. Im Upper Funnel geht es um Bekanntheit, Reichweite und Markenassoziationen. Im Mid Funnel stehen Recherche, Vertrauen und qualitative Interaktionen im Vordergrund.

Im Lower Funnel soll messbare Nachfrage entstehen (Klicks, Leads, App-Installs oder Verkäufe).

Zur Messung werden je nach Zielsetzung unterschiedliche Kennzahlen herangezogen. Für Bekanntheit sind Impressionen, Video-Views und View-Through-Raten relevant; für Interaktion die Engagement-Rate, Kommentarqualität und gespeicherte Beiträge. Für Traffic und Conversion nutzt man Klicks, Click-Through-Rate, Code- oder Link-Einlösungen, Cost-per-Action sowie Zuordnung im Web- oder App-Analytics. Uplift-Tests mit Kontrollgruppen, Brand-Lift-Befragungen und die Rückführung in CRM und Marketing-Automation erhöhen die Aussagekraft.

Ein Versicherer z. B. lässt drei Finanz-Creators typische Irrtümer bei Haftpflicht- und Hausratpolicen aufgreifen. Erfolg wird nicht nur an Klicks gemessen, sondern an abgeschlossenen Tarifrechner-Sessions, Beratungsterminen und der Quote der Policenabschlüsse innerhalb von 30 Tagen.

Am Anfang steht die strategische Passung: Markenwerte, Tonalität, Zielgruppe und Produktreife müssen mit dem Profil der Creator harmonieren. Zusätzlich sind Zielgruppenqualität (Alter, Region, Interessen), Kommentar- und Interaktionsmuster sowie die Entwicklung der Follower-Kurven (organisch vs. sprunghaft) zu prüfen. Tools zur Plausibilisierung helfen, Fake-Follower und Engagement-Pods zu erkennen.

Für ein frei verkäufliches Erkältungsprodukt arbeitet beispielsweise ein Hersteller nur mit Creators zusammen, die bereits gesundheitsbezogene Themen sachlich und regelkonform aufbereiten. Medizinische Aussagen werden vorab rechtlich geprüft, sensible Zielgruppen werden bewusst ausgeschlossen.

Kooperationen können einmalig oder seriell angelegt sein. Gängige Formate sind Kurzvideos (TikTok, Reels, Shorts), YouTube-Integrationen, Instagram-Posts und Stories, Blogartikel, Podcasts, Twitch-Live-Segmente oder Event-Reportagen. Erfolgreich sind serielle Erzählbögen, die eine Story in mehreren Episoden vertiefen, sowie Tutorials, Tests, Challenges und Behind-the-Scenes.

Ein Autohersteller z. B. stellt einem Technik-YouTuber für vier Wochen ein neues Elektrofahrzeug zur Verfügung. Es entstehen ein ausführlicher Test, ein Lade-Infrastruktur-Guide und ein Live-Q&A. Auf der Produktseite werden die Creator-Videos eingebettet; zusätzlich nutzt das Marketing die Inhalte für Messepräsentationen.

Honorare werden klassisch als Festpreis oder leistungsbasiert (z. B. pro Klick/Lead/Sale) vereinbart. Mischformen mit Affiliate-Links und Rabattcodes sind üblich. Verträge regeln Leistungsumfang, Zeitplan, Exklusivität (z. B. keine Wettbewerbsmarken für X Monate), Prüf- und Freigabeprozesse, Kennzeichnung als Werbung, Nutzungsrechte (Dauer, Kanäle, Länder) sowie Krisen- und Moralklauseln für den Umgang mit Regelverstößen oder Reputationsrisiken.

Eine Modemarke z. B. zahlt Micro-Creators ein Grundhonorar für drei Reels plus einen Performance-Bonus ab 200 generierten Verkäufen. Exklusivität wird auf „keine direkten Wettbewerber im Segment Nachhaltige Streetwear“ für 90 Tage begrenzt.

Influencer-Posts sind kommerziell und müssen in klarer, plattformüblicher Weise als Werbung gekennzeichnet werden. In regulierten Branchen (Finanzen, Gesundheit, Alkohol, Glücksspiel) gelten zusätzliche Restriktionen. Datenschutz, Tracking, Gewinnspielbedingungen und die Verwendung von Musik/Bildrechten sind zu beachten. Unternehmen sollten Leitfäden bereitstellen und Freigaben rechtzeitig einplanen.

Ein FinTech z. B. lässt Creator bei Inhalten mit Anlagebezug verpflichtende Risikohinweise einblenden. Der juristisch geprüfte Hinweistext ist Teil des Briefings und wird im Vertrag festgehalten.

Ein zentraler Vorteil liegt in der Übertragbarkeit von Vertrauen: Creator haben sich bei ihrer Community Glaubwürdigkeit erarbeitet. Empfehlungen wirken dadurch weniger wie Werbung und mehr wie sozial validierte Tipps. Außerdem erreicht man Nischenzielgruppen sehr präzise, etwa vegan kochende Studierende, DIY-Enthusiasten oder Security-Entscheider in mittelständischen Unternehmen. Die Kreativität der Creator liefert frische Perspektiven und Formate, die klassische Agenturwerbung nicht immer abbildet. Creator-Inhalte sind schnell produzierbar, nah an Plattformtrends und lassen sich mit überschaubarem Aufwand skalieren – entweder über viele Micro-Zusammenarbeiten oder über nachträgliche Paid-Verlängerung. Schließlich entstehen Content-Assets, die – sauber lizenziert – in Onlineshops, Newslettern, Produktseiten und Ads weiter genutzt werden können.

Eine junge Kosmetikmarke z. B. baut mit 10 Micro-Creators glaubwürdige „Routine-Reels" auf. Die Marke recycelt die besten Clips als Produktvideos im Shop und senkt die Return-Rate, weil Anwendung und Erwartungen realistischer dargestellt sind.

Die Arbeit mit Influencern ist menschen- und beziehungsgetrieben. Qualität schwankt, Deadlines verschieben sich und kreative Interpretationen weichen manchmal von der Unternehmenslinie ab. Es besteht das Risiko gekaufter Reichweiten oder unechter Interaktionen; ohne saubere Prüfung und Verträge entstehen Kosten ohne Wirkung. Zudem sind rechtliche Fallstricke real: unklare Kennzeichnung, fehlende Rechte oder heikle Gesundheits-/Finanzversprechen können zu Abmahnungen führen. Reputationsrisiken sind nicht zu unterschätzen; Fehlverhalten eines Creators kann auf die Marke abstrahlen. Schließlich ist die Attribution komplex, weil Effekte oft verteilt und zeitversetzt eintreten, und Mediapreise können in umkämpften Kategorien hoch sein.

Ein Streamer bricht beispielsweise eine vereinbarte Live-Session kurzfristig ab. Die gebuchte Reichweite wird nicht erreicht. Weil im Vertrag keine Ersatzleistung geregelt war, bleibt die Kampagne unter Ziel. Im Nachgang werden klare „Make-good"-Klauseln und Mindestliefermengen vereinbart.

Influencer Marketing ist im Kern eingekaufte, glaubwürdige Reichweite in Zielgruppen, die klassische Werbung nur schwer erreicht. Professionell umgesetzt verbindet es präzise Zieldefinition, sorgfältige Auswahl, klare Verträge, kreative Freiheit mit

Leitplanken, rechtskonforme Kennzeichnung, robuste Messung und konsequente Optimierung. Die größten Chancen liegen in vertrauensbasierter Nachfrage, in plattformgerechten Creatives und in skalierbaren Content-Assets. Die größten Risiken bestehen in Qualitätsschwankungen, Compliance-Fehlern, Reputationsvorfällen und ineffizienter Attribution.

10.6 Prüfungstipps

Welchen Prüfungstipp kann ich aus diesem Abschnitt ziehen?

In Prüfungen wird häufig gefordert, ■ Paid Traffic und Organic Traffic zu differenzieren ■ die Relevanz der Suchmaschinenwerbung zu begründen ■ die unterschiedlichen Arten des Targetings zu erläutern ■ Bannerwerbung zu erklären ■ die wichtigsten Kennzahlen im Bereich Bannerwerbung zu beschreiben ■ Affiliate-Marketing und die zugrundeliegenden Provisionierungsmodelle zu erklären ■ Contentformen für das Affiliate-Marketing zu nennen ■ Retail Media zu beleuchten ■ Influencer-Marketing zu beschreiben.

Glossar

A/B-Test
: Kontrolliertes Experiment, bei dem zwei Varianten (A und B) einer Maßnahme gegeneinander getestet werden. Ziel ist ein statistisch signifikanter Performance-Unterschied, beispielsweise hinsichtlich der Conversion Rate.

Affiliate-Marketing
: Provisionsbasiertes Vertriebsmodell im Digitalen Marketing, bei dem Marketing-Partner Kunden an verkaufende Unternehmen vermitteln. Die Vergütung erfolgt typischerweise je Sale, Lead oder Klick.

App-Marketing
: Alle sowohl strategischen als auch operativen Maßnahmen, die darauf ausgerichtet sind, die Bekanntheit mobiler Applikationen (Apps) sowie deren Nutzungsintensität sowie Nutzungsfrequenz qualitativ als auch quantitativ zu fördern.

Backlinks
: Links, die von einer Webseite zu einer anderen Webseite referenzieren. Sie sind ein wichtiger Rankingfaktor für Suchmaschinen wie Google, da sie als Empfehlung für die verlinkte Seite bewertet werden.

Bannerwerbung
: Grafische Werbeanzeigen auf Webseiten oder in Apps, die in unterschiedlichen Formaten verwendet werden können.

Behavioral Targeting
: Ausspielung von Werbung auf Basis des Nutzerverhaltens. Einflussfaktoren können hierbei beispielsweise das bisherige Such- und Surfverhalten sowie die Kaufhistorie sein. Die Umsetzung muss datenschutzkonform erfolgen.

Beschaffungsmarketing
: Alle strategischen und operativen Maßnahmen eines Unternehmens, um die Beziehungen zu bestehenden und potenziellen Lieferanten aktiv zu gestalten.

Black-Hat-SEO
: SEO-Praktiken wie Cloaking oder Linkkauf, die gegen die Qualitätsrichtlinien der Suchmaschinen wie Google verstoßen. Sie können kurzfristig das Ranking verbessern, führen jedoch langfristig häufig zu Bestrafungen.

Bounce Rate (Absprungrate)
: Anteil an Nutzersitzungen ohne weitere Interaktion sowie Conversion. Eine hohe Bounce Rate deutet häufig auf fehlende Relevanz oder Probleme in der Nutzerführung hin.

Brand Awareness
: Bekanntheitsgrad einer Marke. Die Brand Awareness kann zum Beispiel über Umfragen, das Suchvolumen oder den Anteil an Erwähnungen gemessen werden.

B-to-B-Marketing
: Marketing zwischen Unternehmen mit komplexeren Kaufprozessen und häufig vielfältigen Entscheidungsträgern.

Buyer-Persona
: Fiktives, datenbasiertes Profil eines idealen Kundentyps. Es hilft bei der Planung von Inhalten, Kanälen und Botschaften im Digitalen Marketing.

ChatGPT
: Sprachmodell (LLM: Large Language Model) von OpenAI, das Texte verarbeitet und erzeugt.

Co-Creation
: Gemeinsame Entwicklung von Produkten oder Inhalten mit Kunden oder Partnern.

Content-Analyse
: Systematische Bewertung von Inhalten beispielsweise hinsichtlich Qualität und Performance innerhalb der unterschiedlichen Kanäle im Digitalen Marketing.

Content-Management-System
: Software zur Erstellung, Verwaltung und Veröffentlichung digitaler Inhalte. Häufig werde keine tiefgreifenden Programmierkenntnisse vorausgesetzt. Beispiele sind WordPress und TYPO3.

Content-Marketing
: Marketingstrategie, bei der Unternehmen relevante und wertvolle Inhalte erstellen und verbreiten, um eine definierte Zielgruppe anzusprechen und langfristige Kundenbeziehungen aufzubauen.

Content-Seeding
: Strategie im Content-Marketing, bei der Inhalte gezielt auf verschiedenen Plattformen des Digitalen Marketings verbreitet werden, um eine möglichst große Reichweite zu erzielen und eine Marke oder ein Produkt bekannter zu machen.

Conversion-Rate
: Wichtige Kennzahl im Digitalen Marketing, die angibt, wie viele Nutzer eine gewünschte Aktion (Conversion) ausführen.

Cornerstone Content
: Umfassende zentrale Inhalte zu Kernthemen einer Webseite. Diese nehmen

insbesondere in der Suchmaschinenoptimierung (SEO) einen besonders hohen Stellenwert ein.

CPC (Cost per Click)
: Wichtige Kennzahl (KPI) im Digitalen Marketing. Sie bezeichnet die Kosten pro Klick und ist ein gängiges Abrechnungsmodell.

Customer Journey
: Gesamtheit aller Kontaktpunkte (Touchpoints) eines Nutzers mit dem Unternehmen und dessen Kanälen im Digitalen Marketing.

Datenschutz-Grundverordnung (DSGVO)
: EU-Verordnung, die einheitliche Regeln für die Verarbeitung personenbezogener Daten innerhalb der Europäischen Union festlegt.

Differenzierungsstrategie
: Unternehmensstrategie, die darauf abzielt, sich durch einzigartige Produkte oder Dienstleistungen von der Konkurrenz abzuheben.

Dislikes
: Negative Reaktionen oder Bewertungen auf Inhalte. Sie liefern beispielsweise Feedback zu Relevanz und Qualität der Inhalte.

Distributionspolitik
: Teilbereich des Marketings und Bestandteil des Marketing-Mix, der sich mit allen Maßnahmen zur Gestaltung der Absatzkanäle (Vertrieb) und der Logistik beschäftigt.

E-A-T-Prinzipien
: Expertise, Autorität und Vertrauenswürdigkeit (E, A und T) beschreiben Qualitätskriterien für Inhalte im Digitalen Marketing. Sie beeinflussen unter anderem die Auffindbarkeit in Suchmaschinen.

E-Mail-Marketing
: Form des Digitalen Marketings, bei der Unternehmen E-Mails nutzen, um mit der Zielgruppe zu kommunizieren. Dies kann beispielsweise die Bewerbung von Produkten oder Dienstleistungen, die Förderung der Kundenbindung oder die Bereitstellung von Informationen umfassen.

E-Mail-Marketing-Analyse
: Systematische Auswertung von Daten, die aus E-Mail-Marketingkampagnen gewonnen werden, um deren Effektivität zu messen und zu verbessern. Dabei können verschiedene Metriken wie Öffnungsrate, Klickrate, Conversion Rate

sowie Abmelderate analysiert werden, um Trends zu erkennen und Optimierungspotenziale zu identifizieren.

Employee Generated Content
: Von Mitarbeitern erstellte Inhalte. Sie wirken häufig besonders authentisch und stärken die Reichweite und Arbeitgebermarke (Employer Brand).

Facebook-Marketing
: Nutzung der Social-Media-Plattform Facebook als Marketingkanal.

Fingerprinting
: Wiedererkennung von Nutzern über Geräte und Browsermerkmale.

Funnel
: Phasenmodell von Aufmerksamkeit über Erwägung bis zur Conversion und zur Bindung. Es strukturiert Steuerung, Inhalte und Messung je Stufe.

Google Analytics
: Analyseplattform für Webseiten und Apps zur Messung der Performance im Digitalen Marketing. Die aktuelle Produktgeneration ist Google Analytics 4.

Google Maps
: Von Google bereitgestellter Kartendienst und wichtiger Kontaktpunkt im lokalen Umfeld. Google Maps bietet beispielsweise detaillierte Karten, Satellitenbilder, 360-Grad-Straßenansichten (Street View) und Echtzeit-Verkehrsinformationen.

Google Search Console
: Kostenloses Tool zur Überwachung der organischen Webperformance im Digitalen Marketing. Es zeigt beispielswiese Indexierungsstatus, Suchanfragen und technische Hinweise.

Google Unternehmensprofil
: Kostenloses Tool, mit dem Unternehmen die Präsenz auf Google verwalten und verbessern können.

Google Verticals
: Spezielle Suchbereiche wie Bilder, News, Shopping oder Maps. Sie erfordern eine formatgerechte Optimierung.

Heatmap-Analyse
: Methode zur Visualisierung von Daten, bei der unterschiedliche Werte durch Farben dargestellt werden. Im Webanalyse-Kontext wird sie häufig eingesetzt, um das Nutzerverhalten auf Webseiten zu untersuchen und zu verstehen, wie Besucher mit den Elementen dieser Webseite interagieren.

Inbound-Marketing
: Marketingstrategie, die darauf abzielt, Kunden durch wertvolle und relevante Inhalte anzuziehen. Häufige Bausteine sind SEO, Content und Leadmagnete.

Influencer Marketing
: Planvolle Zusammenarbeit von Unternehmen mit profilscharfen Einzelpersonen oder Redaktionen auf sozialen Plattformen, die über eine eigene, engagierte Community verfügen und deren Empfehlungen als glaubwürdig wahrgenommen werden.

Instagram-Marketing
: Nutzung der Social-Media-Plattform Instagram als Marketingkanal.

Keywordanalyse
: Strategische Recherche, die im Rahmen der Suchmaschinenoptimierung (SEO) sowie Suchmaschinenwerbung (SEA) durchgeführt wird. Ziel ist es, die Suchbegriffe zu identifizieren, die potenzielle Kunden verwenden, um nach bestimmten Produkten, Dienstleistungen oder Informationen zu suchen.

KI-Marketing
: Sämtliche Maßnahmen, die auf die Auffindbarkeit des eigenen Unternehmens und Angebots in Modelle der Künstlichen Intelligenz (KI) hinwirken.

Kommunikationspolitik
: Teilbereich des Marketings und Bestandteil des Marketing-Mix, der sich mit der systematischen Planung, Gestaltung und Steuerung aller Kommunikationsmaßnahmen eines Unternehmens befasst, um definierte Kommunikationsziele zu erreichen.

Kostenführerschaftsstrategie
: Wettbewerbsstrategie, bei der ein Unternehmen versucht, durch niedrigere Kosten einen Vorteil gegenüber seinen Konkurrenten zu erlangen.

Lazy Loading
: Technik, bei der das Laden von nicht-kritischen Inhalten einer Webseite wie beispielsweise Bildern oder Videos verzögert wird, bis sie tatsächlich benötigt werden. Dadurch wird die anfängliche Ladezeit der Seite verkürzt, da nicht alle Inhalte gleichzeitig geladen werden müssen.

Leadmanagement
: Systematischer Prozess, der darauf abzielt, Interessenten (Leads) zu gewinnen, zu qualifizieren und sie im Rahmen des Verkaufsprozesses (Sales Funnels) zu Kunden zu konvertieren (Conversion Rate).

Linkbuilding
Alle Maßnahmen, die darauf abzielen, externe Links (Backlinks) von anderen Webseiten auf die eigene Webseite zu erhalten. Diese Links sind wichtig für das Ranking einer Website in Suchmaschinen wie Google, da sie als Vertrauenssignal dienen.

LinkedIn-Marketing
Nutzung von LinkedIn als Marketingkanal.

Markenpolitik
Teilbereich des Marketings und Bestandteil des Marketing-Mix, der sich mit allen Maßnahmen und Entscheidungen beschäftigt, die ein Unternehmen trifft, um seine Marke im Markt zu positionieren und weiterzuentwickeln. Sie ist ein zentraler Bestandteil des Marketings und zielt darauf ab, der Marke einen eigenständigen Charakter zu verleihen und eine starke Marktposition zu erzielen.

Marktforschung
Systematische Sammlung und Auswertung von Markt- sowie Kundeninformationen. Marktforschung liefert eine fundierte Grundlage für Entscheidungen.

Mobile App Analyse
Messung von Verhalten, Attribution und Monetarisierung in Apps.

Mobile Friendliness
Benutzerfreundlichkeit auf mobilen Endgeräten. Wichtige Punkte sind hierbei beispielsweise responsive Gestaltung, gute Lesbarkeit und bedienbare Elemente.

Mobile-first-Indexierung
Prioritäre Verwendung der mobilen Version einer Webseite für die Indexierung und das Ranking durch Google. Eine starke mobile Optimierung ist daher essentiell für eine optimale Auffindbarkeit.

Non-Profit-Marketing
Marketing für gemeinnützige Organisationen.

Offpage-SEO
Alle Maßnahmen zur Suchmaschinenoptimierung (SEO), die außerhalb der eigenen Website durchgeführt werden, um das Ranking in Suchmaschinen zu verbessern.

Online-Umfrage
Digitaler Fragebogen zur Datenerhebung.

Onpage-SEO
: Alle Maßnahmen zur Suchmaschinenoptimierung (SEO), die innerhalb der eigenen Website durchgeführt werden, um das Ranking in Suchmaschinen zu verbessern.

Outbound-Marketing
: Marketingstrategie, bei der Unternehmen proaktiv mittels Push Maßnahmen potenzielle Kunden mit Werbebotschaften ansprechen.

Personalmarketing
: Alle Maßnahmen, die ein Unternehmen ergreift, um sich als attraktiver Arbeitgeber zu präsentieren mit dem Ziel sowohl neue Mitarbeiter zu gewinnen als auch bestehende Mitarbeiter zu binden.

Preis- und Konditionenpolitik
: Teilbereich des Marketings und Bestandteil des Marketing-Mix, der sich mit der Festlegung von Preisen für Produkte oder Dienstleistungen sowie mit den damit verbundenen vertraglichen Bedingungen (Konditionen) beschäftigt.

Produkt- und Programmpolitik
: Teilbereich des Marketings und Bestandteil des Marketing-Mix, der das Leistungsangebot mit Produkten, Sortiment, Programm, Verpackungen und Services gestaltet.

Retail Media
: moderne Form des Digitalen Marketings, bei der marketingtreibende Unternehmen mit Handelsbetrieben kooperieren und die Aufmerksamkeit der Kunden im Handel nutzen.

Rich Media
: Interaktive und multimediale Werbeformate wie Video oder expandierende Anzeigen. Sie zielen insbesondere auf hohe Aufmerksamkeit und Interaktion ab.

Rich Snippets
: Erweiterte Suchergebnisse in Suchmaschinen wie Google, die über die normalen Snippets (Titel, URL und Beschreibung) hinaus zusätzliche Informationen anzeigen.

Sentiment-Analyse
: Verfahren der natürlichen Sprachverarbeitung, das dazu dient, die in Texten ausgedrückte Meinung oder Stimmung zu bestimmen. Dabei wird ermittelt, ob der Text eine positive, negative oder neutrale Haltung zum Ausdruck bringt. Die Analyse kann manuell oder automatisiert mithilfe von NLP-Technologien erfolgen.

Social Media Monitoring
: Strategische Beobachtung und Analyse von Inhalten in sozialen Medien, die für ein Unternehmen relevant sind.

Social-Media-Marketing
: Form des Digitalen Marketings, bei der soziale Netzwerke wie Facebook, Instagram, X (ehemals Twitter), LinkedIn und TikTok genutzt werden, um Marketingziele zu erreichen.

Suchmaschinenoptimierung
: Disziplin im Digitalen Marketing, die darauf abzielt, die Sichtbarkeit und Auffindbarkeit einer Webseite in den organischen (nicht-bezahlten) Suchergebnissen von Suchmaschinen wie Google zu verbessern.

Suchmaschinenwerbung
: Disziplin im Digitalen Marketing, bei der bezahlte Anzeigen in den Suchergebnisseiten von Suchmaschinen wie Google oder Bing geschaltet werden, um die Sichtbarkeit und Auffindbarkeit einer Webseite zu verbessern.

Targeting
: Gezielte Ansprache einer bestimmten Kunden- oder Zielgruppe mit Werbemaßnahmen. Mögliche Kriterien sind zum Beispiel Demografie, Verhalten und Kontext.

Themes
: Vorgefertigte Designvorlagen für Content Management Systeme oder Onlineshops. Sie bestimmen beispielsweise Layout, Komponenten und Stil einer Website.

Thin Content
: Kurze oder wenig hilfreiche Inhalte mit geringem Mehrwert für den Leser. Sie beeinflussen das Nutzererlebnis sowie die Rankings in Suchmaschinen tendenziell negativ.

TikTok-Marketing
: Nutzung von TikTok als Marketingkanal.

Transaktionsbezogene Kennzahlen
: Messgrößen, die unmittelbar mit dem Erfolg von Geschäftsabschlüssen (Transaktionen) in Verbindung stehen. Sie zeigen, wie effektiv Marketingmaßnahmen zu konkreten Verkäufen, Leads oder anderen gewünschten Handlungen führen, die einen direkten finanziellen Wert für das marketingtreibende Unternehmen haben.

TYPO3
Open-Source Content-Management-System (CMS), das zur Erstellung und Verwaltung von Webseiten verwendet wird.

Unique Content
Einzigartige und eigenständige Inhalte ohne Duplikate. Sie erhöhen die Relevanz sowie organischen Rankingchancen in Suchmaschinen.

Voice Search
Sprachbasierte Suche über Assistenten und Smartphones.

WDF*IDF-Formel
Begriff aus der Suchmaschinenoptimierung (SEO) und dient dazu, die Relevanz von Keywords in einem Text zu bewerten, indem sie deren Häufigkeit im Text (WDF) mit ihrer Häufigkeit in anderen Texten (IDF) kombiniert.

Web-Analyse (Web Analytics)
Messung und Auswertung von Nutzungs- und Traffic-Daten. Ziel ist beispielsweise die Optimierung des Nutzererlebnisses auf der eigenen Webseite.

Wettbewerbsvorteil
Vorsprung, den ein Unternehmen gegenüber seinen Konkurrenten auf dem Markt hat.

White Paper
Instrument der Öffentlichkeitsarbeit, das als hochwertig formulierter Text einen umfassenden Überblick über ein Produkt oder eine Dienstleistung bietet und die Kompetenz des Unternehmens unterstreicht.

White-Hat-SEO
Methode der Suchmaschinenoptimierung, die sich strikt an die Richtlinien von Suchmaschinen wie Google hält. Ziel ist es, die Sichtbarkeit und Auffindbarkeit einer Webseite in den Suchergebnissen organisch und nachhaltig zu verbessern, ohne gegen die Regeln sowie Richtlinien zu verstoßen.

WordPress
Weit verbreitetes Open Source Content Management System mit großer Auswahl an Plugins und Themes. Es eignet sich unter anderem für Webseiten und Blogs.

X-Marketing (ehemals Twitter-Marketing)
Nutzung der Social-Media-Plattform X (ehemals Twitter) als Marketingkanal.

YouTube-Marketing
Nutzung der Social-Media-Plattform YouTube als Marketingkanal.

Zielgruppenanalyse
Prozess, bei dem Unternehmen die Merkmale, Bedürfnisse und Verhaltensweisen ihrer potenziellen Kunden untersuchen. Ziel ist es, ein tiefes Verständnis dafür zu entwickeln, wer die idealen Kunden sind und wie man diese am besten adressiert.

Literaturhinweise

Alexander Hennig: Marketing – Schritt für Schritt, 8. Auflage, utb 2023

Claudia Bünte: So geht Digital Marketing. Tools, Tipps und Trends für die Praxis, SpringerGabler 2023

Svend Hollensen / Philip Kotler / Marc Oliver Opresnik: Social Media Marketing: Grundlagen und Praxis: Das ultimative Handbuch für erfolgreiches Online-Marketing in den sozialen Medien, 6. Auflage, Opresnik 2024

Ralf T. Kreutzer: Online-Marketing, 3. Auflage, SpringerGabler 2021

Erwin Lammenett: Praxiswissen Online-Marketing: Affiliate-, Influencer-, Content-, Social-Media-, Amazon-, Voice-, B2B-, Sprachassistenten- und E-Mail-Marketing, Google Ads, SEO, 8. Auflage, SpringerGabler 2021

Miriam Löffler / Irene Michl: Think Content!: Strategie, Marketing, Formate, 3. Auflage, Rheinwerk 2024

Stichwortverzeichnis